MEMÓRIAS DO CACIQUE

RAONI (ROPNI MẼTYKTIRE)

Memórias do cacique

Pesquisa e organização
Fernando Niemeyer

COMPANHIA DAS LETRAS

Copyright © 2025 by Ropni Mêtyktire
Copyright © 2025 by Fernando Niemeyer

Este livro foi publicado com o apoio do Instituto Socioambiental e do Instituto Sociedade, População e Natureza.

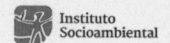

Grafia atualizada segundo o Acordo Ortográfico da Língua Portuguesa de 1990, que entrou em vigor no Brasil em 2009.

Capa e caderno de fotos
Alceu Chiesorin Nunes

Foto de capa
Bob Wolfenson

Mapas
Sonia Vaz

Assessoria cartográfica
Igor Richwin Ferreira

Pesquisa iconográfica
Vladimir Sacchetta/ Porviroscópio Projetos e Conteúdos

Tradução
Paimu Muapep Trumai Txukarramãe, Patxon Metuktire, Beptuk Metuktire, Bepro Metuktire, Roiti Metuktire, Tàkàktum Metuktire, Tàkàkpe Metuktire, Kremôrô Metuktire, Pati Kayapó, Fernando Niemeyer e João Lucas Moraes Passos

Entrevistas
Roiti Metuktire, Beptok Metuktire, Beptuk Metuktire, Bepro Metuktire, Mayalu Txukarramãe, Kôkômeket Metuktire e Patxon Metuktire

Revisão
Ana Alvares
Natália Mori

Dados Internacionais de Catalogação na Publicação (CIP)
(Câmara Brasileira do Livro, SP, Brasil)

Raoni
  Memórias do cacique / Raoni ; pesquisa e organização Fernando Niemeyer. — 1ª ed. — São Paulo : Companhia das Letras, 2025.

  ISBN 978-85-359-3882-1

  1. Indígenas – Brasil – História 2. Indígenas da América do Sul – Biografia – Brasil 3. Mêtyktire, Raoni, 1932- I. Título.

25-259858   CDD-920.998041

Índice para catálogo sistemático:
1. Brasil : Indígenas : Biografia 920.998041
Aline Graziele Benitez – Bibliotecária – CRB-1/3129

Todos os direitos desta edição reservados à
EDITORA SCHWARCZ S.A.
Rua Bandeira Paulista, 702, cj. 32
04532-002 — São Paulo — SP
Telefone: (11) 3707-3500
www.companhiadasletras.com.br
www.blogdacompanhia.com.br
facebook.com/companhiadasletras
instagram.com/companhiadasletras
x.com/cialetras

Sumário

Prefácio: Um livro que nos fortalece — Paimu Muapep Trumai Txukarramãe, Patxon Mẽtyktire e Beptuk Metuktire 7
Prólogo — Fernando Niemeyer 13
Nota dos editores 17

1. *Mẽ tũm*: Os nossos antigos 21
2. *Ibôkti*: Meu tempo de menino 41
3. *Mẽnõrõnyre*: Quando me tornei um rapaz 62
4. *Kubẽ*: Os brancos 100
5. *Pyka*: A luta pela terra 127
6. *Wajanga*: Os poderes dos pajés 163
7. Iprẽre e Ôjropre: A criação 193
8. *Itàpdjwỳ*: Aos meus netos 215

Glossário 225
Cronologia 239
Referências bibliográficas 263
Créditos das imagens 269
Mapas 271

Prefácio

Um livro que nos fortalece

Paimu Muapep Trumai Txukarramãe
Patxon Mẽtyktire
Beptuk Metuktire

Somos *tàpdjwỳ* de Raoni, seus netos, no sentido mais amplo que nosso povo dá ao termo, o qual inclui os filhos, netos e bisnetos de seus irmãos. É um privilégio que as palavras de abertura deste livro sejam nossas.

Diferentemente de outros anciãos, nosso avô viveu em dois mundos. Cacique, pajé e cuidador do nosso povo, é uma pessoa que conheceu também o mundo dos brancos, fez alianças e construiu uma visão de como o mundo deveria ser. Faz parte da tradição Mẽbêngôkre que o avô repasse aos netos tudo o que aprendeu em vida, tudo o que da mesma forma ouviu de seus avós, por isso, além de um registro da nossa cultura, suas palavras são um presente para todas as gerações futuras. Nosso avô é um museu de conhecimento.

Para nós, este livro se chama *ngêtwa Ropni nhõ memória*, "As memórias do vovô Ropni", e é, antes de tudo, o resultado de um desejo muito forte do cacique. Ter suas memórias, sua trajetória de vida, sua luta e mensagem para o mundo escritas e publicadas em português era o que o vovô havia tempos nos cobrava. Quando a Companhia das Letras fez o convite a Raoni, por intermédio do Instituto Raoni, abraçamos esse desejo. Nossa geração cresceu num mundo diferente. Estudou, passou a ter conhecimento da escrita e da língua dos brancos, alguns cursaram universidade. Como o vovô não escreve, entramos no projeto para ajudá-lo.

Conduzimos cinco etapas de entrevistas com o vovô, nas aldeias Piaraçu e Mẽtyktire e nas cidades de Matupá, Colíder e Peixoto de Azevedo (MT). Às vezes com conversas livres, às vezes seguindo um roteiro dedicado a temas, eventos ou histórias predefinidas. Uma pesquisa documental e bibliográfica feita pelo Fernando nos ajudava a propor temas, confrontar versões e buscar mais detalhes. Em algumas ocasiões apresentamos a Raoni fotografias de acontecimentos históricos dos quais ele participou e perguntamos se queria contar aquela história para incluirmos no livro.

As entrevistas ocorreram integralmente na língua mẽbêngôkre. Quando encerramos as gravações, começamos a realizar a transcrição na nossa língua e a subsequente tradução para o português. Foi um processo lento e trabalhoso. Sentimos o tamanho da responsabilidade.

Em nossa língua, existem palavras que têm tradução direta para o português, e outras que não têm. Para as palavras incomuns no nosso dia a dia, por serem palavras cultas ou cerimoniais ou de cura, buscamos soluções de tradução que tornassem o livro compreensível para o leitor comum. Em certas ocasiões tínhamos que ouvir a gravação várias vezes. E nos perguntávamos: "O que o vovô está querendo dizer? Como vamos traduzir isso?". Era como se o cacique Raoni tivesse aberto o pensamento do nosso povo para o público geral, e nossa tarefa fosse traduzir esse pensamento.

Ficamos muito envolvidos com o material. Durante uma etapa de revisão na casa do Fernando, situada numa área rural de Teresópolis, quando examinávamos um trecho em que Raoni conta ter sido picado por uma cobra, de repente começaram a aparecer cobras em volta da casa. Ao revisar uma parte sobre doença, Patxon passou mal ao ponto de ter de se submeter a uma cirurgia. Compreendíamos esses eventos a partir do pensamento do vovô que estávamos acessando.

A colaboração do Fernando foi fundamental neste trabalho. Alguém pode pensar que nós o ajudamos, mas foi ele quem nos ajudou. É um *ikamy*, um irmão nosso, que assumiu com firmeza esse compromisso e nos assessorou em todas as etapas, desde as ideias, a pesquisa, as traduções, até a montagem do livro do jeito como foi concluído.

Na nossa cultura, e especialmente entre os mais velhos, usamos muito os termos de parentesco; às vezes nem dizemos o nome da pessoa. Essa prática é considerada uma forma respeitosa de mencionar alguém.

Durante as entrevistas, o vovô se dirigia a nós, seus netos, como se estivesse falando conosco, e não com um gravador, ou com os leitores. Por exemplo, quando Raoni aludia a uma pessoa como *akwatỳj*, ele podia querer dizer o que em português se entende como "sua tia", "sua avó", "sua tia-avó", "sua bisavó". Muitas vezes tivemos que interromper o processo de tradução para tentar descobrir de quem o cacique estava falando, e assim começávamos uma pesquisa, consultando outros anciãos, familiares, ou o próprio Raoni.

Ele também usa muito o que a antropologia chama de termo triádico, referindo-se a um termo de parentesco que é uma equação que envolve três pessoas. São termos específicos que só existem na língua mẽbêngôkre. Por exemplo, *amàjngêtxe* significa "seu avô que é meu sogro"; encontrar soluções satisfatórias não foi simples.

De maneira geral, nesta edição adaptamos as narrativas direcionadas a nós para uma narrativa direcionada a um leitor indeterminado, seja ele parente de Raoni ou não, ajustando os pronomes possessivos para a primeira pessoa. Assim, *akwatỳj*, por exemplo, foi adaptado para "minha avó", ou "minha mãe", ou "minha esposa" etc. Optamos por traduzir todos os termos de parentesco pelos termos mais próximos em português, mesmo que em alguns casos não sejam tão próximos assim, como *kràpdjwỳ*, que traduzimos como "compadre".

A tradução dos cantos tradicionais do nosso povo foi especialmente complexa. Há os cantos de chegada ou de vitória, que indicam o que a pessoa vem trazendo ou o que aconteceu enquanto ela esteve fora; há cantos que informam se você está bravo ou não; outros são entoados pelos caciques para designar movimentos, como orientar que todos se sentem ou se levantem. Há ainda cantos de pajés muito antigos, que os receberam dos espíritos e nós passamos a repetir. Traduzir esse material riquíssimo, ouvindo as gravações do vovô cantando, foi emocionante demais.

A primeira grafia da nossa língua foi feita por missionários, porém, desde o final dos anos 1990, os professores indígenas da nossa região vêm tentando consolidar coletivamente uma grafia nossa. Trata-se de uma tarefa complexa que segue em curso. Paimu, ao longo da elaboração do livro, estava se formando mestre em linguística, e uma atividade beneficiou a outra. Para ajudar o leitor com a pronúncia das palavras na nossa língua, apresentamos um pequeno resumo baseado no trabalho do Paimu.

A maioria das letras soa como no português, com as seguintes exceções:
- O *j*, que em qualquer posição tem som de *i*. Quando ocorre no final da sílaba, é pós-vocalizado, sendo que, se o núcleo for *e*, a pós-vocalização será *e*; se o núcleo for *i*, a pós-vocalização será *a*.
- O *w* tem som de *u* e, quando precedido de *u*, tem a pós-vocalização de *a*.
- A vogal *y* tem um som entre o *u* e o *e*.
- As vogais *e* e *o* sem acentuação são sempre abertas (lê-se *é*, *ó*).
- O til nas vogais indica nasalização.
- As vogais *à*, *ẽ*, *ĩ*, *ũ*, *y*, *ỳ*, *ỹ* não têm som similar em português, assim como os encontros consonantais *rw*, *krw*, *mj*, *nhw*, *ng* e *ngrw*.

Além de nós, foram muitos os netos do cacique Raoni envolvidos neste projeto. Nas entrevistas, atuaram o Roiti, o Beptok, o Beptuk, o finado Bepro, a Mayalu e o Kôkômeket. A Mayalu também deu todo o suporte através do Instituto Raoni e abriu sua casa em Colíder para uma das etapas de entrevistas quando o cacique estava se recuperando de um problema de saúde. Na captação de áudio e vídeo, contamos com o apoio do Matsipaya. Na tradução, além de nós três, colaboraram o Bepo, o Takakpê e o Kremôrô. A localização das várias regiões mencionadas por Raoni ficou com os netos que trabalham no mapeamento do nosso território: Engri, Rore e Karanhin. Temos muito orgulho dessas parcerias.

Quando você ouve Raoni, você fica forte, por isso este livro nos fortalece e fortalecerá seus leitores. Esperamos que ele se torne uma referência para as próximas gerações, indígenas e não indígenas, as quais conhecerão melhor o grande cacique Raoni. Um defensor não só dos povos indígenas, mas de todo o planeta, porque ao defender a floresta ele está defendendo o mundo inteiro.

Raoni traz uma mensagem de paz para todos, mas alerta que, para vivermos em paz, precisamos que nossas terras sejam demarcadas, que as florestas e os rios sejam preservados, e isso não se conquista facilmente. O vovô nos ensina que somos um povo guerreiro que tem o costume de lutar para se defender e para ser ouvido. E hoje ele nos diz: "Façam como eu, partam para sua missão, cumpram a sua missão e depois voltem pra casa. Nunca se esqueçam da nossa origem".

Prólogo

Fernando Niemeyer

Raoni Mẽtyktire nasceu em 1937, na região do Kapôt, uma bonita mancha de cerrado em meio à floresta amazônica, na bacia do rio Xingu, norte do Mato Grosso. Pertence ao povo que se autodenomina Mẽbêngôkre mas que ficou muito conhecido pelo etnônimo Kayapó. Seu primeiro contato com os brancos se deu aos quinze anos de idade, e alguns anos depois ele foi trabalhar com os irmãos Villas Bôas no Parque Nacional do Xingu. Ainda jovem, começou a se destacar como liderança, tanto dentro de seu próprio povo quanto na mediação com o mundo devastador dos brancos, ávidos por suas terras. Teve importância decisiva na demarcação de vários territórios e na conquista de direitos indígenas a partir da década de 1970. Sua atuação na arena política, dentro e fora do país, é emblemática. As memórias aqui reunidas nos convidam a olhar para a história do nosso país por outro ponto de vista, o daqueles que aqui já estavam, que viram os brancos chegarem de repente e foram traçando sua estratégia de resistência. O ponto de vista de quem vê a floresta abundante e densamente povoada por espíritos como a única possibilidade de vida e a luta por ela como a única perspectiva de um futuro possível.

A publicação deste livro é também uma resposta à dívida que a sociedade brasileira tem com os povos originários do nosso país, refletida no enorme abismo existente entre a riqueza do pensamento indígena e o número ainda ínfimo de publicações de autores indígenas. Autobiografias indígenas são ainda mais raras no Brasil. A publicação por aqui de *A queda do céu*, originalmente em francês, foi uma rara e feliz exceção, cujo impacto evidenciou a contribuição do pensamento indígena para a crítica da sociedade dominante e para a capacidade de desenvolver reflexões sobre os mais complexos problemas que afetam nosso mundo.

O presente volume reúne entrevistas inéditas com o cacique Raoni, conduzidas por seus netos com a finalidade específica da publicação de suas memórias autobiográficas. Concluídas as entrevistas, coube a mim decupar esse material, coordenar a equipe de tradutores atuantes na transcrição na língua mẽbêngôkre e na tradução para o português, organizar esse conteúdo, revisar e padronizar a tradução e consolidar o texto em sua forma final.

Esse processo foi acompanhado por um amplo trabalho de pesquisa fundamentado em diferentes fontes relacionadas aos episódios narrados e às particularidades sociocosmológicas do povo Mẽbêngôkre. Tal tarefa não seria possível sem o apoio dos estudos etnográficos sobre os Mẽbêngôkre, em especial os trabalhos de Vanessa Lea e Gustaaf Verswijver, assim como de toda a produção da antropologia das terras baixas da América do Sul, à qual Raoni também deixa agora sua contribuição.

Raoni é um ancião de aproximados noventa anos de idade. Ele não lê, não escreve e não fala português. Contou aos netos suas histórias fascinantes pensando na elaboração de um relato escrito, o que permite que este livro possa ser lido como suas memórias transmitidas aos netos pela oralidade. Todos os depoimentos se estruturam com base no estilo próprio da tradição oral Mẽbêngôkre. Este talvez tenha sido o maior desafio no processo de escrita: transportar a originalidade e a potência da tradição oral para um texto escrito, que passa a circular como obra literária e que busca resguardar aspectos fundamentais do estilo poético original, tais como o ritmo reiterativo, a profusão de referências espaciais e nomes próprios, e as variações sobre um mesmo tema.

O texto foi elaborado a partir das escolhas tradutórias oferecidas pelos netos de Raoni. Procuramos evitar a profusão de termos na língua mẽbêngôkre a fim de conferir fluidez à leitura. Termos vernaculares constam apenas quando esbarram nos limites da tradução, como no caso do léxico referente aos rituais, aos conceitos mais complexos e às classificações etárias. Nomes próprios de lugares, rios e povos são mantidos tal como originalmente narrados para que se perceba algo da poética onomástica Mẽbêngôkre. Suas traduções constam de todo modo no glossário, que compreende também as autodenominações dos povos citados.

As espécies naturais mencionadas por Raoni foram identificadas e traduzidas por seus nomes populares mais difundidos no Brasil, e aquelas que não foi possível precisar permanecem com o nome na língua.

Todos os locais citados por Raoni, que desenvolve sua narrativa a partir de um sentido próprio do espaço, foram georreferenciados pela equipe de jovens Mẽbêngôkre que trabalham no mapeamento do território indígena. Daí resultaram os mapas que compõem esta publicação.

Raoni não cita datas. Optamos por preservar tal estilo, muito embora a ocorrência de parcela considerável dos episódios narrados tenha sido identificada, com maior ou menor precisão. A partir disso, organizamos uma cronologia e sua remissão às respectivas passagens do livro. Não foi um objetivo de Raoni cobrir todos os eventos históricos ou biográficos que fizeram parte da sua trajetória, mas antes aqueles que sua memória articulou livremente, que o emocionavam ao serem lembrados e narrados aos netos.

Optamos por um texto fluido, sem notas de rodapé, tendo em vista a valorização do conteúdo original da narração. O glossário, a cronologia e os mapas que compõem o livro procuram, entretanto, complementar a narrativa com outras informações importantes para o entendimento da obra. O leitor pode também se reportar às indicações bibliográficas oferecidas no final, caso deseje se aprofundar em temas específicos suscitados pelo texto.

Um privilégio e uma honra inestimáveis fazer parte deste livro. Agradeço profundamente ao cacique Raoni pela confiança. Agradeço também a cada um dos muitos *tàpdjwỳ* do cacique que participaram e se envolveram de forma muito comprometida nas várias etapas desta produção, com um agradecimento especial aos três que mais se envolveram e que assinam o prefácio desta edição, Paimu, Patxon e Beptuk. Agradeço a Mayalu Txucarramãe e Edson Santili pelo apoio institucional através do Instituto Raoni. Agradeço a contribuição dos parceiros Simone Giovine, na captação profissional de áudio e vídeo de grande parte das entrevistas, Igor Ferreira, no georreferenciamento e consolidação dos mapas, e João Lucas Moraes, em algumas traduções. À Vanessa Lea agradeço imensamente a leitura do manuscrito e as excelentes contribuições a ele. Agradeço aos parceiros do Instituto Socioambiental (ISA) e do Instituto Sociedade,

População e Natureza (ISPN), pelo apoio fundamental para a realização deste trabalho, bem como a Pedro Cesarino, parceiro de interlocução afetiva e intelectual que me permitiu enfrentar o desafio de realizar esse trabalho. Por fim, agradeço a Ricardo Teperman, Danna Dantas e à Companhia das Letras, pelo longo e cuidadoso trabalho de edição.

Como dizem seus netos, este livro é um presente que Raoni nos traz. Nele, o tempo mítico, as memórias do tempo dos seus avós, as experiências extraordinárias como pajé, sua luta e sua história de vida se misturam na construção de uma linha narrativa própria, na qual Raoni foi tecendo sua concepção sobre a vida, o tempo, a floresta e o mundo atual. Que suas palavras ecoem e nos ajudem a construir um futuro possível.

Nota dos editores

As memórias do cacique Raoni registram de maneira única a história, a cultura, a cosmologia e a luta do povo Mẽbêngôkre. Sua realização só foi possível graças à generosidade de muitas pessoas e instituições que sempre viram no projeto uma grande importância.

Os editores agradecem a Beto Ricardo, André Villas-Boas e Pedro Cesarino pelas valiosas conversas que nos levaram a manifestar ao Instituto Raoni o desejo de produzir esta obra, com a participação dos netos do cacique e sob a coordenação cuidadosa de Fernando Niemeyer. Nosso reconhecimento também a Edson Araceli Santini, diretor do Instituto Raoni na época, e a Mayalu Kokometi Waura Txucarramãe, sua atual diretora, pelo apoio incondicional desde o primeiro momento.

As longas etapas de entrevistas, transcrição e tradução foram viabilizadas em parceria com o ISA e com o ISPN, que contribuíram nesta empreitada com sensibilidade e compromisso. Agradecemos às duas instituições, nas figuras de Rodrigo Junqueira, do ISA, e Fabio Vaz Ribeiro de Almeida e João Guilherme Nunes Cruz, do ISPN.

Por fim, nosso imenso agradecimento ao cacique Raoni Mẽtyktire, por nos confiar a honra e a responsabilidade de trabalhar com suas palavras. Para nós, sua história é um testemunho inigualável de resistência, sabedoria ancestral e compromisso com a terra.

MEMÓRIAS DO CACIQUE

1. *Mẽ tũm*: Os nossos antigos

UMA GRANDE FLORESTA DE BURITIS

Vou começar contando algumas histórias dos nossos antigos. Meu bisavô Katàpjangri conhecia todas elas, que ouviu do seu avô. Quando meu pai nasceu e foi crescendo, Katàpjangri as contou para ele, que depois contou para mim, e assim essas histórias chegarão até vocês.

Nossos antigos viviam caminhando, acampando e se alimentando de suas caças. Viviam assim, de um acampamento a outro. E uma dessas histórias é esta que vou contar. Certo dia um jovem foi caçar e encontrou um tatu, um tatu-de--quinze-quilos, que se assustou e entrou num buraco. O jovem pegou um pedaço de pau e enfiou no buraco, mas não alcançou o tatu. Depois pegou um pedaço de pau mais comprido, mas nem assim alcançou o animal. Então arrancou um pedaço de cipó e foi enfiando no buraco até atingir o fundo. Mediu bem certinho o cipó para calcular o tamanho do buraco e tapou o respiro para que o tatu não fugisse por ali. Pegou um pau com uma ponta afiada e começou a cavar, mas quando jogava o barro para cima, o barro voltava na sua direção. Teve a ideia de fazer um cesto e descer com ele para o buraco. E assim ele ia cavando, juntando o barro no cesto, e quando o cesto estava cheio, ele subia para descarregar.

Dessa forma conseguiu chegar no fundo do buraco, e quando tirou uma última camada de barro, de repente furou a terra e o buraco se abriu. Ele se segurou na borda para não cair, largou o pau que tinha na mão e viu o pau caindo. Ficou ali olhando e viu que embaixo dele havia outra terra: um lindo cerrado com uma vasta floresta de buritis. Subiu de volta. Chegou cansado, ofegante e impressionado. Ficou um tempo olhando para aquela floresta debaixo do buraco do tatu. Tapou o buraco com barro, fez uma marca e foi embora.

Já era fim de tarde quando chegou em casa e sua esposa perguntou:

— O que você estava fazendo? Todos os homens já chegaram com suas caças e estão em suas casas comendo. Por que você demorou tanto?

Ele respondeu:

— Nhàknhire, Bekwỳjnhire, Kôknhi — que eram os nomes de sua esposa —, será que seria melhor pra você se eu tivesse chegado cedo e com caça?

— Por que está dizendo isso? O que foi que aconteceu?

— Eu topei com um tatu e comecei a cavar o buraco. Quando cheguei no fundo, de repente furei a terra e vi que havia outra terra embaixo da gente. Se eu caísse naquele buraco, eu jamais voltaria pra vocês.

— É verdade isso?

— Sim, eu furei a terra, você vai ver. Embaixo da gente tem um cerrado e uma grande floresta de buritis.

O pessoal da casa escutou aquela conversa e um deles foi à casa dos homens contar a história aos guerreiros. Pediram que ele chamasse o tio.

— Peça pra ele vir aqui pra ele mesmo relatar essa história e todos nós escutarmos.

O jovem chamou o tio, que foi à casa dos homens, se sentou no meio de todos e contou:

— É verdade. Eu cavei o buraco do tatu e furei a terra. Se eu tivesse caído naquele buraco, eu não ia conseguir voltar. Quando eu furei a terra, larguei o pau e vi ele caindo lá embaixo. É alto. Tive que me segurar nas bordas do buraco pra não cair. Consegui subir e lá de cima eu me virei, olhei pra baixo e senti muito medo. Cortei outro pedaço de pau e tapei o buraco com barro. Realmente eu furei a terra procurando o tatu. Amanhã vou levar vocês lá pra vocês verem.

* * *

Partiram logo ao amanhecer. Ao chegarem no local, destamparam o buraco e viram aquela outra terra embaixo deles.

— Nossa! Meu povo, vamos descer nessa outra terra e morar nela!

— Vamos fazer nosso acampamento e ficar aqui perto, enquanto a gente espera os jovens *mēnõrõnyre* juntarem os fios de algodão.

E começaram a juntar os fios de algodão dos *mēreremej*, os homenageados nas festas tradicionais, que os usam amarrados na cintura.

Os guerreiros foram caçar, voltaram para suas casas com a caça e contaram para suas esposas sobre o buraco. Enquanto isso, os jovens fizeram o trabalho deles: forraram o chão com folha de banana-brava e ali foram juntando os fios de algodão dos *mēreremej*. Depois tramaram os fios formando uma grande corda que amarraram no galho de uma árvore bem grossa.

— Vamos tentar... Será que a corda já alcança o chão?

Jogaram a corda para baixo, ela se desenrolou inteira, mas ainda estava curta.

— Não alcançou... Vamos juntar mais fios de algodão e tentar novamente.

Assim fizeram, até que a corda enfim tocou o chão.

Estavam todos ali em volta do buraco, quando um dos filhos desses nossos antigos disse:

— Bom, devemos ir agora. Já chegou o momento. Vou ser o primeiro a descer e vocês serão testemunhas. Essa história vai ser contada de geração em geração. Vocês vão contar que eu fui o primeiro a descer, pra olhar esta nova terra pra vocês.

— Pode ir!

Ele se segurou na corda e começou a descer, com sua bagagem e suas flechas nas costas. Todos ficaram olhando. Quando ele enfim chegou no chão, arriou sua bagagem, suas flechas e amarrou a ponta da corda no galho de uma árvore para que os outros começassem a descer também. Alguns, no meio da descida, sentiam medo de altura e voltavam para cima.

Foram descendo até o anoitecer e continuaram no outro dia. Todos estavam pensando em descer. Mas na manhã do terceiro dia, bem cedo, um dos filhos dos nossos antigos que já tinha descido chegou perto da corda, onde havia um grupo de pessoas, e disse:

— Um dos nossos primos furou a terra procurando o tatu. Se já desceram muitos de nós e se já estamos bem de vida aqui juntamente com nossos parentes, agora vou cortar a corda pra gente ficar de vez morando nesta terra.

Pegou um machado de pedra e cortou a corda que ligava os dois mundos. A corda foi descendo até tocar o chão. Então alguns acabaram ficando lá em cima, no céu, e outros passaram a morar nesta terra onde vivemos. Assim termina a história sobre a descida do povo do céu. Foi assim que meu bisavô Katàpjangri contou para o meu pai e depois meu pai contou para mim.

NAQUELE TEMPO NINGUÉM CONHECIA O MILHO

Era manhã na aldeia, e uma parte do pessoal saiu para coletar frutas. Enquanto isso, os papagaios comiam milho tranquilos na beira do rio. Naquele tempo ninguém conhecia o milho. Uma velha de nome Bekwỳjryti chamou seus netos para banharem.

— Vamos até o rio banhar enquanto as mães de vocês não voltam.

E levou os netos ao rio, num lago bonito, de águas transparentes, bem perto do local onde havia um pé de milho.

Logo que chegaram, um rato subiu num dos ombros da velha, e ela afastou o animal com as mãos. Em seguida ele subiu em seu outro ombro e novamente ela afastou o rato. Quando a velha se abaixou para encher a cabaça de água, mais uma vez ele subiu em seu ombro.

— De novo? — ela disse, e pediu aos netos: — Peguem um pedaço de pau pra eu matar essa criatura que não para de subir em mim!

E o rato, ouvindo a conversa, disse à velha:

— Ei, vovó, tenha calma! Me deixe te mostrar um alimento muito bom que você não conhece.

— Então mostre. Que alimento é esse?

— É o milho! Junte um pouco e leve pra sua aldeia. Faça um forno de pedra e espere assar. Você vai comer e ficar de barriga cheia como eu!

— Está bem. Você já me ensinou o bom alimento, agora pode ir.

Ela juntou os caroços de milho que os papagaios tinham espalhado pela terra, um tanto que desse para encher o pilão, pegou algumas folhas de banana-brava e voltou para a aldeia. Preparou o forno de pedra *ki*, pilou o milho, colocou um pouco de água, embrulhou na folha de banana-brava e pôs no forno de pedra. Assim que assou, ela tirou do forno e levou para casa. Seus netos, que eram muitos, ficaram todos ao redor do berarubu de milho.

— Esperem. Deixem que eu coma primeiro. Se eu morrer, as mães de vocês poderão me pintar de urucum pra me enterrar. Esperem eu experimentar. — Pegou um pedaço e colocou na boca. Tirou outro e comeu: — Hum! Até que é bem gostoso! Agora já posso repartir pra vocês comerem.

Eles comeram e ela disse:

— Meus netos, vamos voltar lá no rio pra buscar mais milho. Vou preparar um pouco pras mães de vocês.

Logo juntaram uma boa quantidade de milho. A velha guardou alguns, colocando um pouco de palha por cima, e levou o restante numa cesta. Pegou as folhas de banana-brava, pilou os grãos de milho, preparou o forno, embrulhou a massa e pôs para assar. Quando ficou pronto, tirou o alimento do forno, separou uma parte, colocou num cesto e pendurou na parede. A outra parte ela deu para os netos comerem.

Quando as mães chegaram, uma delas disse:

— Nossa! Que tipo de fruta a avó de vocês preparou pra vocês comerem?

A própria Bekwỳjryti respondeu:

— Então, eu estava banhando com meus netos quando um rato subiu no meu ombro. Eu disse pra eles irem pegar um pau pra mim, mas o rato falou que era pra eu me acalmar, pois ele tinha um bom alimento pra me mostrar. Eu pedi pra ele me dizer logo de que tipo de alimento estava falando. Ele então disse: "É o milho!". O milho dá naquela árvore grande onde a gente se apoia quando vai banhar; nunca demos atenção a ela. "Leve um pouco, soque num pilão, asse, coma e encha a barriga igual eu!", o rato me disse. Então eu trouxe um pouco pra preparar pros seus filhos e guardei um pouco pra você e suas irmãs.

Elas desembrulharam as folhas de banana-brava e comeram o berarubu.

— Nossa, muito bom! Vamos levar pro pessoal conhecer! — disseram.

A aldeia estava em festa. Nossos antepassados viviam em festa. Um grupo entrou com sua dança na casa dos homens e se dirigiu ao canto do poente. Um ancião viu os netos, que estavam por ali com o berarubu, e chamou:

— Meus netos! Que tipo de alimento é esse aí? Tragam até mim pra eu ver de perto.

Ele provou e disse:

— Nossa! Que tipo de fruta de cipó é essa que a avó de vocês preparou pra vocês comerem? Está delicioso! Voltem lá e me tragam mais um pouco!

Eles foram correndo, pegaram uma boa quantidade e levaram para ele. Os outros anciãos que estavam na casa dos homens ficaram pedindo para experimentar. Os netos dividiram o berarubu em vários pedacinhos e todos provaram.

— Que comida gostosa! Vão lá e digam pra sua avó vir aqui contar pra gente sobre esse alimento.

Passaram o recado para a avó e ela foi à casa dos homens contar sobre o milho. Entrou, olhou para um lado, olhou para o outro, até que o ancião disse:

— Fui eu quem vi seus netos com este delicioso alimento que parece feito da fruta de cipó. Provei e achei uma delícia. Pedi pra eles irem te chamar pra você contar pra gente sobre ele.

— Foi assim: nós fomos banhar, e quando descemos no rio, um rato começou a me amolar subindo no meu ombro. Eu disse pros meus netos pra me arrumarem um pau e o rato disse que era pra eu ficar tranquila, que ele tinha um bom alimento pra me mostrar, e eu disse: "Pode falar pra mim que alimento é esse?", e ele disse: "É o milho! Você pode levar pra assar e comer". Eu disse ao rato: "Então tá! Você já contou sobre esse alimento. Agora pode ir". O pé de milho é aquele onde a gente se apoia quando vai banhar. Então levei alguns grãos de milho, pilei, assei, dei pros meus netos comerem e guardei um pouco pras minhas filhas. Elas chegaram, comeram, gostaram e já foram buscar mais.

A velha voltou para a sua casa, e o ancião também deixou a casa dos homens. Passando em frente às casas da aldeia, ele chamava:

— Vocês, mulheres, peguem suas cestas! Vamos até o pé desse alimento que um rato ensinou pra avó de vocês! Vamos lá buscar mais, vamos comer esse novo alimento e encher nossas barrigas!

E todos saíram com suas cestas para ir juntar milho. Tinha bastante embaixo do pé. Uns cataram às pressas, ansiosos para levar para suas casas, outros ficaram catando até o anoitecer. Depois pilaram o milho a noite toda, num grande pilão. No dia seguinte, e no outro, foram novamente juntar os grãos de milho, até que cataram tudo.

Na casa dos homens eles conversavam:
— O que a gente vai fazer agora?
— Como vamos juntar mais milho?
— Não existe nenhum cipó pra gente subir e chegar até lá em cima, onde tem mais?
— O que vamos fazer com o pé de milho?
Então alguém disse:
— A gente vai ter que derrubar ele...
E os outros concordaram.
— Sim! Vamos fazer isso. Quando a gente derrubar o grande pé de milho, vamos poder catar os grãos e plantar nossas roças!
Pegaram os machados e passaram o dia tentando derrubar o pé de milho, mas não conseguiram. A árvore era enorme. Quando voltaram no dia seguinte, já havia regenerado com a própria resina. Seguiram tentando derrubar o pé de milho, e de tanto eles baterem, as cabeças dos machados se desencaixaram dos cabos. Pediram que alguém fosse buscar outros machados na aldeia, mas ninguém se prontificou. Até que apareceram dois jovens pintados com breu-branco na cabeça e urucum nos lábios e com a característica linha de algodão vermelha que os jovens usam amarrada nas pernas. Os homens disseram a eles:
— Ei, vocês dois, vão lá na aldeia buscar machados.
E eles foram.

No caminho, tentaram sem sucesso matar umas aves. Depois toparam com um gambá e conseguiram matar o animal.
— Vamos deixar assando e na volta comemos.
Chegaram na aldeia, pegaram os machados e voltaram. O gambá já estava assado. Cortaram no meio: um ficou com a parte da cabeça e o outro com a traseira. No mesmo instante em que comeram a carne do gambá, eles ficaram velhos. Mal conseguiam se levantar. Pegaram uns paus que servissem de cajado e

seguiram devagar levando os machados. Enquanto isso o pessoal já estava inquieto de tanto esperar, e outros dois jovens se dispuseram a ir atrás deles...

— Nós dois vamos.

Foram, e em pouco tempo cruzaram com os velhos na trilha.

— O que houve com vocês pra demorarem tanto? Deem esses machados aqui!

— Calma! A gente estava procurando alguma coisa pra comer e acabamos comendo uma criatura que deixou a gente nesta situação... Ficamos velhos!

Os jovens pegaram os machados e voltaram na frente. Quando chegaram no pé de milho, alguém perguntou:

— Ué, cadê os dois?

— Eles já estão chegando. Viraram velhos... Vocês vão ver.

Logo eles apareceram: vinham andando um atrás do outro, cada qual com seu cajado. Mal chegaram e já foram se sentando. O pessoal tirou a linha de algodão amarrada nas pernas dos dois, e eles foram embora.

ASSIM NOSSOS ANCESTRAIS DEIXARAM DE FALAR A MESMA LÍNGUA

O pessoal continuou cortando o caule, tentando derrubar o pé de milho gigante. No fim da tarde paravam e deixavam para continuar no outro dia. Até que a planta começou a estralar. Todos se animaram e deram seus gritos. No final do terceiro dia perceberam que o pé de milho cairia nas machadadas seguintes.

— Amanhã a gente derruba!

Todos que eram adultos naquela época já tinham escolhido os cantos para a ocasião. No dia seguinte enfeitaram os cabelos com penas e ficaram na expectativa de apresentar seus cantos. Um grupo começou:

Ytxy ytxy yxty, y... txy!
ngôjrôrôkôre ngôjrôrôkere
mẽ bê jabêje akukija
ne mỳjrỳri ga mẽ mrã?
Mẽ omũja,

mẽ ajbẽne mã àkjêrê kam
mã kapôtô japrỳ
ne bàre mã akija
ytxy ytxy ytxy, y... txy!

Ytxy ytxy yxty, y... txy!
Rio das águas derramadas, rio das águas derramadas
procura por nós e pergunta
para onde vocês vão?
Vejam eles
gritam uns com os outros
xingam o cerrado
e gritam para a floresta:
ytxy ytxy ytxy, y... txy!

Outro grupo fez este canto:

Kôrãti... krãtôitxô kamã
arôrô arôrô
ne kôrãti krãtxôtxô kamã
arôrô, arôrô

Grande surubim sobre o tracajá
boia boia
e o grande surubim sobre o tracajá
boia boia

E, assim, cada grupo se dirigia ao pé de milho e entoava seus cantos, que se tornaram os cantos da festa do milho, *bày nhõ mẽtoro*. Em certo momento a planta deu um estralo mais forte e caiu. Os milhos ficaram no chão já prontos para serem coletados, e o pessoal foi juntando.

Após essa coleta do primeiro pé de milho, o povo começou a se espalhar. Um grupo resolveu que viveria naquele lugar mesmo.

— A gente vai ficar aqui onde a gente está.

Esses são os Apinajé. O povo dos nossos bisavôs Ngôkõnkry e Ngôkõnhõpôk, aqueles que foram colocados embaixo d'água para crescer rápido e matar o enorme gavião-real, foi para outro lado. São os Krahô. E o povo Canela também passou a existir. E cada povo passou a ter sua denominação, como os Krĩkati, os Xerente... Assim, nossos ancestrais se espalharam em muitos povos e deixaram de falar a mesma língua. O povo Gavião, o outro povo que é chamado de Urubu Ka'apor, esses também passaram a falar suas próprias línguas. Agora, o povo Djore ficou com uma língua parecida com a nossa. Ele se dividiu em Kukrytkarôt, Djore e Porekrô.

Os Kubẽpoti passaram a ter sua própria língua. Nesse povo viviam apenas as *mẽkuprỳre*, as mulheres solteiras, e elas faziam feitiço assoprando uma mosca em direção à vagina para engravidarem. Quando nascia uma menina, elas permaneciam com a criança. Se nascesse um menino, elas abandonavam para outros povos criarem.

Então o povo Kubẽkàkre se pôs a atacar os outros povos; foram eles que começaram com isso. Eram canibais, matavam e devoravam seus inimigos. Depois outros povos começaram também a se enfrentar. Passaram a fazer guerra por todo lado.

E OS GOROTIRE SE SEPARARAM DOS IRÃ'ÃMRÃJRE

Era no rio Kôkati, chamado de rio Tocantins pelos brancos, que nossos ancestrais viviam todos juntos. Foi lá que derrubaram o pé de milho, o pessoal se espalhou e cada povo passou a fazer sua roça. Quando chegava o tempo da seca, preparavam as roças, semeavam o milho e saíam perambulando por outros lugares até o tempo da colheita, quando voltavam para se alimentar do milho. O pessoal passou a fazer isso por toda parte.

Cada povo seguiu um rumo, e nosso povo Mẽbêngôkre veio para o rumo do rio Araguaia. Foi ali que um grupo de falastrões provocadores fez nosso povo se dividir. Eles cresceram juntos, eram todos jovens *mẽnõrõnyre* e tinham o mesmo comportamento. Por causa deles nosso povo foi se envolvendo em intrigas e os grupos foram se tornando inimigos. Quando se dividiram, nosso grupo se denominou Gorotire e denominou o outro grupo Irããmrãjre.

Nesse tempo os Mẽbêngôkre eram todos fortes e altos. O guerreiro Pãjmotire, o Ngôtyk (que era pai do meu bisavô Katàpjangri), o Bẽmtyk; todos altos.

Os Irãˀãmrãjre atacaram os Gorotire e mataram muitos deles. Depois fugiram, foram acampando em diferentes lugares, se alimentando de coco-babaçu. E os Gorotire se organizaram para se vingar dos Irãˀãmrãjre. Não tiveram pena deles, foi um massacre. O sucesso desse ataque se deveu a uma receita que fizeram para amansar os inimigos, para que eles não reagissem. (Tenho pensado em ensinar isso aos meus netos, se eu tiver tempo.) Assim os Irãˀãmrãjre foram sendo dizimados, e morreram muitos Gorotire também. Esse era um comportamento dos nossos antigos, atacar e matar os membros de outro grupo.

Até que o Pãjmotire perguntou:

— E agora? O que a gente faz?

O Bẽmtyk respondeu:

— Ora, vamos mudar de vez praquele cerrado de que os anciãos falavam. É lá que a gente vai viver!

E assim eles se mudaram para um cerrado bonito a que deram o nome de Kubẽkrãkêj, já nas águas que correm para o rio Bytire, e passaram a fazer ali as suas roças.

O TEMPO EM QUE VIVIAM TODOS JUNTOS EM KUBẼKRÃKÊJ

Meus pais nasceram em Kubẽkrãkêj, na época em que eram todos Gorotire e viviam juntos na mesma aldeia; eram muitos. Meu pai me contava sobre esse tempo e sobre a briga entre os irmãos Beptoroti e Motere, quando nosso povo novamente se dividiu, e o grupo que se chamava Mẽkrãgnõtire se separou dos Gorotire e foi viver em outras terras.

O pessoal estava em festa, e Beptoroti e sua esposa eram os donos da festa. Após a preparação dos adornos e dos cantos com o mestre de cerimônias, os guerreiros se dividiram. Beptoroti foi com seu grupo para o acampamento de caçada, e o grupo do Motere e de seu outro irmão, Tanhõ, ficou na aldeia. Nesses dias, durante a preparação da massa de mandioca, Motere se envolveu com a mulher do Beptoroti. A fofoca se espalhou, e uns guerreiros foram para o acampamento avisar o Beptoroti, que voltou para a aldeia para brigar com o Motere.

Quando se encontraram, começou o bate-boca, e logo estavam se enfrentando. Conforme contam, se a borduna do Motere não tivesse se quebrado durante a briga, ele teria conseguido bater em todos eles. Mas com sua borduna quebrada ele ficou sem reação e foi dominado. Seu irmão Tanhõ e outros guerreiros tentaram ajudar, mas como estavam em minoria, foram postos para correr. Dizem que se eles tivessem retornado para a aldeia após o encerramento da festa, e mesmo que o povo ficasse fazendo fofoca sobre eles, depois voltaria tudo ao normal. Mas eles resolveram ir embora, e muita gente foi junto. Nesse grupo estavam meu pai e minha mãe. Passaram a caminhar e acampar em vários lugares diferentes. Motere e Beptoroti eram irmãos e se tornaram inimigos por causa de mulher. Esse foi um dos conselhos que meu pai me deu: não brigar por mulher.

A FUGA DOS MẼKRÃGNÕTI

Assim, os Mẽkrãgnõti se tornaram inimigos dos Gorotire, que passamos a chamar também de Kubẽkrãkêj ou Krĩkati. Pouco tempo depois já sofreram um primeiro ataque dos Kubẽkrãkêj, quando raptaram a esposa do Motere e muitas outras mulheres. A munição da espingarda do Motere acabou e ele não conseguiu impedir a ação dos Kubẽkrãkêj. Motere pegou mais munição e saiu atrás deles. Já estava anoitecendo quando ele alcançou os inimigos. Ficou à espreita, viu que montavam acampamento e resolveu atacar no outro dia. Fez uma fogueira e dormiu. Naquela época o pessoal considerava Motere como cobra, pois botava medo em todo mundo. Ao amanhecer, foi se aproximando, até que sentiram sua presença.

— Ele está vindo! O Motere está vindo!

Ele foi caminhando, com a arma na mão, e eles gritando:

— Ele está vindo!

Tentavam acertar o guerreiro, mas não conseguiam. Isso por causa de uma receita que ele preparou e passou em seu corpo, recebida dos pássaros que são bons de ginga e daquelas formigas invisíveis. Ia se aproximando e de repente sumia na frente dos inimigos, que corriam atrás dele sem sucesso.

— Ele sumiu!

Motere começou a atirar e todos correram de medo, mas ele não conseguiu resgatar sua esposa.

Com isso, eles saíram dali e foram para um lugar mais distante, na região onde hoje está a Terra Indígena Bàdjômkôre. No local existe um rio bonito onde tinha muito matrinxã e trairão. E ali sofreram novo ataque, em que mataram Uwapure, a irmã caçula do Motere, e o filho dela.

Tanhõ disse aos guerreiros que ali continuavam muito perto dos inimigos, que deveriam ir viver mais longe. Assim se deslocaram para esta ponta de cerrado a que deram o nome de Kapôtnhĩnore, onde hoje tudo já está tomado pelos brancos, cheio de fazendas: uma terra que eu ainda estou lutando para demarcar. No caminho houve um bate-boca entre eles, e um guerreiro tirou uma raiz venenosa e preparou uma receita que matou muitas pessoas. À noite todos sentiram um cheiro forte e vários deles começaram a morrer. Inclusive, o primeiro a perder a vida foi o próprio guerreiro que tirou a raiz e fez a receita.

RAPTARAM A KAJWARE E AS MULHERES SE JUNTARAM PARA APRENDER SEUS CANTOS

Passaram um tempo vivendo tranquilamente no Kapôtnhĩnore e começaram a frequentar as margens do Bytire. Quem vivia por ali naquela época era o povo Ngôjrẽjre, guerreiros bravos. Um dia um velho viu os Ngôjrẽjre passando de canoa e voltou para avisar o Motere, que disse para as mulheres irem para a roça, pois no dia seguinte eles iam atacar. Quando amanheceu, Tanhõ colocou um cipó na cabeça dos guerreiros, como preparo para a guerra, e partiram.

Toparam com os Ngôjrẽjre numa roça. Era um casal com sua criança. A Kajware estava cuidando da mandioca e o marido dela estava capinando. Apontaram a arma para ele e o mataram. Depois apontaram a arma para ela, mas alguém disse:

— Não, não vamos matar a mulher.

E também não mataram seu filho. Fizeram umas perguntas para ela, que ficou calada. Não falou nada para eles, nem cantou suas músicas. Chegaram com eles na aldeia e as mulheres ficaram olhando para a Kajware. O pessoal estava fazendo o *kwỳrỳkangô*, a festa da mandioca, que aprendemos com os Ngôjrẽjre, e já estavam dançando quando eles chegaram. Minhas tias ficaram atrás da Kajware pedindo para ela ensinar suas músicas. Até que a Kajware começou a cantar e as mulheres se juntaram para aprender. As músicas que ela ensinou ali, naquele momento, passaram a fazer parte dos nossos cantos dessa festa, e até hoje as cantamos.

ENCONTROS COM OS KUBẼKRÃKÊJ

Os Mẽkrãgnõti e os Kubẽkrãkêj continuaram se encontrando. Alguns deles estavam sempre tentando convencer o outro grupo a se unir e viver junto novamente. Certa vez os guerreiros toparam com a trilha de um grupo Kubẽkrãkêj. Seguiram por ela, e quando chegaram num campo aberto, viram um jovem caminhando no sentido contrário. Apontaram as armas para ele, que disse:

— Calma, abaixem essas armas. Nós vimos o rastro de vocês, por isso meu pai pediu pra eu vir na frente e conversar, pra não termos conflito, pra não assustarmos nossos parentes. Eu vim sozinho chamar vocês pra visitarem o lugar onde estamos acampados. Pra que cheguem em paz. — E chorou cerimonialmente.

Mas o Motere ficou sério. O Tanhõ também. Não choraram, mas resolveram ir com o jovem. Eles se prepararam com a pintura na testa e fizeram sua dança. Estavam todos armados.

Chegando no acampamento, o pessoal começou a correr de medo. Mas o jovem disse para eles ficarem tranquilos, que era ele que estava trazendo aquela gente e que vinham em paz. Havia muitos Kubẽkrãkêj e eles estavam em festa. Motere pediu para o seu grupo se juntar aos outros e participar da dança; ele ficou sentado, vigiando. Os mais velhos diziam que, quando ele estava com sua arma, ficava todo mundo com medo. Tanhõ começou a cantar as músicas da Kajware e seu grupo se uniu a ele. Uma mulher, achando aquilo muito bonito, foi chamando todas as outras mulheres da aldeia, uma a uma, para se aproximarem e aprenderem aquelas músicas, que elas iam levar com elas. Ficaram todas em volta, olhando, enquanto eles cantavam. Quando terminaram, Motere deu um tiro para o alto e todo mundo saiu correndo. De susto, uma velha caiu no chão; depois se levantou brava e ficou batendo nele com sua bengala.

No outro dia Tanhõ e Motere foram à roça do pessoal. Já estava entardecendo, e eles pediram para tirar umas bananas para comer com peixe. As mulheres pediram para Motere fazer cestos para elas, e ele pediu para o seu grupo ir caçar enquanto ele fazia os cestos. E foi buscar palha de buriti. Os caçadores voltaram com tatu-canastra, tamanduá e jabuti. O tatu, as mulheres começaram a preparar, e quando veio a noite, o pessoal comeu, dançou e dormiu todo mundo junto.

Alguns conversavam, dizendo que seria bom se os grupos voltassem a viver todos juntos. Mas um dos antigos caciques, *bẽnjadjwỳrỳ*, falou para o Motere e para o Tanhõ que se fosse para morar juntos, que tivessem feito isso antes.

— Agora nós já temos nosso lugar pra viver. Deixem que eles fiquem morando pra lá e nós seguimos aqui.

Então os grupos se separaram, cada um seguiu seu rumo e voltaram a viver em harmonia.

Ainda tiveram um último conflito, na beira do Kukrytnhôngô, em que acertaram um tiro na coxa do Motere. Se ele não estivesse gravemente ferido, teria matado todos ali. Depois disso cruzaram o Bytire e se mudaram para um lugar chamado Arerekre. Viveram lá por um tempo, depois foram se deslocando no rumo do poente até chegar na região do Kapôt, um lindo cerrado que passaram a ocupar.

PRIMEIRO CONFRONTO COM OS KRÃJAKÀRÀ

Essa região do Kapôt já era próxima das terras ocupadas pelos Krãjakàrà, um povo que nosso pessoal nunca tinha visto. Eu escutava meu pai contar esta história: certo dia chegou na aldeia nosso tio Txuakre, outro irmão do Motere, que vivia com os Gorotire, e perguntou:

— Vocês verificaram se tem algum povo ao redor de vocês?

— Não tem, não. Só estamos nós vivendo aqui mesmo — responderam.

— Vou descansar meus pés um pouco, depois a gente vai dar uma volta pra ver se tem alguém ao nosso redor.

Txuakre já tinha andado por ali antes e sabia que não estavam sozinhos. Eles se mudaram de acampamento e depois se mudaram de novo. Então Txuakre levou um grupo para dar uma volta e foi nessa expedição que encontraram pela primeira vez com os Krãjakàrà. Caminharam por três dias e um grupo menor saiu na frente para procurar vestígios. Chegaram perto de um rio, viram vários galhos pequenos quebrados com a mão e retornaram para avisar o Txuakre, que disse:

— Acho que são nossos parentes e que devem estar procurando por nós. Vamos informar os outros, depois a gente volta pra fazer contato com eles e descobrir que grupo é esse.

Nesse tempo meus pais estavam de luto pelo filho mais velho deles, que tinha se perdido e foi dado como morto. Meu pai saiu para tirar mel, depois foi banhar, e quando estava voltando, foram falar com ele:

— Seu primo trouxe agora há pouco uns galhos quebrados por um grupo desconhecido. Estão te esperando. Sua mulher tem que preparar jenipapo pra te pintar. Era isso que a gente queria te contar.

Minha mãe preparou a tinta do jenipapo para o encerramento do luto, pintou meu pai e enfeitou sua cabeça com plumagem branca.

Na casa dos homens o Txuakre contava:

— Meus tios, meus irmãos, meus sobrinhos, eu encontrei algum grupo. Vimos muitos rastros deles, parece que são nossos parentes, mas não sabemos que grupo é. Amanhã a gente vai se aproximar mais e fazer contato com eles.

Caminharam por um dia e pararam para pernoitar. Um grupo, onde estava meu pai, foi na frente.

— A gente vai ver que pessoas são essas e ouvir que língua elas falam.

Andaram até encontrar uma trilha grande dos Krãjakàrà e seguiram por ela. Num córrego meu pai ouviu que eles batiam timbó, *tok tok tok*, e ficou escondido na mata com o pessoal, observando. O sol estava mais ou menos na metade de seu curso quando se aproximaram da aldeia. Dava para escutar o som de alguém cortando uma árvore. De repente, ouviram uma mulher gritar:

— *Amrẽ tẽ kum aby gê kudja kam kukre ane!* [Vem aqui pegar um pouco pra ele comer também!]

Meu pai entendeu aquela conversa.

— Puxa! Pensei que fossem *kubẽ*, mas são nossos parentes *ngôkre* que estão por aqui! Vamos voltar, quero avisar o pessoal que amanhã a gente vem conversar com eles.

No acampamento ele contou o que viu. Um guerreiro se levantou e disse:

— Eu quero falar pra vocês, meus irmãos, meus sobrinhos, que amanhã a gente vai fazer contato com esse grupo e vamos passar a viver juntos.

No dia seguinte os guerreiros entregaram as espingardas para os jovens e foram na frente sem nenhuma arma. Quando entraram na aldeia, alguém do nosso grupo deu um grito, os Krãjakàrà se assustaram, começaram a gritar de volta e atacaram nosso pessoal. O guerreiro Pãjmotire pegou uma espingarda, mas, quando ia atirar, uma flecha Krãjakàrà acertou seu braço. Uma mulher que estava com ele gritou para os jovens:

— Onde vocês estão? Os *kubẽ* acertaram meu tio! Tragam as espingardas!

E já se começou a ouvir o som dos tiros. Nosso povo atirava com espingarda e os Krãjakàrà atiravam com arco e flecha. Um deles correu com o filho agarrado em seu pescoço, e estavam quase conseguindo fugir quando alguém atirou bem no peito do homem e ele caiu. Já iam bater no menino com a borduna, mas alguém gritou:

— Parem! Eu quero levar esse filho de *kubẽ* pra mim. Me deixem pegar a criança e vocês matam somente o adulto.

Esse menino, que passaria a ser chamado Ykati, correu, se escondeu entre as folhas de banana-brava e ficou lá deitado, quieto. Mas meu tio descobriu onde ele estava, pegou o menino pelos braços e levou consigo. Assim pegaram muitas crianças Krãjakàrà.

Findo o conflito, tomaram o caminho de volta. Andaram por três dias e acamparam já próximo da aldeia. Alguém falou:

— Bem que esses meninos podiam se levantar e cantar alguma música pra gente ouvir!

E os meninos Krãjakàrà mais velhos se levantaram e cantaram. E aqueles que tinham pegado meninos para serem seus filhos também cantaram.

Nosso tio, que ia de mãos dadas com Ykati, começou a cantar também. O Kruwapretire pegou no outro braço do menino e cantou junto. Outro tio queria que alguém entregasse um menino Krãjakàrà para ele. Pediu para todo mundo, mas ninguém quis dar. Na última noite de acampamento, ele pediu novamente e todos tornaram a negar. Por isso, depois que o pessoal chegou na aldeia cantando, ele fez um feitiço e uma diarreia matou quase todos aqueles meninos. Só sobreviveram quatro, o Ykati e mais três. É isso. Foi assim que descobriram os Krãjakàrà. Assim meu pai me contou.

NASCI NUM MOMENTO DE UNIÃO

Eu nasci no Kapôt, numa aldeia chamada Krãjmopryjakare. Essa aldeia ficava em cima de um morro e de longe dava para ver os caminhos que levavam às roças, por isso ela ganhou este nome: Krãjmopryjakare, serra dos caminhos brancos. Nasci num momento de união entre dois grupos Mêbêngôkre, quando se juntou a nós o grande grupo do cacique Tapiêt, vindo dos Gorotire. Assim me contou minha mãe.

Naquele tempo nosso grupo estava realizando a cerimônia do *bēmp*. Uma parte tinha ido atrás de papagaio e outra parte foi tirar banana numa capoeira. No caminho, meu tio Ngôryti se deparou com os sinais de um grupo inimigo e encontrou o local onde eles tinham pernoitado. Voltou para avisar o Bepgogoti, que era então a principal liderança do nosso grupo. Ele juntou alguns guerreiros e foi com eles até lá para verificar.

Seguiram procurando a trilha que os inimigos teriam percorrido. Chegaram na beira de um lago, beberam água, e Bepgogoti percebeu que havia ali uma pegada diferente. Reconheceram a pegada do Kaprãnmare, que é compadre, *kràpdjwỳ*, do meu pai.

— Sim, é o grupo do Kaprãnmare. Eles passaram por aqui. Vamos atrás deles.

E foram, sem parar para comer ou dormir. Toparam com eles na trilha, caminhando em fila, e Kaprãnmare era o que vinha por último. Bepgogoti chamou seu nome.

— Kaprãnmare!

Ele se virou.

— Opa!

— É você mesmo?

— Sim, sou eu.

Os que iam na frente se viraram para ver quem estava chamando. Então os dois grupos se reconheceram e choraram cerimonialmente, perguntando dos parentes, se estavam bem, de onde estavam vindo.

Só meu tio Ngôryti não se aproximou. Aproveitou que estava sozinho e mais afastado, tirou um pau, fez uma borduna e esticou a corda de seu arco. Ficou atento, preparado para o caso de acontecer alguma coisa. O grupo do Kaprãnmare também começou a ficar preocupado, e falavam entre si:

— Eles conseguiram alcançar a gente!

Como o sol já estava próximo de se pôr, decidiram pernoitar por ali mesmo. Ao escurecer, quando uma parte já estava dormindo, perguntaram ao Kaprãnmare:

— Vocês estão sozinhos mesmo?

— Sim, estamos só nós mesmo.

Mas desconfiaram.

— Se são só vocês, por que estão com essa pintura?

E ele contou a verdade:

— Eu vou contar pra vocês. Nosso pequeno grupo estava a meio caminho entre o grupo de vocês e o grupo do Tapiêt. Ele chegou até nós primeiro e a gente foi forçado a se juntar a eles. Assim nós viramos também inimigos de vocês. Eles fizeram com que a gente mudasse de lugar e ficasse perto daqui. Depois pediram pra gente vir na frente observar o lugar e as pessoas que a gente encontraria. Vocês encontraram a gente primeiro, mas o resto do nosso grupo está vindo. Nós somos muitos! O cacique Tapiêt está trazendo bastante gente, e eles já cruzaram o Bytire.

Nesse momento Bepgogoti estava dormindo, por isso somente no outro dia ficaria sabendo dessa conversa. Perguntaram a ele:

— E agora, o que a gente faz? Vamos voltar pra nossa aldeia?

— Não. Vamos continuar e chegar nesse grupo. Preciso ver quem são. Eles precisam me ver também. Depois disso a gente volta pra nossa aldeia.

O Bepgogoti era muito corajoso. Quando ele deparava com um desafio, não esmorecia.

Deixou sua espingarda, pegou um arco e saiu na frente.

— Vou caçar uma ave qualquer pra gente comer mais tarde.

Logo uma ave saiu voando e ele matou. E matou outra, e depois outra. Pendurou no caminho para os que vinham atrás carregarem. Continuou andando e outra ave saiu voando, matou. E matou outra, e depois outra. Pendurou também no caminho. Seguiu em frente e encontrou um bando de quati, matou um, outro, outro, e parou por ali mesmo. Quando o pessoal chegou, disse:

— Façam uma fogueira, vamos comer aqui e depois seguimos. Vamos ficar de ouvidos atentos.

Acenderam a fogueira, comeram, beberam água, banharam e seguiram, bem devagar.

Mais adiante toparam com locais de caçada deles. Já estavam muito perto! Começaram a ouvir vozes. Bepgogoti fez um grito usando palavras na língua ngôjrẽjre, um sinal de paz. Ao ouvirem esse grito, vieram ao encontro do nosso grupo. Aqueles que estavam armados ficaram na beira do rio, no alto de um barranco, enfileirados, observando de cima. Bepgogoti se posicionou na frente e foi subindo o barranco, puxando a fila do nosso grupo, até chegarem lá no alto. Outros do grupo do Tapiêt estavam escondidos, e ao perceber que não seriam atacados, apareceram. Mas outros, que estavam mais para trás, ficaram com medo e correram, antes de entenderem que se desenrolava ali um encontro amistoso.

Bepgogoti falou para irem atrás deles; ele queria fazer a paz com todo aquele grupo. Eles já tinham atravessado para a outra margem do rio Bytire e continuavam fugindo. Foram alcançados já perto do Kapôtnhĩnore e enfim convencidos a voltar juntos. Antes de retornar para a sua aldeia, Bepgogoti teve uma conversa com as lideranças do grupo do Tapiêt:

— Vamos ficar unidos, próximos uns dos outros, sem brigas. Vamos evitar a guerra porque nossas mulheres estão com medo.

E concordaram que assim seria. Bepgogoti voltou na frente e Tapiêt, esse grande cacique que veio a se tornar meu sogro, veio depois trazendo seu grupo. O dia em que Tapiêt chegou com seu pessoal em Krãjmopryjakare foi justamente o dia em que eu nasci.

2. *Ibôkti*: Meu tempo de menino

NOSSOS NOMES

Quando comecei a dar meus primeiros passos, uma das minhas avós me deu um nome, o nome do meu avô, nome masculino principal da família, que é *bẽmp*. Recebi os nomes de Bepnhirerekti, Bepnhibum, Bepkrãka-êk. Foi meu tio Bepkỳti, irmão de minha mãe, que passou para mim meu nome específico: Kukêjtikrindjà. Um nome que ele mesmo tinha criado para si numa cerimônia de nominação durante uma expedição guerreira. Ele me passou esse nome.

Bepkỳti por duas vezes preparou a vestimenta ritual chamada *mrãp* para formalizar a transmissão de seus nomes para mim na cerimônia do *bẽmp*, mas por diferentes motivos minha nominação cerimonial acabou não acontecendo. Depois, quando eu já era adulto, fiquei um tempo fora da aldeia, e ao retornar, o pessoal estava fazendo uma cerimônia de autodenominação com nomes de moças, *mẽkurere*, e eu escolhi para mim o nome de Ropni. Esse era o apelido de uma prima minha, que tinha por nome principal Tewadjà, mas todos a chamavam de Ropni. Passei para mim mesmo esse nome e a partir de então todos passaram a me conhecer por Ropni. Após o contato, os brancos adaptaram esse nome para Raoni e começaram a me chamar dessa forma.

O nome principal da minha mãe era Nhàkanga, seus outros nomes eram Nhàk-ngryk, Bekwyjpa-ô, e seus apelidos Krãjprà e Mrytj-Kàpoj. Os nomes de meu pai eram Bepangàti, que era o nome principal, Bepkurwỳk e Ymôrô. Ele tinha também o apelido de Mẽkarõti, que recebeu de seu avô, o pajé Katàpjangri, que por sua vez recebeu esse nome de um grande espírito quando visitou sua casa.

— O que você veio fazer aqui? — perguntou o espírito.

— Eu vim pra te ver. Como você se chama?

— Eu sou Mẽkarõti, o grande espírito, e a partir de agora você vai ficar com meu nome. — Assim o espírito falou para ele.

Depois esse nome passou para o meu sobrinho, que ficou conhecido como Megaron.

Meu avô por parte de pai era Bepakati, mais conhecido pelo nome Topjajkwa. Ele é que era filho do grande pajé Katàpjangri. Meu pai foi o primogênito, depois veio meu tio Poyre e a caçula; o nome dela eu esqueci completamente.

Tive cinco irmãos. O mais velho se chamava Bepngri, que ainda jovem foi morto pelo espírito-peixe-elétrico *mrykaàk*. Depois veio minha única irmã mulher, Bekwyjràj, também conhecida como Biri-biri. Em seguida, meus irmãos Tàkàkryti, que foi morto pelos brancos no rio Tapirapé, Uware, que também tinha os nomes Tapirapé de Kopràrà e Kopre, e Bày-Krĩdjà. Enfim vim eu, que sou o caçula.

A GENTE ANDAVA EM GRUPO E VIVIA ATRÁS DE MATAR PASSARINHO

Fui crescendo e comecei a andar com o grupo de crianças da mesma idade que a minha, os *mẽprĩre*. A gente se juntava para brincar, jogava coisas uns nos outros, andava em grupo e vivia atrás de matar passarinho. Quando me tornei um menino, *ibôkti*, eu gostava de preparar umas flechinhas de taboca e armar tocaia na beira de algum córrego. Quando o sol chegava numa certa altura, a gente entrava na tocaia e ficava matando passarinho. Por ali mesmo a gente fazia um fogo, assava os passarinhos e comia com massa de mandioca. A gente brincava de peteca, feita com a palha do milho, e às vezes os jovens *mẽõkre* jogavam contra nós. Quem deixasse a peteca cair, perdia, e os outros jogadores ficavam atirando coisas nele, tentando acertar o perdedor. A gente brincava também de *rõnkrã*, um jogo de bola feita do caroço do coco-babaçu, que era muito disputado e volta e meia saía briga. Quando acabava o jogo, ia todo mundo banhar junto no rio. Era desse jeito que a gente vivia.

Às vezes os jovens *mẽnõrõnýre* e os *mẽkrare* se confrontavam, batiam uns nos outros. Eu e os outros meninos íamos atrás deles para assistir. Depois comecei a acompanhar o grupo dos mais velhos, *ngàdjyre*. Eles brincavam de lutar com borduna, mas como eu era mais novo, meu pai me orientava:

— Quando você estiver no grupo dos *ngàdjyre*, não entre na briga deles. Eles vão se bater, mas você não bata em ninguém. Se afaste deles. — Assim ele me aconselhava.

Nessa época eu não pensava que um dia alguém ia querer brigar comigo de verdade.

Eu me dava bem com todo mundo. Esse comportamento, que eu carrego hoje comigo, eu já tinha desde menino. Eu tinha um amigo que também tinha esse mesmo comportamento; nós tínhamos a mesma idade e andávamos juntos. Ele me dizia:

— Vamos andar juntos, se tiver briga a gente se afasta e deixa que os outros briguem entre eles.

Mais tarde ele seria morto por um *kubẽ*.

Comecei a acampar fora da aldeia com os meninos da minha idade. A gente se juntava, limpava algum local e para lá levava nosso alimento, para ser distribuído entre todos nós por alguém mais velho do nosso grupo. Depois de comer, a gente ia para o rio, banhava junto, bebia água, voltava para o nosso lugar e, já à noite, fazia nossos cantos e danças.

Ainda menino passei a andar no mato com meus tios e meus avôs. Se eles viam uma caixa de marimbondo numa árvore, eles limpavam embaixo e diziam:

— Batam nesta caixa do marimbondo, depois a gente segue.

E a gente batia na caixa de marimbondo e chorava de dor, *ai, ai, ai*, depois seguia. Meu avô demarcava os limites da roça e me chamava para ir junto com ele, para brocar o mato e derrubar as árvores menores. Eu ajudava nos trabalhos e assim ia aprendendo. Quando encontrava um pé de bacaba carregado, eu subia e trazia o cacho.

Nós tínhamos uma aldeia principal, onde fazíamos nossas roças. No início do tempo da seca a gente derrubava o mato, queimava e plantava. Com a roça semeada, saíamos todos da aldeia para perambular por outros lugares em busca de alimentos. Comíamos de tudo o que havia na mata, todos os tipos de caça, peixe, raízes e frutos. Quando começavam as chuvas, voltávamos a nos reunir em nossa aldeia principal. E quando as chuvas se iam, todo mundo preparava novamente sua roça e tornava a sair em busca de alimentos. De tempos em tempos a gente também mudava de aldeia principal, ia fazer roça em outros lugares. Era assim que vivíamos.

O PRIMEIRO CONFRONTO QUE EU VI

Com a chegada do Tapiêt e seus guerreiros, nossa aldeia passou a reunir muita gente. Eu era um bebê quando essa nova aldeia foi sendo formada, em cima do morro onde tem uns caminhos do pessoal para as roças. Ficamos pouco tempo ali e, como era o costume, fomos andar. Saímos do Kapôt para o rumo de uma região de floresta que o pessoal chamava Krôdjamre. Naquela época os grupos Mẽbêngôkre ainda guerreavam, eles ainda matavam uns aos outros.

Eu era um menino quando presenciei um confronto pela primeira vez. Nós estávamos em Krôdjamre, realizando uma festa das mulheres, *mẽnirebiôk*, e uma festa dos homens, *tàkàk*. Era muita gente dançando, cantando, e eu ficava assistindo admirado. Já nos preparativos para o encerramento da festa, Tapiêt, aquele que viria a ser meu sogro, chamou os rapazes *mẽnõrõnyre* para uma expedição guerreira contra os brancos. Ao anoitecer, um grupo já começou a entoar os cantos do início de uma guerra. No outro dia, enfeitaram com plumagem suas cabeças e Tapiêt fez sua fala *bẽn* anunciando o embate com os inimigos.

Outro guerreiro já estava esperando que ele encerrasse para também fazer o seu *bẽn*. E o pessoal respondeu com o grito característico, manifestando que estavam preparados. Caminharam por três dias e chegaram na beira do rio Kororoti. Tapiêt reparou que o rio estava secando e nas poças d'água que se formavam tinha muito peixe. Chamou quatro rapazes *mydjênyre* e disse a eles:

— Vão até a aldeia e digam pras mulheres que aqui no Kororoti tem muito peixe. Digam pra elas virem, vamos bater timbó e comer peixe juntos! Depois elas voltam pra aldeia e nós continuamos nossa viagem atrás dos brancos.

Os rapazes chegaram na aldeia e foram avisando de casa em casa. Lembro deles entrando em nossa casa. Meu pai disse a eles:

— Meus netos, vocês já voltaram?

— Não, vovô, é que o Kororoti está secando e tem muito peixe nas poças d'água. O mestre Tapiêt pediu pra gente vir chamar as mulheres, por isso estamos aqui.

— Então tá. Eu também vou bater timbó e comer peixe com vocês! — Assim ele falou, e minha mãe já foi separar o *bero* para levarmos. (Antigamente o pessoal comia muito *bero*. Hoje meus netos só querem saber da comida do branco, que faz mal à saúde.)

Então eu fui com meus pais, fomos nos juntar aos guerreiros para comer peixe no Kororoti. Quando chegamos, eles estavam trazendo o timbó e entoando os cantos dessa ocasião. Armamos nossa barraca.

Ninguém sabia ainda, mas nossos inimigos, nossos parentes, os Krĩkati, os Kubẽkrãkêj, estavam acampados perto de nós. No momento em que fizeram o grito característico para começar a bater timbó, ouviram o assobio do pássaro alma-de-gato, que anuncia perigo: *txujã!* Ele não mente! Mais uma vez o pessoal fez seu grito e novamente o alma-de-gato assobiou: *txujã!* Os inimigos estavam por perto.

Pegaram muito peixe: matrinxã, piau da cabeça gorda, trairão... As mulheres prepararam um grande forno de pedra e um jirau. Minha mãe assou peixe, nós comemos e voltamos para o rio para pescar mais. Eu, como era menino, flechava com flechinha de inajá. Acertei um peixe, mas ele foi embora. Acertei outro, que também escapou. E novamente o alma-de-gato assobiou: *txujã!*

Os mais velhos ficaram preocupados e foram até a beira do rio chamar os jovens.

— Terminem essa pescaria e subam. Todos vocês! Ouçam os avisos que o alma-de-gato está dando para nós. Os inimigos estão por perto e podem atacar. Vamos pegar nossas flechas, vamos nos preparar pra nos defender.

— Vovô, espere a gente pegar mais peixes... Quando o sol baixar mais um pouco, a gente vai.

E seguimos na água, batendo timbó, cantando e pescando. Se os inimigos tivessem atacado naquele momento, teriam matado todos nós naquela beira de rio. No acampamento, os rapazes *mẽõkre* forraram o centro e cantaram juntos. (Antigamente os rapazes faziam isso, mas hoje não fazem mais, já esqueceram dessa tradição.) Tinha bastante gente, muitos rapazes, eu ficava olhando de longe, admirado. As mulheres trouxeram os berarubus de peixe assados com massa de mandioca na folha de banana.

Depois de comer, o Krãmbari resolveu voltar para o rio. Ele ainda não sabia que iria encontrar com seu compadre Betikre, que era do grupo dos inimigos. Quando passou por nós, meu pai perguntou a ele:

— Pra onde você está indo?

— Vou ali mais pra baixo no rio, onde tem uma pedra. Vou preparar uma armadilha e amanhã volto lá pra pegar os peixes.

— Fique atento a sua volta, esteja esperto, eles já estão pra atacar a gente.

Krãmbari chegou no local onde tinha a pedra e foi cortar as folhas de banana-brava para a armadilha. Ele já estava sendo observado pelo Betikre. Quando tirou as folhas de banana-brava, o Betikre falou com ele:

— Compadre!

— Oi.

— É você?

— Sim, sou eu.

— Compadre, nós já estamos perto de vocês. Eu estava esperando aqui algum de vocês sair do meio do pessoal pra contar. Ainda bem que você veio e eu estou te contando. Avise os outros pra pegarem suas flechas e se prepararem pro confronto. — Foi assim que ele falou, e combinaram que não iam fazer nada um contra o outro.

Krãmbari voltou do rio andando rápido. Ele vinha segurando seu rifle Winchester. Meu pai comentou com minha mãe:

— Veja, seu sobrinho está andando muito depressa, deve ter encontrado os inimigos.

Ele entrou na nossa barraca e contou que tinha encontrado o Betikre; contou a história toda. Uma velha que estava escutando saiu e gritou:

— Os inimigos! — O pessoal nem escutou, estavam conversando muito.

E ela gritou mais uma vez: — Os inimigos! — Então pediram silêncio, e quando fizeram silêncio, ela gritou novamente: — Os inimigos!

Nesse momento outra velha saiu e falou com a primeira:

— Por que você não fala logo que o Krãmbari encontrou com o Betikre, que disse que seu pessoal está por perto e prestes a atacar a gente? Você podia falar logo assim! O que mais se poderia falar da conversa do Betikre?

Todos se levantaram de uma vez. Alguém disse que o Krãmbari estava mentindo. No mesmo instante ele pegou suas flechas, caminhou até onde estava o pessoal e falou muito sério:

— Por que eu iria mentir? Eu não sou moleque pra mentir! É verdade, nossos inimigos, os Krĩkati, estão aqui perto. Eu encontrei com meu compadre e ele me contou. É pra vocês pegarem suas flechas pra gente se enfrentar.

Logo começou o tumulto. Todo mundo andando de um lado para outro, as crianças chorando. Um grupo foi para a aldeia chamar reforço.

Minha mãe se levantou, pegou o peixe assado, colocou na cabeça, juntou as crianças, e saímos dali junto com meu pai e outras mulheres. O sol já tinha se posto. Seguimos pela trilha que levava à aldeia até que alguém falou:

— Vamos sair do caminho. — Entramos na mata. Tinha muito cipó, mas debaixo do cipó tinha mato. — Vamos ficar aqui neste mato.

Logo percebemos que os inimigos tinham chegado no nosso acampamento. Ainda ouvimos os cachorros latindo. Eu e minha mãe estávamos com sono. Cobrimos o chão com folhas, deitamos ali mesmo e dormimos. Acordamos no meio da noite, e como não escutamos nada, voltamos a dormir.

Somente meu pai ficou o tempo todo acordado e vigilante. Ainda na madrugada ele ouviu nosso pessoal indo da aldeia para o acampamento. Mas os inimigos já tinham ido embora, levando o peixe assado, os cestos com a massa de mandioca; pegaram tudo e foram embora. Mataram um cachorro também.

Ficamos um pouco mais escondidos e só saímos do mato quando o sol já estava alto. Voltamos para a trilha principal que levava à aldeia. Caminhamos por uma mata de banana-brava e, quando passamos por um córrego seco, cruzamos com uns guerreiros que vinham da aldeia. Um deles perguntou para a minha mãe:

— Você está levando os seus filhos pela trilha?

— Sim, estamos indo pra aldeia.

— É melhor vocês saírem do caminho, pegarem algum atalho, eles são perigosos! Entrem no mato.

E assim minha mãe fez, nos conduziu por uma trilha mais fechada paralela à trilha principal.

Os Krĩkati foram por outro caminho e chegaram na nossa aldeia. Os jovens *mẽʼõkre* estavam dançando quando eles apareceram atirando. De onde estava com meus pais eu escutei o barulho dos tiros: *tu, tu, tu*. Mataram meu sobrinho Tikôre... Depois pegaram o caminho das roças, para onde muitos dos nossos parentes tinham fugido, principalmente as mulheres, que estavam todas juntas. Mataram minha comadre e quase mataram minha tia, que eles raptaram, assim como fizeram com muitas outras mulheres. Algumas conseguiram fugir e retornaram.

No outro dia os guerreiros do nosso grupo foram atrás deles e revidaram. Nosso pessoal esperou amanhecer e saiu atrás deles pelo cerrado. Já era noite alta quando eles voltaram entoando os cantos da vitória, que indicavam que conseguiram vencer. Trouxeram o corpo da minha comadre e enterraram, e trouxeram de volta minha tia, que quase tinha sido morta. Foi isso que eu vi.

MATARAM O TAPIÊT

Após esse conflito o pessoal ainda encerrou as festas. Depois fomos coletar castanhas e pegamos o rumo de volta para o Kapôt. Atravessamos o rio Ngàpkabetare, banhamos, e montamos nosso acampamento. Nesse ponto Tapiêt reuniu um grupo e saiu para o rumo do poente para atacar os brancos e tomar suas espingardas. Quando se juntou a nós, ele trouxe bastante gente. Alguns do grupo dele gostavam de guerrear, de matar os outros. Quando voltavam desse ataque contra os brancos, houve uma confusão entre eles mesmos e mataram o Tapiêt.

Eu ainda era um menino, mas já acompanhava tudo o que acontecia. O pessoal começou a se desentender novamente. Houve muitas conversas para impedir os conflitos: meu pai tentou impedir, o Bepgogoti também tentou impedir, mas acabamos nos dividindo. Um grupo foi viver para o rumo do Kororoti e nós, Mẽtyktire, fugimos deles em direção ao Kapôt. Ficamos um tempo morando lá.

* * *

Às vezes um grupo saía para atacar os brancos e tomar suas espingardas. Lembro quando um grupo de jovens *mẽnõrõnyre* se organizou e saiu atrás dos *kubẽ*. Dois anos depois eles voltaram, trazendo espingardas, cartuchos e facões dos brancos que eles tinham matado. Chegaram na aldeia disfarçados com as roupas dos *kubẽ*, vestindo suas camisas. De longe o pessoal viu e se assustou, achando que eram os brancos.

— Os *kubẽ* chegaram na gente!

O Kàjtê subiu numa árvore, olhou direito e viu que eram nossos parentes.

— Não! É o grupo dos jovens que vem chegando!

Na aldeia eles foram recebidos por seus familiares com o choro cerimonial, e à noite fizeram o ritual do *mẽ uwêmôrô*.

A TRAVESSIA PARA O KAPÔTNHĨNORE

Mas algumas pessoas continuavam a criar intrigas e ameaçar umas às outras. Até que o guerreiro Kẽnti matou outro guerreiro chamado Ngrejmare, que era meu compadre. Com esse conflito os grupos novamente se dividiram. Kẽnti foi viver com seu grupo na região de Krôdjamre. Bepgogoti e Kretire ficaram pela região do Kapôt, cada um com seu pessoal. O grupo liderado pelo Kremôrô, onde eu estava com meus pais, decidiu fugir deles para o rumo do Kapôtnhĩnore.

Antes de cruzar o Bytire, e mesmo com pouca quantidade de pessoas, iniciamos a festa do *kwỳrỳkangô*.

Acampamos perto da cachoeira, andamos mais dois dias e fomos montar acampamento no rio da Irekànoj, num lugar que tinha bastante cará. As mulheres tiraram muito! Um ancião tinha um cachorro bom de acuar anta e chamou o pessoal para caçar. (Hoje em dia o pessoal não prepara mais seus cachorros para serem bons de caça...) O cachorro acuou uma anta para a beira do rio, bem perto de onde eu estava, e fiquei tentando acertar os olhos dela com minhas flechinhas. As mulheres cercaram a anta e os jovens mataram o animal com borduna. Depois tiraram as tripas, subiram do rio com a carne, dividiram os pedaços e fizeram berarubu. Aquela anta estava bem gorda!

O dono do cachorro contou que passaram na roça de um grupo desconhecido, mas não havia ninguém.

— Deve ser roça dos Ngôjrẽjre — ele disse. — Eles têm muitos pés de mamão e muitas batatas. Vamos lá amanhã!

Eu fui junto com eles. Não tiveram pena do dono daquela roça: tiraram batata, derrubaram pé de mamão... Eu pensei: "O que é isso?".

No outro dia tiraram os paus, prepararam a balsa, *pure*, e atravessamos o rio Bytire. Montamos nosso acampamento na outra margem. No dia seguinte nos mudamos para o local de nome Pĩprêktikô. Depois fomos dormir no buritizal Ngrwarekaàkô. No outro dia andamos até o lugar que era chamado de Kubẽnkoprekô, e no dia seguinte fomos montar acampamento no rio Mytkwỹjdjà. E assim nós voltávamos a desfrutar do cerrado do Kapôtnhĩnore. Ali encontramos muita caça: jabuti, tamanduá, tatu-canastra, anta... Nossa, ali tinha muita caça! Naquela época aquele cerrado era preservado, não havia ninguém. Mas hoje os brancos tomaram conta dele e já destruíram tudo. O branco tem esse comportamento, ele não preserva as florestas, os rios, os animais.

Nós nos mudamos novamente e acampamos no local onde, alguns anos depois, faríamos a pista de pouso. O pessoal foi caçar e eu fiquei matando passarinho com os meninos da minha idade. Matamos um tatu-bola também. Meu tio Kariô-y matou uma onça e voltou à tarde com o ritual *mẽ kurwỳk* entoando este canto:

Na akĩja kĩja arê
Na akĩja kĩja arê
Akàrà kamã apymare tẽ
Na ba ikrãnhi nhàre mẽ ne tẽ ba mõ ne

Ó gralha
Ó gralha
Teu canto ecoa o medo
Eu vou com minha cabeça arrepiada

EU ESTAVA DEIXANDO DE SER UM MENINO

No dia seguinte prepararam uma escada para batermos num ninho de marimbondo *ngôjbôrôre*, e fizemos uma dança para a ocasião. Esse marimbondo tem uma ferroada muito dolorida, e o ninho dele é uma caixa branca e tão dura que a gente bate, bate e ela não quebra. Eu esqueci o nome da pessoa que se aproximou, mas ela ficou nos incentivando, dizendo que aqueles marimbondos estavam muito bravos. Eu disse:

— Eu vou subir!

E fiquei entre os últimos da fila. A caixa era realmente muito dura, e quando a gente batia nela, os marimbondos atacavam. Levamos muita ferroada! Mas conseguimos quebrar a caixa e descer. Eu já estava crescendo, quase deixando de ser um menino.

Então atravessamos o rio Bytikrengri e acampamos. Ali realizamos a cerimônia do *bô*, com as máscaras feitas da palha do buriti.

Fomos pegar as folhas de buriti e voltamos fazendo os gritos rituais de chamamento *mẽ ungrõrõ*. Os anciãos foram confeccionando as máscaras e nós aprendendo. Fizeram uma linda máscara de folhas de buriti.

E começaram a nos ensinar os cantos. Um de nós deveria puxar o canto para depois os outros repetirem:

— Algum de vocês vai cantar assim:

Idjê idjê idjê idjê idjê idjê

Me amarra, me amarra, me amarra, me amarra, me amarra, me amarra

e os outros vão repetir:

Idjê idjê idjê idjê idjê idjê

Me amarra, me amarra, me amarra, me amarra, me amarra, me amarra

E depois:

Urudjê urudjê urudjê urudjê urudjê urudjê

Amarra, amarra, amarra, amarra, amarra, amarra

e os outros repetem:

Urudjê urudjê urudjê urudjê urudjê urudjê

Amarra, amarra, amarra, amarra, amarra, amarra

Então nos enfeitamos e saímos com as máscaras, cantando:

*Ibô ô ruê 'ê
ibô ô ruê 'ê
ê: 'ê ã: ê: 'ê ã,
ibô ô ruê 'ê...*

*Sou feito de palha em pé
sou feito de palha em pé
ê: 'ê ã: ê: 'ê ã,
Sou feito de palha em pé...*

Dois dias se passaram, e foi a vez das moças *mẽkurere* fazerem a dança delas com a máscara *bô*. E elas fizeram seu ritual.

As mulheres tinham preparado um lugar à parte para realizar suas danças. Um compadre se aproximou de mim e me convidou para assistir.
Subimos numa árvore e, de longe, ficamos assistindo enquanto elas cantavam e dançavam. Havia umas moças recém-adolescentes, *mẽkrajtyknyre*, que estavam no meio das outras, com o rosto pintado de urucum e usando seus enfeites. Fiquei admirado com a beleza delas. Eu já estava quase deixando de ser um menino.

Fizemos essa aldeia no Bytikrengri e dali começamos a andar para o rumo do Araguaia. Assim entramos nas florestas dos Tapirapé. Os brancos também já começavam a ocupar aquela região. A gente caminhava, montava os acampamentos, e os guerreiros saíam para uma incursão. Eu queria ir junto e falava para o meu pai:

— Eu quero ir com eles, quero matar algum branco pra tomar uma arma dele! Eu posso tentar bater em algum que já tenha sido atingido.

Mas meu pai dizia:

— Não, filho. Espere você crescer mais um pouco...

Foi praqueles lados que os brancos mataram meu irmão Tàkàkryti e meu cunhado Pirôre. O lugar onde eles foram enterrados, hoje é uma cidade.

Numa dessas incursões trouxeram o João Nhudjà. Nós estávamos acampados numa mata mais fechada, e meu irmão Kopre foi procurar algum sinal dos *kubē*. Dali a pouco ele voltou.

— Pessoal, a gente está bem próximo de um caminho dos brancos. Bem ali, no limite da mata. Amanhã a gente vai lá.

Enquanto eles foram, meu cunhado chamou para caçar.

— Meus cunhados, quero matar alguma caça pra vocês comerem. Algum de vocês poderia ir comigo?

Todo mundo ficou quieto e pensei: "Eu vou...", e outro disse:

— Eu vou com você.

Saímos pelo cerrado e topamos com um rastro de tatu. Tinha muito tatu-canastra lá; não sei hoje, se ainda tem... Os brancos com seus tratores já destruíram tudo, não deve ter sobrado nenhum. Então seguimos o rastro do tatu pelo cerrado até que topamos com uma colmeia. Meu cunhado disse:

— Vão tirando este mel, depois vocês me encontram. Eu vou na frente, atrás desse tatu.

Peguei um galho seco, cutuquei a colmeia e ela caiu. Nossa, tinha muito mel! Comemos um tanto, depois peguei um pouco, embrulhei numa folha, e ouvimos meu cunhado gritar:

— Venham aqui! Eu já matei o tatu!

Ele matou o tatu bem debaixo de um formigueiro, e já tinha preparado a alça para carregar. Eu disse:

— Deixe que eu carrego.

Nossa, como era grande aquele tatu! Botei nas costas e dali a pouco apareceram uns bois. A gente nunca tinha visto boi.

— Estão vindo uns veados-campeiros enormes! Cunhado, vamos subir nesta árvore!

Larguei o tatu-canastra e subi num pé de sambaíba. Os bois passaram embaixo da árvore, berrando. Depois que eles se foram, nós descemos e ficamos conversando sobre aqueles veados estranhos com chifres retorcidos.

Logo os outros já vieram trazendo o João Nhudjà. Tinham matado um branco que estava com ele e trouxeram o João, que também ganhou os nomes de Bep-oio e Kukôj-jamyti. Eu desembrulhei o mel que estava na folha e ofereci a ele, que se aproximou e começou a comer. Nós éramos praticamente da mesma idade. Depois voltamos para o acampamento na mata. À noite o João cantou uma música para a gente escutar. Foi assim quando o trouxeram, e ele passou a viver com a gente.

De outra vez trouxeram duas Tapirapé, a Iparemõ-i e a Pawãjngô. Os jovens *mēnõrõnyre* saíram numa incursão e enquanto isso meu tio Àkire nos levou para pescar num rio largo onde tinha muito peixe. Esse lugar já foi tomado pelos brancos... Pescamos muito pacu, matrinxã, curimatã e arraia. Àkire disse:

— Olha, vocês tomem cuidado! Venham banhar aqui mais pra perto, pois este lugar tem dono. Aqui é a morada de outro povo. — E continuou: — Eu vou dizer uma coisa pra vocês: eu tive uma visão onde meu sobrinho executava um *kubẽ* e trazia sua filha. Vamos retornar pra esperar por eles.

Na aldeia as mulheres já tinham pintado o corpo e aguardavam nossa chegada com os peixes, que prepararam com massa de macaúba e assaram no forno de pedra *ki*. Ao entardecer, começamos a escutar este canto:

Ngrwa bàri ry dja mã ni
Jã pari bê mẽ pry
Ja tã barê
Ngrwa bàri ry dja mã ni

Jã pari bê mẽ pry
Ja tã barê ne mõ

Numa árvore de buriti
Debaixo há um caminho
Eu atravessei
Numa árvore de buriti
Debaixo há um caminho
Eu atravessei e seguimos

Pouco depois o grupo dos jovens *mẽnõrõnyre* chegou na aldeia com o ritual *mẽ kurwỳk*. Meu pai ficou ouvindo e disse para a minha mãe:
— Esse é um canto antigo dos *kubẽ*. São nossos filhos que vêm chegando, imitando a linguagem dos *kubẽ* que eles mataram!
Todos se alegraram.
— O grupo dos *mẽnõrõnyre* voltou!
Eles estavam pintados com a pintura do *pàtjarapê* e vestidos com seus colares. Quando olhei para eles, fiquei muito admirado. Depois se espalharam, indo cada um para a sua casa, onde foram recebidos por seus familiares com o choro cerimonial. Em seguida foram todos para a casa dos homens, comeram juntos e realizaram suas danças; somente os jovens. Nossa, eles dançaram muito! (Eu os comparo com os jovens Mẽbêngôkre de hoje que não têm mais esse comportamento; estão espalhados no meio dos brancos.) Então essas Tapirapé também passaram a viver com a gente, e assim nos tornamos inimigos dos Tapirapé.

OS CONHECIMENTOS DOS NOSSOS ANTIGOS

Antigamente se ensinava aos filhos, desde crianças, as privações e restrições alimentares que deveriam respeitar para ficarem com o espírito leve. Assim meu pai fez comigo. Me falou desde cedo sobre os conhecimentos dos nossos avôs antigos que eram pajés. Me ensinou que alguns alimentos são reimosos e devem ser evitados.
— Não coma massa de mandioca e nem a batata-doce que é reimosa. Você

pode comer somente a batata-doce branca, berarubu de milho e *bero*. Do tatu-de-quinze-quilos só se pode comer a costela com berarubu, não se pode comer a gordura, que é muito mole. Se tiver anta ou tamanduá, a mesma coisa. O tamanduá é lento, muito pesado, coma somente a carne da costela com berarubu, não coma a gordura. Depois lave bem as mãos. O jabuti é reimoso, então se aparecer braço de jabuti, você deixe que outro coma. Não coma a carne do veado-mateiro nem do veado-campeiro. Não coma a carne desses animais espertos e você verá que, quando fizer uma tocaia pra matar arara, ela chegará depressa. Evite comer alguns tipos de banana, como a banana-roxa e a banana-vermelha. Você só pode comer a banana-maçã e a banana-nanica. Evite comer cará, abóbora, mamão e cana-de-açúcar. Alguns méis também são reimosos, como o mel de tiúba e de uruçu-preto. Das abelhas tataíra, arapuá, moça-branca e uruçu-amarela você só pode comer o mel que fica no fundo da colmeia, não aquele que fica na parte de cima. Assim se alimentavam nossos avós antigos que eram pajés. São regimes pra você ficar com o espírito leve, porque, quando você ficar doente, vai precisar sair do seu corpo pra afastar a doença de você. — Dessa forma o meu pai me orientava, e passei a não comer qualquer comida.

Eu perguntei:

— Meu pai, o que eu vou comer então?

— Esse jejum mais rigoroso não dura tanto tempo. Seguindo essa dieta, quando você ficar doente, você mesmo poderá se curar, sozinho.

Meu pai era pajé, mas não fazia muitos trabalhos de cura. Lembro dele tratando doentes em duas ocasiões. Uma vez foi com a Iregogo, que um tatu estava atacando e já estava bem fraca. Meu pai viu a menina e falou para a mãe dela:

— O que vocês fizeram? Vocês deram tatu pra criança?

— Ontem eu preparei o tatu e o que sobrou deixei bem ali. Quando amanheceu, sua sobrinha viu e comeu.

— Então é isso que está atacando a Iregogo...

Saí com meu pai para procurar o remédio. Dali a pouco ele me falou:

— Tira este galho.

Eu arranquei. Andamos um pouco mais e ele disse:

— Tira este também.

Eu tirei. Depois fomos subindo um morro e ele falou:

— Este parece com pele de pescoço. Arranca um galho.

Fui lá e tirei um galho.

— Bastam estes.

Chegamos na aldeia, ele fez uma infusão e ficou aguardando. Iregogo veio, ele deu um banho nela com o remédio e assoprou a menina. Depois disse para a mãe:

— Leve esse remédio que sobrou, quando anoitecer você dá um banho nela de novo. O resto que sobrar, você põe no sol, e quando secar bem, você prepara o jenipapo, mistura o remédio e pinta a criança.

Em pouco tempo Iregogo já estava forte, e meu pai disse:

— Pronto, já acabou. Ela está curada.

Outra vez foi com os filhos da Kôkôkinti. Trouxeram um mel com o poder maléfico *kaprẽm*. Comeram e começaram a vomitar e ter diarreia ao mesmo tempo. Já estavam com o rosto bem alterado. Foram encontrar meu pai, que perguntou:

— Meus sobrinhos, o que vocês fizeram?

— Tinha uma colmeia com abelhas mortas. A gente derrubou e comeu o mel, por isso estamos assim.

— É... esse é um mel perigoso.

Meu pai começou o tratamento. Assoprou os meninos e disse:

— Agora preciso buscar os remédios pra doença do mel.

Trouxe os remédios, fez um chá, eles tomaram e vomitaram muito. Quando enfim terminaram de vomitar, já estavam bem.

— Vocês estão vendo? A doença do mel já foi embora.

Nossos avôs que eram pajés usavam ervas, plantas e partes de animais para preparar suas receitas. Tinham sempre com eles o remédio feito com uma palmeirinha do cerrado, para utilizarem quando fosse preciso. Usavam o talo de buriti e a pena do beija-flor de penas brancas *nhuj amy japkre jakati*. Não faziam sexo com suas esposas durante o dia, mas somente à noite, e após a relação sexual passavam no nariz uma receita preparada com pena de urubu para provocar espirros e tirar deles todas as secreções da mulher. As cinzas dessa pena, eles passavam no corpo. Assim adquiriam os poderes e a leveza dos pajés para toda a vida.

Meu pai me orientou a não me sentar onde mulher grávida se deita.

— Se você se sentar lá, você vai dormir. — E disse também: — Não namore com mulher que deu à luz recentemente. O cheiro do leite pode entrar em você e te deixar fraco e sem coragem.

Quando eu ia banhar, já ficava atento às mulheres com bebês. Se elas vinham, eu desviava delas por outro caminho para chegar no rio. Eu tinha esses cuidados.

Meu pai me falava ainda:

— Não fique entrando de casa em casa. Fique somente na casa dos homens. Quando tiver vontade de urinar, você vai, mas volta logo pra casa dos homens. Pessoas que não têm esses cuidados morrem cedo. — E completava: — Dessa forma seu espírito poderá sair do seu corpo e você terá visões com mais facilidade. Quando você adoecer, a terra vai começar a girar na sua cabeça. — Assim eram as orientações do meu pai pra eu me tornar pajé.

SAÍ DO MEU CORPO E VIAJEI COM OS ESPÍRITOS PELA PRIMEIRA VEZ

E foi nesse tempo, quando estávamos nas terras dos Tapirapé e eu ainda era um menino, que pela primeira vez a terra girou na minha cabeça, eu saí do meu corpo e viajei com os espíritos. Eu gritei de medo, fiquei desesperado. Minha mãe me segurou pelos braços, passou o remédio em meu rosto e naquele momento eu me acalmei. Mas a terra passou a girar para mim toda hora, toda noite.

Certa vez meu pai foi com um grupo tomar armas de fogo dos *kubẽ*. Mataram alguns deles e trouxeram dois rifles .44. Então fomos para uma roça dos Tapirapé, fizemos nosso abrigo por lá e ficamos nos alimentando de massa de mandioca com peixe e carne de caça. Depois fomos até a aldeia deles, que estava vazia, e ficamos na casa deles. Naquela casa meu pai impediu que os Tapirapé se aproximassem. De que forma? Ninguém nunca me perguntou, por isso eu nunca contei. Mas eu vi sua receita com pedra preta e as plantas do cerrado *rwỳrwỳk* e *rôrô jamak*. Ele espalhava essa receita nas várias direções, para um lado e para outro, e de fato nenhum Tapirapé se aproximou.

O tempo passou, fizemos farinha e nos mudamos. No outro ano fomos lá de novo. Meu irmão Kopre tinha saído para visitar uns parentes. Alguns dias se passaram e o Kàjtê veio falar comigo:

— Vamos atrás do seu irmão?

Fomos em grupo e encontramos meu irmão no meio do caminho. Ele disse:

— Eu achei uma árvore onde alguém tirou mel de tataíra.

Seguimos até o local e vimos uma casa Tapirapé. Eles resolveram esperar os donos chegarem. O Kàjtê disse para mim:

— Você e seu irmão podem sair daqui. Somente nós adultos vamos enfrentar esses *kubē*, pois eles são perigosos.

Voltei para o acampamento com meu irmão e logo ouvimos som de tiro. Fiquei preocupado, imaginei que já estavam se enfrentando. Até que eles chegaram e disseram que os Tapirapé tinham posto todos para correr. Estava anoitecendo quando gritamos para as mulheres e elas voltaram.

Outro grupo, quando retornou da incursão contra os brancos, já trouxe a doença. Todos adoeceram, com fortes tosses.

O Kàjtê ia caçar e me chamou para ir junto, para carregar a caça. Assim que saímos, eu comecei a sentir calafrios e avisei a ele:

— Acho que estou ficando com febre.

— Então você volta pro acampamento.

Voltei e me sentei perto da fogueira. Senti febre até a noite, e quando adormeci, fiquei olhando para a minha doença. No dia seguinte nos mudamos para outro local. Meu pai me disse:

— Você fique aqui, veja se sua febre passa. Eu vou atrás dos seus irmãos.

Minha mãe preparou uma cobertura de palha e forrou o chão para eu me sentar. Eu sentia frio e fiquei próximo ao fogo.

Quando adormeci, no meu sonho vi duas pessoas se aproximando de mim.

— Você está doente?

— Sim, estou doente.

E me falaram sobre um cipó que, quando eu acordasse, eu deveria procurar. Disseram que ele era grande e estava perto de duas folhas caídas.

— É somente isso que nós viemos passar pra você e já estamos voltando.

Fiquei olhando enquanto elas se afastavam.

Quando acordei, vi esse cipó se movendo. Era enorme. Depois vi o pé de bacaba com as duas folhas caídas da maneira como tinham me falado, e elas também estavam se movendo. O pé de bacaba caiu e no mesmo momento seus frutos amadureceram e a terra começou a se abrir. Eu tive uma sensação de vertigem muito forte. Me levantei tentando me apoiar numa árvore, mas ela estava com a raiz solta e não me segurou. Me apoiei em outra árvore, mas esta também estava prestes a desabar. Consegui me segurar numa outra árvore.

Ouvi minha mãe dizer:

— Meu filho, acho que você está delirando...

E vi quando ela passou a folha da planta *ràpmre ô kukreti* no meu rosto e a terra parou de girar.

O Kàjtê chegou e veio me ver. Veio fumando seu cachimbo, soprando fumaça em mim. Logo que a fumaça pegou em mim, meu espírito saiu do meu corpo e foi para bem longe, de onde eu pude ver meu corpo e minha mãe chorando sobre ele. Fiquei com dó dela e pensei: "Vou voltar!". Entrei novamente em meu corpo e me levantei. Eu suava muito.

— Mãe, por que você estava chorando?

— Achei que você estava morrendo, por isso eu chorava!

— Não. Eu estava apenas dormindo!

A febre já tinha passado.

No dia seguinte nos mudamos para outro local, e como eu ainda estava me recuperando, meu pai me disse:

— Você pode ficar aqui enquanto eu vou atrás de seus irmãos e seus primos.

Eu me encostei e acabei dormindo. Encontrei um tatu-canastra deitado e ele veio conversar comigo.

— Esta é a minha casa!

E eu disse a ele:

— Sim. Logo ali também tem uma casa muito bonita onde você poderia morar!

E mostrei a ele um buraco na beira do rio. Na mesma hora ele foi até esse buraco e entrou.

Quando acordei, falei para a minha mãe sobre o tatu e ela perguntou:

— Onde é isso?

— Bem perto da descida pro rio, por onde o pessoal passa.

— Ué, seus irmãos passaram agora há pouco por ali e não falaram nada de tatu...

— Eles não viram! Vá você mesma lá olhar esse tatu-canastra, minha mãe!

Ela foi, viu o canastra e voltou.

— Realmente ele está lá no buraco, dormindo com a cabeça apoiada nas mãos.

Depois meu pai chegou trazendo um pedaço de madeira para fazer uma borduna. Minha mãe contou a ele:

— Tem um tatu-canastra bem ali naquele buraco no caminho pro rio.

— Ué, nossos filhos acabaram de passar por lá... Eles já chegaram?

— Só o mais velho — minha mãe disse, e gritou por ele: — Tàkàkryti!

— O que foi?

— Tem um tatu-canastra dentro de um buraco bem ali.

— Ué... Nós passamos por lá faz pouco tempo e não vimos nada.

— Acho que vocês não perceberam!

Meu irmão pegou um machado, cavou o buraco, bateu no canastra e puxou o animal pelo rabo. Minha mãe assou para nós e eu comi apenas a carne das costelas. Depois lavei bem as mãos. Seguindo essas orientações, eu fui ficando com o espírito mais leve e ágil.

No outro dia, mais uma vez nos mudamos, e quando eu fui dormir, pensei: "Bom, agora vou visitar meus parentes no Kapôtnhĩnore para ver se eles estão lá ainda". Quando eu já estava avistando os parentes, olhei para trás e vi minha mãe passando os olhos do tatu-canastra em meu corpo. Eu disse a ela:

— Não! Dessa forma você vai prejudicar minha visão!

Mas, quando voltei para o meu corpo, ela já tinha passado, e na outra noite eu dormi na escuridão: não tive nenhuma visão. E foi assim, nas terras dos Tapirapé, que eu comecei a adquirir os poderes de pajé.

3. *Mẽnõrõnyre*: Quando me tornei um rapaz

A ORIGEM DAS COISAS

Vou contar uma história antiga, de um poderoso pajé que foi picado no pé por uma cobra. O pessoal estava no meio de uma viagem, andando pelo mato, quando ele foi picado e não conseguia mais andar. Sua esposa passou a carregar o pajé nas costas no caminho de volta para a aldeia. O pessoal ia andando na frente e a esposa ia atrás, carregando o marido. Acamparam já perto da aldeia. No outro dia a esposa simplesmente arrumou suas coisas e seguiu com os outros. Deixou o marido lá, largado.

Um filho dele, que era rapaz *mẽnõrõnyre*, falou:

— Pai, eu vou ficar aqui com você.

Ficaram seis dias juntos, só os dois, e o filho resolveu ir até a aldeia.

— Pai, vou lá ver o pessoal, depois eu volto pra cá.

O pai ficou sozinho e ele mesmo curou seu pé. Ele tinha se tornado um pajé muito poderoso. A cobra ensinou muita coisa para ele.

Ele fez arma de fogo, facão, faca, machado, panela, miçanga, fez tudo. E encheu a casa dele com essas coisas. Fósforo também. Com a arma ele matou uma anta e assou. Por volta do meio-dia, quando ele comia a anta, seu filho chegou.

— Pai, você está aí? O que você está comendo?

— Carne.

— Qual carne?

— De anta.

— Você que matou?

— Sim, eu matei, assei e sentei aqui pra comer.

Então o filho se sentou perto dele e comeram juntos.

— Pai, como você matou essa anta?

— Com flecha.

Até esse dia nossos antepassados só usavam lança. Afiavam a ponta de um pau ou o osso de algum animal para fazerem suas armas e caçar. Foi esse pajé que criou a flecha e a arma de fogo. Todos viram, aprenderam, e começaram a fazer. Depois os brancos fizeram a arma de dois canos e a espingarda de carregar pela boca. Mas a arma de verdade, a espingarda de cartucho, quem fez foi esse pajé de quem estou contando a história.

Em três dias eles terminaram de comer toda a anta, e o filho falou:

— Pai, já comemos a carne toda. Vou fazer como você e caçar alguma coisa.

— Pode ir.

— Onde você caçou?

— Ali onde tem muito ouricuri maduro, vá até lá, você vai ver muitos animais comendo.

— É pra eu levar flecha? — perguntou o filho.

— Não, você vai levar esse arco diferente aqui — respondeu o pai se referindo à arma de fogo.

Ele pegou a arma e mostrou para o filho, que ficou olhando e perguntou:

— Como eu uso isso?

— Tem que colocar a munição aqui dentro, deixe eu colocar pra você.

Colocou o cartucho e entregou a arma ao filho, que saiu para caçar.

Ele foi andando, procurando, e viu que realmente havia muitos animais comendo os ouricuris maduros. Seguiu por um trecho de mata densa, atirou numa anta e ela caiu. Voltou até onde estava o pai e falou:

— Pai, matei uma anta, ela ficou lá no chão.

— Vá lá e traga a anta pra cá.

— Mas por acaso é leve pra que eu consiga trazer?

— Sim, é muito leve. Você vai amarrar e trazer, e enquanto isso eu preparo o forno de pedra.

O filho foi, tirou embira, amarrou e carregou a anta para o acampamento. O pai cortou a caça e colocou no forno, onde as pedras já estavam brancas de tão quentes.

Depois de sete dias, o filho disse:

— Pai, vou até a aldeia de novo pra ver o pessoal, depois eu volto.

E o pai disse:

— Vá e leve uns facões pras suas irmãs. Eles estão ali naquela casa.

Ele foi até lá e ficou procurando uma porta, mas não achou. Rodeou a casa toda em busca de algum lugar para entrar, mas a casa parecia toda fechada. Então ele voltou.

— Pai, procurei uma porta, mas não achei. Onde fica?

— Vamos lá que eu abro pra você.

Foram e o pai abriu. A casa estava cheia de coisas. O filho juntou fósforos, panelas, miçangas, facões, machados, facas pequenas. O pai falou:

— Leve linha de pesca e anzol também.

Pôs tudo nas costas, pegou também um pouco da carne assada de anta e saiu. Naquela época ainda não existia a noite, as pessoas dormiam no claro.

O filho foi andando até chegar numa mata já perto da aldeia. Arriou a carga, comeu um pouco de carne, bebeu água, banhou, e depois que se secou, pegou de novo suas coisas e seguiu. Ele já estava vendo a parte de trás das casas quando atalhou por outra mata, pendurou a carne numa árvore e deixou o restante das coisas no chão. Foi para a casa de suas irmãs e se sentou. Uma delas perguntou:

— Como está o papai? Ele já está bem?

— E como ele estaria? Seu pé ainda está ruim... — Assim ele disse, e continuou: — Eu trouxe carne, está bem ali. Vai lá buscar e traz pra vocês comerem. Eu também trouxe facões e panelas, deixei lá no chão. Trouxe anzol e linha também. Podem ir buscar.

E duas irmãs foram até onde ele tinha deixado as coisas, trouxeram tudo para casa e dividiram entre si. Abriram o embrulho com a carne e também dividiram. O pai tinha avisado para não dar nada para a mãe dele, apenas para as irmãs.

O restante da aldeia ainda não tinha visto aquelas coisas, ainda não sabia que elas existiam. Depois chegou outro irmão, que se sentou e falou:

— Nosso pai continua lá?

— Sim.

— Que dia você vai até ele de novo?

— Não sei, algum dia eu vou.

— Quando estiver perto de você ir, me avise e nós vamos juntos.

— Deixe eu te falar: você fica aqui e eu vou até o pai, eu falo de você pra ele, e se ele concordar, você vai comigo.

— Não, vou logo com você, vejo o papai e volto.

— Não, vocês abandonaram o pai de vocês, correram pra aldeia e deixaram o pai pra trás. Ele está bravo com vocês, foi o que me disse.

Dois dias se passaram, e o filho que vivia com o pai saiu escondido para ir ao encontro dele.

O outro irmão chegou na casa das irmãs e perguntou:

— Onde está nosso irmão?

— Ele foi novamente até o pai.

— Tá bem, vou atrás dele.

E foi em direção à própria morte, pois seu pai iria matá-lo.

Passou pelos vários trechos de mata até que finalmente encontrou o irmão.

— Poxa, eu falei que era pra você esperar eu avisar o pai, mas mesmo assim você veio atrás de mim. Fique distante, eu vou até o pai, falo com ele e depois venho te contar o que ele me disse. Conforme for, você pode ir.

Mas o irmão não deu ouvidos a ele. Então o filho que vivia com o pai saiu na frente e chegou primeiro no acampamento.

— Pai, você está aí? Seu filho veio te ver.

— Deixe que ele venha que eu vou matá-lo. Eles não gostam de mim.

E pegou sua arma. Quando seu outro filho veio chegando, ele atirou e o matou. Então o filho que vivia com o pai fez uma cova e enterrou o irmão.

Na aldeia já tinha se espalhado a notícia sobre os itens que eram produzidos pelo homem.

— Quando o filho dele chegar, a gente vai perguntar a ele sobre isso. — Assim falavam na casa dos homens.

E novamente ele chegou. Os guerreiros viram e mandaram um menino ir chamar o rapaz, que concordou em ir até a casa dos homens. Assim que ele se sentou, começaram a fazer perguntas. Ele contou tudo, e então os homens disseram:

— Alguns de nós vamos com você pra pedir mais facões ao seu pai.

E o filho disse:

— Deixe eu falar. Eu vou na frente e aviso meu pai sobre vocês. Depois, conforme for, se ele autorizar, eu levo alguns de vocês comigo até lá.

Todos concordaram. Ele dormiu na aldeia e partiu no dia seguinte. Ao chegar no acampamento, contou ao pai sobre o pessoal que queria pegar coisas com ele. O pai disse:

— Você vai pra aldeia e fica lá por três dias. Depois você traz cinco pessoas até aqui pra pegar facão.

Quando amanheceu o outro dia, o filho disse:

— Pai, já estou indo.

Ao chegar na aldeia, foi até a casa dos homens, que perguntaram a ele como tinha sido a conversa com seu pai.

— Meu pai falou que é pra eu levar cinco pessoas.

Então um grupo disse:

— Nós! Nós seremos os primeiros a ir com você.

Três dias se passaram, e o filho voltou à casa dos homens.

— Vamos, vou levar vocês comigo.

Quando chegaram no acampamento, o pai disse para comerem um pouco de carne.

— Amanhã eu vou distribuir as coisas pra vocês.

No dia seguinte ele distribuiu panelas, fósforos, miçangas, linhas de pesca, facões. O pessoal juntou tudo e voltou para a aldeia. Quando chegaram, outro pessoal disse:

— Agora vamos em muitos até lá.

E no outro dia muita gente foi, e voltaram todos para a aldeia com miçangas e facas. Em seguida, outro grupo foi, também recebeu coisas e levou para a aldeia. Então foi a vez de outro grupo, e a esposa do pajé disse:

— Dessa vez eu vou junto, pra que seu pai me dê coisas também.

E ela partiu em direção à própria morte, pois o marido iria matá-la.

Os que chegaram na frente falaram para ele:

— Sua mulher está vindo pra que você dê coisas a ela.

— Não. Se ela vier, eu vou acabar com ela — respondeu o homem.

Quando ela chegou, ele pegou a arma, atirou e a matou.

Quando juntou bastante gente em volta dele, mulheres e homens, ele colocou de um lado o machado de ferro e do outro o machado de pedra, e disse para eles que escolhessem quem ficaria com um e quem ficaria com o outro. Um guerreiro pegou o machado de ferro, e o outro guerreiro pegou o machado de pedra. O pajé disse:

— Você que pegou o machado de pedra, vocês continuam sendo indígenas, e o que ficou com o machado de ferro, vocês serão brancos. — Assim disse para eles.

Então foi assim que se criaram essas coisas para as pessoas. Foi esse homem, esse pajé poderoso, que fez tudo isso primeiro.

Depois vieram os descendentes desses primeiros brancos, que pegaram as coisas com nossos antepassados, dizendo que aquelas coisas todas eram deles. Mentirosos!

Esta é a história. Antes todos nós vivíamos juntos, pros lados de lá, do nascente. Brancos, indígenas, era tudo o mesmo povo. Todos os nossos antepassados falavam só uma língua. Depois a Terra foi dividida com os rios, e nossos antigos também se dividiram. Alguns vieram para o lado de cá, onde não tem o mar com toda aquela água. Nossos antepassados moravam do outro lado do rio, mas vieram para cá e passaram a viver aqui. Assim o avô do meu pai, Katàpjangri, contou a ele.

MYDJÊ, QUANDO RECEBI O ESTOJO PENIANO

Meu pai, desde cedo, foi me ensinando a me tornar uma liderança. Seus avôs transmitiram a ele os conhecimentos dos grandes chefes, e ele me ensinou tudo. Além de chefes esses nossos avôs eram *ngrenhõdjwỳj*, especialistas nos cantos rituais. Eles guiavam as danças e entoavam os cânticos sobre as caças e os alimentos. Quando meu pai era criança, eles ensinaram a ele os cantos e as falas específicas *bẽn*. Meu pai me ensinou tudo. E assim foi me ensinando a ser uma liderança.

— Quando você crescer, você vai cuidar das pessoas, defender as pessoas. Se alguém quiser maltratar uma criança, você deverá protegê-la.

Eu fui crescendo, e quando me tornei *mẽgoromãnõrõ* passei a tirar mel da abelha xupé e a caçar com arco e flecha. Matava aves, macacos... mas anta, eu acertava e não matava. Foi meu tio Kàjtê que me ensinou:

— Onde você mira?

— Não sei, eu apenas atiro e acerto.

— Não, você deve atirar sua flecha bem na região da axila. Assim a anta morre.

Pouco depois fui caçar com o Nhudjà e avistei ao longe duas antas comendo folhas.

— É anta! Fique aqui, eu vou caçar uma.

A anta estava parada e não estava me vendo. Fui chegando perto, e mais perto, e mais perto, até que ela se virou e me viu. Ficou parada me olhando, e eu fui me aproximando bem devagar. Peguei uma flecha com ponta de esporão de arraia e esperei que a anta se virasse de lado. Quando ela se virou, atirei e acertei bem na axila. Ela correu, correu e caiu. A outra correu também, eu acertei uma flecha na axila dela e ouvi o Nhudjà:

— Ela correu pra cá e caiu bem ali!

E eu disse:

— A outra caiu também. Eu acertei o sovaco dela e ela correu pro outro lado.

Levamos essas antas para a aldeia. Passei a caçar muito com arco e flecha e fiquei bom nisso.

Foi também quando me tornei *mẽgoromãnõrõ* que passei a acompanhar os guerreiros nas expedições contra os brancos. Nunca participei de um confronto com outros indígenas, somente com os brancos. Fui uma vez, outra vez, e mais uma vez. Foi só isso. Três vezes. Dessa terceira vez, ao voltar, meu pai fez e passou para mim o estojo peniano, *mydjê*. Eu já tinha crescido. A gente estava nessas terras dos Tapirapé, na região do Araguaia. Eu disse:

— Agora eu vou matar um *kubẽ* me igualando a vocês, meus irmãos e meus primos.

A ESCOLHA DOS NOIVOS

Antigamente era assim. Aqueles que se tornavam rapazes *mēnõrõnyre* deixavam o cabelo crescer e passavam a participar das expedições contra os *kubē*. Isso marcava essa passagem para outra fase de suas vidas. E há um ritual também que acontece na beira de algum córrego onde os adultos vão bater timbó. Ali as mulheres escolhem seus genros e se tornam sogras desses jovens rapazes. Suas futuras esposas eram ainda mais novas. Quando elas cresciam e menstruavam, o pessoal trazia água para lavar as meninas e fazia uma cerimônia usando o adorno de cabeça *kutóp*, feito com cera de abelha.

Ali, na beira desse córrego, os rapazes cumprem todas as etapas desse ritual, acompanhados por seus compadres. Os homens adultos que já passaram por essa cerimônia pegam o cipó e seguem juntos, cantando, até onde estão os jovens.

— Venham todos, vocês que são nossos primos, irmãos e sobrinhos, se aproximem e escutem a gente.

Quando todos se reuniam, eles começavam a orientar os rapazes:

— Agora vocês todos têm que seguir assim. Podem se levantar e organizar o lugar pra se sentarem. O urucum e a comida serão trazidos da aldeia pra vocês. Quando todos receberem seus alimentos, podem comer juntos. E depois de se alimentarem, vocês podem descansar e dormir. A partir de agora vocês terão que seguir nossa trajetória de luta.

Após essas palavras os rapazes se levantavam e organizavam seus assentos.

As mães e as tias levavam a comida, berarubu de peixe com massa de mandioca. Algum chefe antigo escolhia um jovem para liderar aquele grupo e orientava sobre a divisão do alimento, dizendo que eles deveriam comer juntos e separar uma parte para os anciãos. (Antigamente os jovens respeitavam muito os anciãos, mas hoje não estão mais respeitando...) Então cada jovem separava um pouco de sua comida até juntar um tanto e distribuir para os anciãos, de um em um. Com a ordem de uma liderança, esses rapazes comiam juntos, arrumavam suas coisas e voltavam para a aldeia entoando seus cantos.

— Vocês, nossos netos, nossos sobrinhos, podem voltar pra aldeia pra raspar seus cabelos.

Um ancião chamava para pintar o cabelo com urucum e o corpo com jenipapo, sempre orientando os rapazes. Quando estavam todos pintados, um ancião se levantava e dizia:

— Agora vocês já se tornaram *mēnõrõnyre*. Não podem mais ficar longe do grupo de vocês, devem se sentar juntos, no meio dos adultos, daqueles que já passaram por estas cerimônias antes de vocês. Podem entrar e se juntar a eles na casa dos homens, ali haverá espaço pra vocês se sentarem. Quando todos estiverem sentados, peguem os maracás e comecem a cantar.

Esse era um ritual importante para se tornar um adulto.

Assim eram os costumes dos nossos antigos e assim era quando eu me tornei um rapaz. Mas hoje não tem mais, acabou. Hoje a nova geração está interessada somente na cultura do branco.

O BOTOQUE LABIAL

Foi por essa mesma época que furei novamente meu lábio inferior para usar o botoque labial de madeira, *akàkakô*. Eu ainda era um bebê quando meu bisavô Katàpjangri furou meu lábio pela primeira vez. Com o tempo eu parei de usar a varinha e o furo se fechou. Então, nessa época em que eu me tornava um *mēnõrõnyre* e estávamos vivendo nas terras dos Tapirapé, um ancião furou o lábio de todos nós que tínhamos a mesma idade. Depois o Krômare olhou para mim e disse:

— Seu botoque está muito na ponta do lábio. Vou furar mais embaixo.

E ele fez outro furo. Assim comecei a usar o *akàkakô*, com as pontas achatadas. Quando ficava frouxo, eu trocava por outro maior. Essa é nossa tradição.

Antigamente, quando os Gorotire e os Irã̃ãmrajre eram um povo só, quando ainda não tinham brigado e se separado, eles todos usavam botoques de cristal, *kēnotyryre*. Quando eu era menino, ainda vi usarem um desses. O Katàpjangri usava também. Até as mulheres já usaram botoque, nossas ancestrais que conhecemos como "as mulheres solteiras", *mēkupr̀yre*. Aquelas de quem já falei, que cansadas das brigas por causa de homem, resolveram viver somente entre mulheres. Vivendo só entre elas, começaram a usar botoque e caçar. Outro dia me mostraram umas imagens antigas na televisão onde apareciam umas mulheres com botoque. Somente mulheres. Acho que eram essas *mēkupr̀yre*.

MEUS *NÊKRÊJ*

Comecei a usar também o cocar com as penas amarelas do rabo do japu. Eu sou da Casa das penas do japu, é nosso *nêkrêj*; as unhas da anta e os dentes de macaco também são. As pessoas que buscavam conhecimento, nossos antepassados que entendiam de todas as coisas, eles se comunicavam com outros seres. Assim adquiriam os conhecimentos dos tatus, das onças, dos peixes, das conchas de caramujo. Alguns entendiam a chuva, como Bepkororoti, que se transformou em chuva e subiu ao céu. Outros tinham conhecimento sobre a concha de caramujo. Mexiam nas conchas com as mãos, esfregando umas nas outras, depois colhiam o pó que saía delas para comerem com massa de mandioca. E aqueles a quem esse conhecimento não pertence, esses não devem mexer com as conchas de jeito nenhum! É muito doloroso. Quando a concha chega na barriga, ela causa muita dor e deixa a pessoa com vontade de vomitar. Mas eu, como tenho conhecimento sobre isso, posso tocar nelas. Eles me ensinaram:

— Você vai esfregar as conchas com as mãos e elas nunca vão te deixar com dor de barriga.

Somente quem tem esse conhecimento pode macerar as conchas com raízes para preparar receitas e tratar os doentes com segurança. Eles me ensinaram sobre as qualidades medicinais e as receitas com as conchas de caramujo, mas não aprendi a conversar com elas.

Cada Casa tem os seus *nêkrêj*, e na minha está o colar de conchas de caramujo. E a cor de linha específica que devemos usar, conforme meu avô me passou, é a linha da cor preta. Por isso nós só preparamos o colar de concha de caramujo com a linha da cor preta. Em outras Casas as pessoas usam sua própria cor de linha para fazer esse colar. Alguns usam a linha de cor vermelha, e outros pintam a linha com a massa do açafrão para que ela fique da mesma cor. Mas a linha que nosso avô usava e que nos passou foi a linha da cor preta.

Alguns tinham como *nêkrêj* a pena de papagaio *krwỳjtire*, mas hoje não há quase mais ninguém nessa Casa. Somente dois anciãos estão vivos ainda, as mulheres dessa Casa já morreram todas. Hoje em dia já não se apresentam perfeitamente nas festas os *nêkrêj* específicos de cada Casa, conforme aprendemos com nossos avós. As pessoas começaram a misturar tudo, isso ficou confuso. Mas meu avô só se apresentava com o colar de concha de caramujo feito na linha da cor preta. Só colocava em sua cabeça o cocar feito das penas do japu. Assim ele se apresentava nas cerimônias. Vou contar sobre este cocar que eu uso, com as penas amarelas do rabo do japu, sobre como ele se tornou um *nêkrêj* da minha Casa.

O COCAR AMARELO COM AS PENAS DO RABO DO JAPU

Um dos nossos antigos se casou e foi com a esposa para bem longe da aldeia. Lá fizeram uma roça e passaram a viver sozinhos. Até que veio o primeiro filho, depois uma filha e depois outro filho, nessa ordem. Eles cresceram, se casaram entre si, tiveram filhos e assim formaram uma aldeia.

Todo ano eles atacavam os Kubẽkàkre, e no retorno, para despistar, se dividiam no meio do caminho e se encontravam novamente já perto da aldeia, para onde iam juntos entoando o canto da vitória. Os Kubẽkàkre iam atrás, seguiam seus rastros, mas não conseguiam encontrá-los. Até o dia em que os Kubẽkàkre encontraram a roça desses nossos antigos e planejaram o ataque. Enquanto isso, em nossa aldeia, um morcego emitiu um som, e o pai falou para os filhos:

— Este é um sinal de aproximação dos *kubẽ*. Vamos esperar aqui, ficar vigilantes e muito atentos à nossa volta.

Mas as mulheres não deram ouvidos a ele.

— Estamos indo buscar uma banana que já está madura.

— Esperem pra buscar amanhã.

— Não, a banana já está bem madura, nós vamos buscar agora.

Eram quatro mulheres e uma moça, que foi junto para ficar cuidando das crianças na roça. Sem saber, elas foram direto no rumo onde estavam os *kubẽ*, que atacaram. A moça largou as crianças e voltou correndo para avisar os homens:

— Os *kubẽ* estão matando as suas esposas!

Os maridos queriam ir até lá, mas o pai disse a eles:

— Não, vocês vão ficar aqui, vamos esperar dentro de casa, aqui estamos protegidos. Deixem que os inimigos venham e vamos matá-los. — Ele falou desse jeito, e ficaram lá esperando.

Os Kubẽkàkre chegaram e cercaram a casa. O pai deles disse:

— Esperem que eles se aproximem mais. — E completou: — Não matem aqueles que estão usando cocar feio, matem somente os que estão usando cocar bonito.

O cocar bonito a que ele se referia é este cocar que eu uso, feito com as penas amarelas do rabo do japu.

Os *kubẽ* foram se aproximando cada vez mais, até começarem a atirar flechas na parede da casa: *tik, tik, tik*. Nossos antigos revidaram e começaram a flechar também: *to, to, to*, e os *kubẽ* recuaram. Nesse momento o pessoal saiu das casas, foi para cima deles e matou muitos. Depois eles foram até a roça e viram que suas mulheres e crianças tinham sido mortas e comidas pelos Kubẽ-kàkre, que eram canibais. Encontraram somente os ossos e as tripas.

Então o pai disse aos filhos:

— E agora, o que vamos fazer? Os *kubẽ* mataram as suas esposas e suas crianças...

E um dos filhos respondeu:

— Vamos embora. Leve a gente de volta pro nosso povo.

E assim saíram daquele local, no rumo da aldeia onde estavam os parentes que somente o pai e a mãe conheciam e que fazia muito não viam. Foram caminhando e pernoitando pelo caminho. Quando estavam chegando, o pai disse:

— Quero que alguns de vocês vão na frente até a aldeia avisar pras suas tias que estamos chegando, pra elas trazerem massa de mandioca pra eu comer com carne.

Caminharam mais dois dias até encontrar a trilha do pessoal, e lá pernoitaram. No dia seguinte, já perto da aldeia, toparam com umas mulheres fazendo um forno de pedra. Elas perguntaram:

— De onde vocês vieram?

— Viemos de longe.

E contaram os nomes do pai e da mãe, foram reconhecidos como parentes e choraram cerimonialmente. Depois seguiram com elas até a aldeia, onde teve mais choro. No dia seguinte muita gente foi ao encontro do grupo deles, levando comida.

Enquanto isso, o pai tinha sonhado com uma festa e começava a ensinar as músicas aos filhos.

— Vocês vão entrar na aldeia com essa dança. Vocês mataram muitos *kubẽ*! — Ele já tinha juntado uns jabutis para essa ocasião. — Agora já podem partir. Vocês devem ir cantando até a aldeia.

No dia seguinte eles chegaram com o cerimonial, gritando as últimas palavras proferidas pelos kubẽ que eles mataram. Foram recebidos com muito choro. Dois dias após a chegada, deste lado onde o sol nasce, o pai fez uma barraca e começou a enfeitar seus filhos, pintar os rostos deles. Depois fez o enfeite *kutop*, onde colocou as penas amarelas do rabo do japu, e em seguida terminou de enfeitar o corpo deles com penas. Na casa dos homens as pessoas se perguntavam:

— Pra fazer que tipo de ritual os parentes estão se enfeitando?

— Vamos aguardar a demonstração deles e veremos.

Quando terminaram de se enfeitar já era um pouco tarde, e começaram a sair da barraca em duplas, de mãos dadas, cantando.

O pessoal ficou olhando e comentou:

— Vejam, eles iniciaram! Era pra fazer esta dança e este canto que nossos irmãos estavam se enfeitando!

E dançaram até anoitecer, durante a noite toda e até o dia seguinte.

Por isso que os ancestrais desta Casa são os donos das penas do japu. Eles foram os primeiros a apresentar o uso ritual dessas penas. Nesta Casa, neste ponto onde o sol nasce. Eles foram os primeiros.

Quem estava lá também era um avô antigo nosso, que começou a briga com os brancos, matou muitos deles e tomou deles uma touca vermelha que se tornou *nêkrêj* de sua Casa. Ele pediu para a nossa bisavó:

— Deixe eu ficar com esse cocar de penas de japu!

Mas ela negou:

— Não, eu é que vou ficar, porque se você levar, será você quem passará pros seus netos.

Foi por isso que nossa avó me disse que este cocar pertence aos ancestrais da nossa Casa. Eles são donos das penas amarelas de japu, eles são donos do colar de caramujo, eles são donos das unhas de anta, eles são donos do enfeite *aĩ*. Esses são os *nêkrêj* que os parentes da nossa Casa usam nas cerimônias.

Quando as festas terminavam, nossas avós recolhiam todos os nossos enfeites e enrolavam numa esteira, *kupip*, para que ficassem bem guardados. Às vezes, quando havia alguém que não tinha nenhum enfeite para usar numa festa, ia lá pedir emprestado; pedia para dançar com o cocar dos meus avôs.

— Quando terminar a festa, eu devolvo pra vocês.

E elas emprestavam. No fim da festa tudo era recolhido e levado de volta para as minhas avós.

Elas tinham muitos *nêkrêj*, muitos enfeites. Minha mãe me contou que existiam dois tipos de cocar de pena de japu, um grande e um pequeno. O grande nossos antepassados deixaram de usar já há muito tempo. Quem se apresentava com ele tinha muito destaque, mas foram percebendo que acabava morrendo cedo.

— Por isso use apenas o cocar pequeno. — Assim ela me disse.

E é por isso que uso apenas este meu cocar, e não uso o grande. Os espíritos estão sempre atentos a essas coisas. Se qualquer um usar, ou usar de qualquer jeito, eles vão atrás.

ENCONTRO COM GRUPO DO KREMÔRÔ

Uns dois anos depois que comecei a usar o estojo peniano e me tornei um adulto, nosso grupo resolveu voltar para encontrar o resto do pessoal do outro lado do Bytire. E assim eu, meus pais e nosso pequeno grupo deixamos as florestas dos Tapiɾapé. Atalhamos pelo Kapôtnhĩnore e atravessamos o rio Mytkwỹjdjà, onde tinha uma floresta alta. Paramos ali e matamos alguns tatus. No outro dia meu pai olhou a terra e falou:

— Essa terra é boa. Vamos fazer uma roça aqui.

Já estávamos derrubando mato quando ele me disse:

— Eu quero que você vá na frente com seu irmão ao encontro dos nossos parentes, eu estou preocupado, pode haver algum conflito.

— Tá bom, amanhã a gente vai.

No outro dia saímos, eu e meu irmão Kopre, e no fim da tarde chegamos na beira do Bytire, na altura da cachoeira Môp'ã ngôrãrãk, onde tem o pé de jatobá.

— Já está tarde, vamos dormir aqui, amanhã a gente atravessa.

Armamos uma cobertura com folha de banana-brava, forramos o chão e fizemos um fogo. À noite ouvimos muito sapo coaxando e Kopre disse:

— Vamos pegar uns sapos pra usar como isca.

Consegui pegar um e entreguei a ele, que furou o sapo, jogou no rio e pescou uma piranha. Enquanto isso eu fui preparar o jirau. Meu irmão pescou muita piranha! Assamos, comemos, bebemos água e dormimos.

No outro dia seguimos pela trilha. Encontrei uma flecha que alguém devia ter atirado e perdido.

— Esta flecha é nova! — eu disse, e juntei com as minhas.

Escutamos umas vozes, e Kopre falou:

— O pessoal está vindo, vamos entrar no mato.

Mas não veio ninguém.

— Acho que o pessoal deve ter ido pra roça, vamos lá ver quem são eles.

Deixei no chão a carne e as flechas e fui. Atravessei o rio e vi uns jovens *mẽ'ôkre* flechando peixes naquela parte do rio que chamamos *tàp*, onde a água ainda não se misturou com o caldo do timbó. Eles não perceberam nossa presença, estavam muito concentrados nos peixes, e atravessamos de volta o rio sem ser vistos. Ainda escutamos quando disseram:

— Vamos pegar mais timbó!

Depois saíram entoando o canto próprio dessa ocasião. Fiquei escutando. Gente entoando os cantos de arrancar cipó pra lá e pra cá, pra lá e pra cá. E entoavam também uns cantos de guerra que são cantados quando um grupo mata inimigos e traz cativos.

Pàtàtire,
pàtàtire,
pàtàtire,
pàtàtire,
pàtàtire...

Grande tamanduá,
grande tamanduá,
grande tamanduá,
grande tamanduá,
grande tamanduá...

Ouvimos outro grito que parecia vir bem do lugar onde deixei a carne e as flechas. Meu irmão me falou:

— Volta lá onde estão as flechas. Você ouviu, tem alguém gritando perto delas.

No caminho eu ouvi um pessoal se aproximando e me escondi no meio de uns pés de banana-brava. Eles vinham conversando que iam matar caititu. Reconheci Tàkàkpôk, que passou primeiro.

"Este é o Tàkàkpôk!", pensei.

O cachorro deles veio me farejando, me procurando, mas passou direto. Depois passaram dois sobrinhos.

— São nossos sobrinhos!

Resolvi sair do meio dos pés de banana-brava e dei de cara com Pàtnhĩ. Ele parou, deu um passo para trás e levantou seu facão, como quem se prepara para a briga. Eu falei:

— Ei, não precisamos brigar!

— Vocês são Krĩkati e já chegaram na gente?

— Não. Somos Mẽtyktire. Como é seu nome?

— Meu nome é Pàtnhĩ.

— Meu sobrinho, é você?

— Sim, sou eu. Meu tio, é você?

— Sim, sou eu.

Então nos abraçamos e choramos juntos o choro cerimonial.

FIZEMOS CONTATO COM OS BRANCOS, ELES SE CHAMAM CLÁUDIO E ORLANDO

Pàtnhĩ começou a me contar o que estava acontecendo:

— Há pouco nosso grupo brigou, se dividiu e a gente se tornou inimigo novamente. O cunhado Bepgogoti ficou com o grupo dele lá no Kapôt. Seu primo Kremôrô está liderando nosso grupo, e viemos pra cá. Estamos morando no Mẽ Kute Abẽn Mã Ãm Djà e estamos realizando a festa do *kwỳrỳkangô*, por isso viemos pescar aqui. Os brancos chegaram e a gente já fez contato com eles. Eles se chamam Cláudio e Orlando. Deram muitas facas pra gente. Veja este facão que estou usando: ele tem estes riscos verticais, eu peguei emprestado pra vir cortar cipó.

Então eu disse:

— Tá bom, eu vou atrás do seu tio Kopre, que foi pro outro lado procurar o pessoal.

— Eu vou esperar.

Andei um pouco e meu irmão já estava vindo. Ele me perguntou:

— E aí?

— Eu já encontrei com um parente, ele está esperando por nós. Vim te chamar.

— Quem é?

— É o nosso sobrinho Pàtnhĩ.

— Vamos lá.

Quando eles se encontraram, também se abraçaram e choraram cerimonialmente. Pàtnhĩ repetiu a história para Kopre:

— Os brancos fizeram contato e deram de presente pra gente miçangas, panelas, machados, facões, anzóis... Eles se chamam Cláudio e Orlando.

E pedimos para ele contar desde o início.

— Foi assim: um pessoal tinha saído, e na volta avistaram os Ngôjrẽjre e se comunicaram com eles. Os Ngôjrẽjre falaram sobre o Cláudio e o Orlando, que tinham feito contato com eles, e que estavam ganhando miçangas, panelas e facas. Deram um pouco de miçanga pro nosso pessoal, e quando eles chegaram de volta conversamos bastante sobre isso. Os Ngôjrẽjre, por sua vez, esperaram o Orlando retornar e contaram a ele sobre nós. Orlando resolveu buscar mais coisas e fazer contato com a gente. Muitos Ngôjrẽjre vieram junto com ele.

O cacique dos Ngôjrẽjre se chamava Pawaidê, e tinha outro pessoal antigo com ele; todos já morreram. E o Orlando trouxe também o irmão Cláudio, o Ballot e o Jorge Ferreira, que já falava nossa língua, pois tinha aprendido com os Gorotire. Eles chegaram em barcos e encostaram na cachoeira que os brancos nomearam cachoeira Von Martius. Os Ngôjrẽjre foram na frente avisar os Mẽbêngôkre, esses do grupo do Kremôrô, que foram até a cachoeira e fizeram o primeiro encontro amistoso com os brancos. Eles pegaram muitas mercadorias. Naquele tempo quase ninguém tinha faca. Enxada era uma ou outra. Pegaram fósforos também, ainda não era o isqueiro. Meu avô Tàkàk-ire vivia entre eles e foi conversar com o Orlando.

— Olha, meu irmão Bepgogoti está com outro grupo lá no Kapôt. Eles são muitos.

E o Orlando disse a ele:

— Então peça pra alguns jovens irem até lá e trazerem esse grupo.

E foram quatro Mẽbêngôkre encontrar o pessoal no Kapôt.

Quando escutou a história, o Bepgogoti mandou um grupo pequeno pra cachoeira encontrar com eles. O Cláudio entregou miçangas e facas pra esse pessoal. Já tinham entregado as coisas quando o Kretire chegou com uns guerreiros e disse:

— Vamos matar todos esses brancos!

E de fato quase mataram. Mas o Jorge Ferreira, aquele que já sabia falar um pouco da nossa língua, disse:

— Não, calma, vocês não devem matar a gente. Ouçam: o Orlando e o Cláudio trouxeram estas facas e estas mercadorias pra vocês, e vocês podem falar com eles pra trazerem mais coisas.

E uma anciã de nome Ikawapỳ também falou:

— Calma, não matem esses brancos, eles podem trazer mais mercadorias pra gente.

Assim ela defendeu os *kubẽ*, e os guerreiros concordaram:

— Tá bom, não vamos matar nenhum deles.

REENCONTRO COM OS PARENTES — TODOS CHORARAM A MINHA CHEGADA

Depois que o Pàtnhĩ nos contou dos *kubẽ*, fomos buscar as flechas e a carne. Eu pensei que ele ia me falar: "Tio, me deixe carregar a carne pra você ir sem nada".

Esperei, mas ele se ofereceu para levar somente o amarrado pequeno que estava por cima.

— Me passe esse aí que está pendurado.

Eu pensei: "Que que é isso!", mas não falei nada. Desamarrei e entreguei a ele. Vestimos nossos cocares e seguimos pelo caminho que levava ao acampamento deles. Comecei a ver que tinha muita gente. Tinha um pessoal batendo timbó, e um deles era nosso cunhado. Quando nos viu, ele parou, saiu da água, nos reconheceu e choramos cerimonialmente.

— Vou avisar seus tios que vocês chegaram!

Passou um pouco e eles chegaram cantando na língua ngôjrẽjre, um sinal de paz. Eles também choraram ao nos encontrar.

O Noryre, que vinha pela trilha, perguntou ao Pàtnhĩ:

— Quem são esses?

— São nossos parentes do grupo do Krômare que chegaram.

Noryre olhou para nós e perguntou ao meu irmão:

— Tio, são vocês?

— Sim, meu sobrinho, somos nós.

E choramos cerimonialmente. Ele olhou para a minha carga e eu também achei que ele fosse falar: "Me passe essa carne aí que eu carrego pra você". Mas não, ele fez foi me pedir para dar o coração da caça para ele. Eu abri o pacote e dei. Outro velho também pegou um pouco da carne para ele e disse:

— Vamos embora, vamos pra vocês comerem batata, banana. Nós estamos celebrando um *kwỳrỳkangô*.

Então, finalmente, pegaram meu cesto com a carne e levaram.

No dia seguinte meu irmão me disse:

— Vou voltar, encontrar nosso pai e trazer nosso pessoal pra cá.

— Eu vou ficar. Chama alguém pra ir com você.

— Tá bom.

Ele voltou e eu fui até o rio com o pessoal. Eles pescavam com flecha, mas pescavam também com linha e anzol que tinham ganhado dos brancos. Forrei o chão, me sentei e fiquei olhando. Passou um pouco e aquele que tinha ido com meu irmão chegou com um porco queixada.

— Puxa! É uma queixada muito grande que ele está trazendo!

Ele arriou a caça no chão e disse:

— A gente encontrou um bando de queixada, seu irmão matou uma. Aqui está. Encontramos com outro irmão de vocês. Eu disse a eles pra seguirem juntos até seus pais, que eu voltaria trazendo a queixada pra gente assar.

Quem preparou essa queixada foram minhas sobrinhas, que fizeram quatro berarubus grandes. Primeiro elas assaram umas batatas e trouxeram um pouco para mim.

— Tio, coma estas batatas.

Eu comi algumas e fui banhar. Voltei e fiquei sentado, esperando o berarubu ficar pronto. Enfim, descobriram o forno e levaram um berarubu para mim.

— Tio, coma a carne.

— Sim. Deixa esfriar.

Quando esfriou um pouco eu abri e comi. Eu pegava a massa com uns gravetos e punha na boca, como se fosse talher. Com os dedos eu tirava a carne da costela. O berarubu era muito grande, então deixei um pouco para o Pàtnhĩ.

Embrulhei de novo e coloquei um pau em cima pra fechar. Quando ele chegou trazendo peixe eu falei:

— Eu comi um pouco desse berarubu e deixei o resto pra você. Deixe os outros comerem pra lá e coma desse berarubu aqui.

No outro dia fizemos uma última pescaria na boca do rio Tepwatinhõngô e dali seguimos para a aldeia.

Chegamos na aldeia cantando e um pessoal já veio correndo. Era muita gente! Pensei: "Puxa! Achei que eram poucos... O grupo deles é muito grande e eles continuam nossos inimigos...".

Não parava de chegar gente para me encontrar. Minha tia Kàkêj veio falar comigo.

— Filho, a minha casa é aquela ali. Vamos até lá.

Eu fui com ela, e as mulheres choraram a minha chegada. Fiquei um pouco e outra avó, a Ireakati, apareceu.

— Meu neto, eu te encontrei e vim te chamar.

Fui até a casa dela e também choramos. Era um tempo em que todas estavam vivas. Depois foi minha tia Àktumti a me chamar.

— Filho, venha cá, a minha casa é essa.

Eu fui até lá e elas choraram. Depois foi minha avó Kôtokti. Ela me chamou, choramos cerimonialmente, e fui com ela até sua casa. Assim foi nosso encontro com o pessoal do Kremôrô. À tarde eles ficaram cantando músicas dos Ngôjrẽjre.

MEU PRIMEIRO DISCURSO

Quando estavam todos reunidos, o velho Karikanã se dirigiu a mim:

— Vou encontrar seus pais lá onde eles estão.

Eu falei:

— Pode ir, mas o pessoal já está vindo pra cá.

E eles começaram a ficar preocupados, se levantaram, se agitaram.

— Quando eles chegarem, a gente ataca!

Eu observei que meus tios mais velhos permaneciam sentados. Então me levantei e comecei minha fala:

— Deixa eu falar pra vocês. Aqui nesta terra eu nasci e vivi minha infância. Lá, praquele lado, do Kapôtnhĩnore, eu cresci e me tornei um adulto. Agora encontrei vocês aqui novamente. Meu irmão Krômare, minhas irmãs, meus irmãos, meus pais, meus cunhados, todos eles estão vindo pra cá. Estão vindo pra encontrar vocês, pra gente estar junto. E vocês ficam ameaçando atacá-los? Eu fiquei ouvindo a fala de vocês e agora sou eu quem está falando. Eu digo pra que recebam bem o pessoal. Esperem que meu irmão chegue aqui, que ele encontre a gente, seja bem recebido e depois possa voltar até onde estão seus filhos.

Então o velho se levantou e disse:

— Meu sobrinho, você veio aqui, no meio da gente, e foi firme e correto na sua fala com a intenção de proteger seu irmão. Quem poderá fazer diferente?

Outro ancião fez a mesma fala. Depois o Noryre, cacique da aldeia, se levantou e também fez uso da palavra:

— Vou falar pra vocês: nossos avós já começaram essa conversa, pra que o nosso povo não brigue mais entre si. Ropni vai ficar mais velho e continuar falando essas coisas, que a gente precisa proteger um ao outro. Vocês ameaçaram atacar o grupo dele, e ele, no meio da gente, fez sua fala muito correta. Então não os ataquem.

Dois dias depois o Krômare chegou com o nosso pessoal na aldeia e foram bem recebidos com o choro cerimonial.

O ATAQUE AOS MARIMBONDOS

Logo foram montar a escada para batermos num ninho de marimbondo. Juntaram os jovens *mẽnõrõnyre* e nosso avô Kariô-y foi formando os pares. O cacique Noryre fez sua fala:

— Vocês devem cantar e dançar até o sol raiar. Depois a gente vai partir pra atacar os marimbondos! Eu também quero levar ferro de marimbondo com vocês!

Mas essa última parte era brincadeira dele...

Quando amanheceu nós partimos. Os marimbondos estavam muito bravos e afugentaram todo mundo de perto da escada. (Não sei, mas depois me contaram que um velho passou remédio naqueles marimbondos para eles ficarem mais agressivos e que, por isso, mataram seu cachorro.) O velho Tàkàk-ire estava o tempo todo nos incentivando, dizendo que era para termos coragem, para batermos no ninho com vontade, não termos medo dos marimbondos.

— Ataquem seus inimigos, eles são muitos e bravios! Derrubem a casa deles no chão!

Enquanto ele falava, estava todo mundo com medo.

Os marimbondos estavam espalhados por toda parte, no tronco da árvore, nas folhas, na escada. Nós fizemos a dança *krãje*, a parte específica que vem antes do ataque. O Krômare e o Kwêjkrãdjère formaram dupla e foram os primeiros a subir. Bateram no fundo do ninho e foram muito atacados. Desceram a escada cheios de marimbondo pelo corpo.

Eu estava um pouco tenso e o Tàkàk-ire veio conversar comigo.

— Meu caçula. — Levantei a cabeça e olhei para ele, que continuou: — Por que você está aí quieto? Os seus sobrinhos estão crescendo. Um dia você deverá incentivar a coragem deles do jeito que eu estou fazendo!

Então eu comecei a animar a minha turma:

— Vamos lá! A gente tem que ir rápido, uma dupla logo depois da outra, vamos atacar esses inimigos bravios!

Formei dupla com meu cunhado Kwỳrỳkrô. Ele foi na frente, e quando comecei a subir, já na escada havia muito marimbondo. Conforme eu subia ia esmagando um punhado deles com as mãos. Esperei que meu cunhado batesse e vi que ele desceu cheio de marimbondo pelo corpo. Depois foi a minha vez. Eu bati na caixa e comecei a tomar muita ferroada, mas não senti dor. Até que um marimbondo me ferroou num ponto fraco e desmaiei. Fui levado para longe e ficaram espantando os marimbondos de mim com folhas. Acordei com falta de ar. Todos que bateram na caixa de marimbondo gritavam de dor.

Aos poucos fui me sentindo melhor, e fui até a casa dos homens para participar do encerramento do ritual com os cantos da *kõranti* e *mẽ kurwỳk*. Mas ainda sentia algumas dores; o pessoal conversando e eu sentindo as dores do marimbondo. Resolvi ir para a casa de uma tia, me deitei, fechei os olhos, dormi e comecei a ver os espíritos-marimbondo. Vi seu ninho em meu corpo e tirei os ferrões deles de mim. Isso faz parte dos processos para nos tornarmos pajés e nos deixa bem fracos.

A FESTA TÀKÀK

Encerramos a festa do *kwỳrỳkangô* e o pessoal já iniciou a festa *tàkàk*. Falaram assim:

— Vamos pro Kapôt. A gente termina a festa lá, depois volta.

Naquela época nós fazíamos desse jeito: começávamos uma festa e saíamos andando, seguindo com a festa durante a caminhada. Esse era o costume dos nossos antigos. Os mais velhos falavam:

— Vocês que são jovens *mẽnõrõnyre* vão indo na frente.

E eu ia nesse grupo. Nós chegávamos antes nos acampamentos e já íamos forrando o chão com palha. E assim seguíamos: andando, acampando, caçando, batendo timbó, pescando e realizando a festa *tàkàk*.

Um dia acampamos e eu juntei muito jabuti para a festa. Amarrei os jabutis na vara e a pus em pé. Percebi que minha vara estava muito comprida e que eu não ia dar conta de carregar. Meu tio veio falar comigo.

— Por que você não divide a vara? Me dê aqui, eu vou cortar a vara no meio. Aí a gente dá a parte de cima pro seu irmão carregar e você carrega a base.

Assim fizemos. Passamos um trecho de mata e ali um espírito se aproximou da gente e se acendeu. Clareou tudo ao seu redor. Alguém disse:

— Eita, tem alguém iluminado se aproximando da gente. Vamos correr!

E eu disse:

— Não. Por acaso esse espírito é perigoso? Vamos devagar.

E o espírito foi seguindo atrás da gente. Ele se acendeu novamente, me virei e vi que usava o grande cocar *krôkrôktire*. Senti um arrepio por todo o meu corpo. Fomos nos aproximando da aldeia e começamos a entoar os cantos de chegada *mẽ kurwỳk*. O Noryre se destacou do grupo e fez sua fala *bẽn*:

Arỳm ba ije inhimryre o bôj kam
Arỳm nẽ akubyn abẽn ngryk ã iprõt
Nẽ abẽn o nhỹrỹ mã
Ikatoro nẽ amã ibẽn djiri kêt

Já cheguei com minha caça
Retornei para estarmos juntos

Para juntos vivermos
Eu saí e passo meu bẽn para vocês

E os mais velhos ficaram nos ensinando os cantos do *tàkàk*.
Assim cantavam nossos antigos. Assim vocês vão cantar e sair dançando formando um círculo. E vão parar.

Nós estávamos muito animados. Logo começamos a ver as casas da aldeia.
— E agora, o que a gente faz?
— Agora vão se separar em dois grupos e ficar um de frente pro outro, pra fazer a dança do *tàkàk*.
Entramos na casa dos homens dançando e cantando.
— Vocês devem cantar assim:

Jàtarôti nẽ ngrôt pumate mỳrỳ kati apôj
Nhỹmỹ nhõ puru kamã na?
Jàtarôti nẽ ngrôt pumate mỳrỳ kati apôj
Nhỹmỹ nhõ puru kamã na?

Batata inchada chora por medo das plêiades
Na roça de quem?
Batata inchada chora por medo das plêiades
Na roça de quem?

E meu tio seguia orientando:
— Essas batatas a gente vai assar no forno.
Ele fez um forno do lado da casa dos homens, também colocou carne de queixada e cobriu.
— Agora vocês vão fazer o *kwỳrỳ kudjô* e, antes de amanhecer o dia, o *kwỳrỳ kà kamrô*. O canto é assim:

Kwỳrỳ kà kamrô na mỳrỳ to nhỹ
Kwỳrỳ kà kamrô na mỳrỳ to nhỹ

Nhỹmỹ nhõ puru kamã na
Kwỳrỳ nhỹrỹ ja na mỳrỳ kati apôj

A casca da mandioca sangra e está chorando
A casca da mandioca sangra e está chorando
Na roça de quem?
A mandioca sentada faz seu grande choro

(Hoje em dia o pessoal canta diferente, mas foi assim que meu tio ensinou pra gente.)
— Agora os rapazes *mẽnõrõnyre* vão sair e limpar o terreiro pras onças.
Essa parte da cerimônia envolve pessoas que se fazem onça e encenam arranhar as crianças nomeadas. Enquanto os outros estavam em suas casas, nós ficamos limpando o terreiro. Fizemos um abrigo de folhas de bananeira, forramos o chão, pintamos o rosto e o sol se pôs.

Assim que amanheceu, meu tio seguiu nos ensinando os cantos:

Djãm nẽ ga mẽ ropo mã àkà pumũ?
Djãm nẽ ga mẽ ropo mã àkà pumũ?
Kẽnẽ ga krô ja rũmũ na
Ropo akatire àkà prãmãte mõ nẽ bôj

Vocês viram o cocar da onça?
Vocês viram o cocar da onça?
Ela vem das pedras
Grande onça branca vem querendo seu cocar

Djãm nẽ ga mẽ ropo mã àkà pumũ?
Tyrytikrô ja rũmũ na
Djãm nẽ ga mẽ ropo mã àkà pumũ?
Ropo tyktire àkà prãmãte mõ nẽ bôj

Vocês viram o cocar da onça?
Do bananal ela vem
Vocês viram o cocar da onça?
Grande onça preta vem querendo seu cocar

— Vocês devem ficar aí cantando sem parar. Não é pra ninguém ir pra casa! Por que meu tio falou isso pra gente? Ele explicou:

— Os espíritos mandam as pessoas pra casa e elas ficam perdidas, andando pra lá e pra cá, e isso é perigoso. Por isso vocês precisam estar juntos uns dos outros e dançar! — E continuou: — Vou ensinar pra vocês. Agora vocês vão fazer o *kakêj*: vocês que têm filho pequeno vão na frente, depois vão aqueles com filhos que estão engatinhando, depois aqueles com filhos recém-nascidos e por último vão aqueles que estão esperando filhos.

E meu tio começou a chamar pelos nomes.

— Onde está meu sobrinho Àbiri?

— Já está dormindo.

— Onde está o sobrinho Nokrekamadjure?

— Já foi pra casa.

— Onde está… — E foi falando os nomes dos que não estavam ali. — Esses já se perderam… Entendam isso. Eles vão morrer cedo.

Foi assim que ele nos falou. Kariô-y chegou, recebeu do Tàkàk-ire a garra de onça e começou a entoar os cantos direcionados aos meninos *tàkàk*. Depois se dirigiu às meninas *nhàk*. Então foi feita a fala *bẽn* que encerra a festa:

Ajmrã, arỳm baja amĩ akamàt kô'ã amĩ
Japrãrã kamã ba anêkrêj ari abikwajê
Anãjê marẽ akubyn abeñ ngryk 'ã
Ba prõt baje abẽn o banhỹrỹ mã
Ikatoro nẽ amã ibẽn djiri kêt

Durante a noite terminamos nossa festa
levem de volta os nêkrêj para seus parentes
para suas mães, e de novo ficaremos juntos
Eu saio e deixo meu bẽn para vocês

E fomos banhar no rio. Na volta foi feito outro *bẽn* para nós comermos um mingau de puba e fomos dormir. É assim que é o final da festa *tàkàk*. De manhã partimos de volta para a aldeia Ngôrãrãk.

O QUE É ISSO QUE ESTÁ NOS DEIXANDO TÃO DOENTES?

Após o primeiro contato, quando o Orlando subiu de volta, muitos Mẽbêngôkre subiram com ele. Chegaram até as aldeias do Alto Xingu e conheceram aquele lugar. Eles retornaram com saúde; sem doença ainda. Depois meu cunhado Kwỳrỳkrô resolveu subir o rio também, para buscar sua irmã numa aldeia Ngôjrẽjre.

— Quem se dispõe a ir comigo? Preciso trazer Mãtitekre de volta, pra ela viver com a gente, preparar meu alimento.

Dessa vez eu resolvi ir com eles. A irmã do meu cunhado tinha se casado por lá com um Ngôjrẽjre e eles já tinham um filho. Enfim, nós fomos atrás da Mãtitekre. Quando voltamos dessa viagem, já trouxemos a doença...

O Kremôrô arrumou seis canoas, nos dividimos nelas e subimos o Bytire. Passamos pelo Kenpo, vimos uns macacos-aranha, matamos alguns e resolvemos dormir por lá. Não tinha açaí, então fizemos nosso abrigo com folha de bananeira. No outro dia fomos dormir num lugar antigo dos Ngôjrẽjre, onde tinha muito pequi caído. Fizemos um forno e assamos pequi embrulhado em folha de bananeira. Quando desembrulharam, ainda estava meio cru. Eu pensei: "Comida assim vai me fazer mal", e não comi.

Mais para cima o cunhado Kwỳrỳkrô falou:

— Foi aqui que uma vez eu subi pra matar uma ave, encontrei uma colmeia grande de uruçu-cinza e derrubei a árvore pra tirar o mel. Ainda deve ter mel. Vamos lá ver.

Achamos essa colmeia e realmente tinha muito mel. Comemos um tanto e embrulhamos outro tanto para levar. Caçaram uns quatis também. Depois atracamos numa praia logo abaixo da aldeia Ngôjrẽjre. Uns foram lá falar com eles e eu fui fazer o fogo para assar os quatis. Quando voltaram, Kwỳrỳkrô disse:

— Não tem ninguém na aldeia, eles estão pra lá, num igarapé. Vocês podem montar acampamento e dormir aqui. Eu vou dormir lá com eles.

À noite tinha muito daquele mosquito noturno e alguém deu a ideia de cavarmos buracos para deitar dentro e conseguir dormir. E cada um fez um buraco para si e ainda nos cobrimos com folha de bananeira. Mas não deu certo, os mosquitos entraram nos buracos e tivemos que sair.

No outro dia encontramos com os Ngôjrẽjre e ficamos três dias com eles, até que alguém falou:

— Vamos embora. Eles aqui estão todos doentes.

E começaram a entrar nos barcos. Chamamos a Mãtitekre, ela entrou na minha canoa, se sentou e seguimos rio abaixo. O marido dela ficou só olhando, triste. Descemos o rio e passamos pelos mesmos lugares.

Nessa nossa volta o pessoal já começou a adoecer. Quando chegamos estavam todos doentes. O Xôkre foi o primeiro a morrer. Meu cunhado Aduj adoeceu, não parava de gemer, e todo mundo ficou olhando para ele preocupado, achando que ele estava morrendo. Eu disse:

— Não, ele não está morrendo. Está se transformando em pajé.

Eu também fiquei doente. A doença me atacou e foi me deixando amarelo.

— Já me pegou...

Fui até a casa dos homens. Estava sentindo muito frio, por isso me sentei perto do fogo; depois me deitei e fiquei me virando para aquecer meu corpo. Minha mãe trouxe comida para mim numa folha de banana-brava e fiquei só olhando. Noryre me perguntou:

— Você vai comer?

— Não sei...

— Não coma não. Olha, se você comer sua doença vai ficar mais forte.

— Então tá. Não vou comer, comam vocês.

— Vá logo se deitar. Quando a doença te deixar você volta.

Fui me deitar e fiquei escutando a conversa deles sobre a minha doença. Fechei os olhos e os espíritos vieram até mim. Eu falei:

— Saiam!

Eles se viraram e foram embora. Depois voltaram, tentaram pegar meu braço.

— Saiam já daqui!

Minha mãe falou:

— Ué, você está delirando? Está falando com quem aí deitado?

— Não estou delirando não. Tem uns espíritos querendo me levar com eles — respondi, e passei a noite toda me protegendo, afastando os espíritos de mim. Falei duro com eles.

No outro dia minha mãe veio me chamar.

— Vamos logo, o pessoal já foi. Vamos seguir atrás deles.

Chegamos num rio, um igarapé. Minha mãe atravessou na frente, e quando eu estava no meio do igarapé, num lugar um pouco fundo, os espíritos vieram por trás de mim. Um pegou num braço, outro pegou no outro braço e entramos na água. Eu me virei, vi meu corpo, vi minha mãe e disse para eles:

— Já está bom, vão embora! Preciso voltar pra mim!

Entrei de volta no meu corpo e percebi que a água não tinha me molhado. Chegamos no acampamento e meu pai veio falar comigo.

— Vou caçar com o pessoal. Fique deitado me esperando.

Eu sentia frio e fiquei me virando perto do fogo. Dormi apenas com as pálpebras, um sono leve, e pensei: "Vou até o pessoal ver o que eles estão caçando". Então me empurrei para cima e meu espírito foi bem longe, bem alto, e lá de cima eu via tudo. Vi o pessoal assando uma anta, outros matando um caititu, outros que tinham caçado um tatu-canastra, outros que pegaram um tatu-de-quinze-quilos e um jabuti. Eu vi tudo e voltei para mim. Acordei, me sentei.

— Mãe, mataram muita caça. Tatu, jabuti, caititu... O pessoal está assando uma anta.

— Isso é verdade? Você não está delirando?

— Não, eu estou é enxergando bem!

Logo começamos a escutar os cantos de caça: o canto do jabuti, do tatu... Pensei: "Já estão chegando com as caças que eu vi". Trouxeram um pedaço de carne de anta assada para o meu pai, aquela parte que fica embaixo da crina. Ele tirou um pedaço pequeno para mim, eu comi com os dedos, bebi água, lavei bem as mãos e me sentei. Comecei a me sentir melhor.

Foi assim quando voltamos dos Ngôjrẽjre. Eu fiquei doente, sem remédio, emagreci bastante, mas sarei. Muita gente adoeceu, e meu povo, devagar, começou a morrer. Para piorar, um pajé preparou um feitiço com uma raiz brava, jogou em cima do pessoal e ainda mais gente começou a morrer. Com tudo isso os grupos foram se espalhando. Um pessoal falou:

— Bepgogoti está chamando, a gente vai se juntar a ele.

Três dias depois meu irmão Tàkàkryti juntou um grupo e cruzou o Bytire para o rumo do Araguaia. Só ficamos nós naquele lugar. Minha mãe foi conversar com meu pai.

— Como a gente vai fazer?

— Vá você na frente levando nossos filhos e eu fico aqui com nossos netos. Quando eles estiverem bem de saúde eu vou encontrar com vocês.

Ela concordou, arrumou a bagagem e partimos.

Atravessamos para a margem direita do Bytire e subimos um morro que chamavam de Krãjmỳrỳre. Junto conosco vinham trazendo o velho Karikanã; a doença estava acabando com ele. Em certo momento ele arriou, ficou prostrado no chão e eu fui conversar com ele.

— Velho, se levante. Vamos andar.

— Vão vocês na frente, quando a doença me deixar eu vou.

Ele estava dizendo isso para nós partirmos antes que a doença o levasse. E de fato pouco depois da nossa partida apareceu uma velha e contou sobre sua morte.

— Os espíritos já levaram o Karikanã...

Depois fomos montar o acampamento. A Ngrejkupure estava bem, até trouxe madeira para a casa, mas de repente caiu, simplesmente morreu. E todos nós choramos. O Bep-ôti chegou da caçada, arriou a caça no chão, e ainda estavam preparando o forno quando ele caiu morto. A Ngrejkõnti também morreu. Tudo no mesmo dia. No dia seguinte enterramos os mortos. Eu pensei: "Nossa, o que é isso que se espalhou entre nós e está nos deixando tão doentes?".

Nós nos mudamos novamente e fomos acampar numa mata perto do Kapôtnhĩnore. No outro dia ficamos olhando: as pessoas que vinham atrás já chegavam gemendo... Perguntei:

— Tio, o que a gente vai fazer?

— Não sei, você que tem que pensar em alguma coisa.

Essa era uma forma de os chefes antigos falarem com os jovens para que pusessem sua liderança em prática. E eu disse:

— Fiquei vendo as pessoas doentes e acho que devemos levar todas de volta.

— Sim, eu também penso a mesma coisa. Vamos fazer isso.

E pegamos o caminho de volta.

Tornamos a atravessar o Bytire e encontramos com meu pai acampado com outro pessoal no rio da Irekànoj. Meu pai disse:

— Aqui estamos em poucas pessoas. O restante do pessoal está todo mais pra lá. Diz que tem muita gente. Vamos lá encontrar nossos parentes. Devemos ficar juntos como viviam nossos antigos. — E me orientou: — Fique sempre junto do pessoal e o calor deles vai te proteger de todos os males.

(Eu já falei isso para os meus netos. Falei para eles que nossos antepassados viviam juntos, se cuidavam, protegiam uns aos outros, se empenhavam em fazer sempre as danças e os cantos corretos, e por isso viviam mais.)

Nós nos preparamos com o diadema de palha, pintamos com jenipapo nossos lábios inferiores e fomos ao encontro do resto do pessoal. Então veio a estação seca, fizemos roça e ficamos por lá. Quando o milho já estava brotando, disseram que era o tempo de fazer a dança para as *mẽ krãj kê*. No outro dia fomos por uma vereda atrás de folha de buriti. Cantamos o *krãj djudjarirê* e fizemos o ritual para o corte de cabelo das moças. Já estávamos reunidos novamente.

NO RUMO DO ARAGUAIA PARA ATACAR OS BRANCOS

Quando todos já estavam bem de saúde decidimos partir de novo para o rumo do Kapôtnhĩnore. Fomos acampando, pescando, caçando. Certo dia meu irmão Kopre saiu na frente com um pessoal. Fiquei procurando por eles.

— Onde eles estão?

E minha mãe respondeu:

— Eles já foram.

— Vou com eles.

— Pode ir.

Arrumei minhas coisas e caminhei ligeiro até encontrar com eles. Atravessamos o Mytkwỹjdjà e fomos acampar na beira do rio chamado Turenõrõ. Era um rio largo e eu pensei: "Vou seguir o rio e ver se tem peixe". Logo flechei dois piaus e uma piabanha, e fiz um cesto para carregar.

No outro dia passamos por um campo cerrado e pensei: "Vou por aqui, pelos campos". Saí da mata fechada e vi uma colmeia da jataí-preta. Derrubei a colmeia, comi um pouco do mel e embrulhei o resto. Mais adiante achei outra colmeia, de onde também tirei o mel e embrulhei; já era um embrulho grande.

Depois encontrei com o Megaron, que estava com a irmã e outro pessoal.

— Eu trouxe um mel de jataí e alguns peixes. Venha comer com sua irmã.

Eles abriram o embrulho de mel e começaram a comer; o outro pessoal ficou olhando. Eu disse a ele:

— Pega esse outro embrulho e leva praquele outro grupo ali. Assim quando eles trouxerem mel a gente vai comer também.

Levaram um pouco para eles e eu continuei minha fala:

— Você e sua irmã podem acender o fogo pra gente assar esses peixes e comer junto. Assim, quando outros trouxerem peixe, a gente também vai assar e comer junto.

Ela acendeu o fogo, pôs os piaus e a piabanha para assar e ficamos ali em volta. Depois chegaram outros trazendo piaçava e jabuti. Eles perguntaram:

— O que foi que vocês comeram?

— Peixe. Ropni trouxe e a gente assou. Tá ali, podem comer também.

De onde estava eu vi uma fumaça ao longe e sabia que era do acampamento dos meus pais.

— Eu vou até lá. Vocês podem assar a caça que eu vou embrulhar um pouco pra levar comigo. Deixa eu ir pegar folha de bananeira pra enrolar, depois eu boto nas costas e vou.

Eles falaram:

— Espere até amanhã e a gente vai junto até seus pais.

— Não, já estou vendo a fumaça deles, vou indo logo na frente.

— Então vai.

Fui seguindo a fumaça até encontrar meus pais e eles choraram a minha chegada.

— Onde estão seus irmãos?

— Eles vêm pra cá amanhã. Eu vim na frente — respondi.

— Tá, vamos esperar por eles. Amanhã vamos descer até a boca do Bytikrengri. Vamos lá pescar e comer peixe.

Os brancos ainda não tinham destruído aquele lugar. Tinha muita piabanha, pacu. Ficamos uns dois dias pescando ali. Até que num fim de tarde encontramos com outro grupo passando por ali, onde estava o Mẽngrire e meu sobrinho Po-ô. Eles nos contaram suas intenções:

— A gente está indo pro rumo do Araguaia matar *kubẽ*.

E eu resolvi ir junto.

O *KUBẼ* APONTOU A ARMA PARA O MEU PEITO E ATIROU

Partimos antes de amanhecer, por uma trilha nossa. A mata estava seca, era verão. Andamos três dias até que eu e meu sobrinho Po-ô fomos caçar tatu e nos separamos dos outros. Chegamos num afluente do rio Araguaia e fomos descendo esse igarapé. Falei para ele:

— Vamos parar aqui.

Forramos o chão, acendemos fogo para assar um jabuti, nos deitamos e eu dormi. Dali a pouco o Po-ô ouviu uma onça esturrando perto da gente e me acordou.

— Tio, acorda! A onça encontrou a gente!

Ela estava esturrando e olhando para a gente. Jogamos um tição de fogo nela, jogamos outras coisas, e ele falou para a onça:

— Vá embora! Deixe a gente dormir! Vá caçar alguma coisa pra lá! A gente quer ficar sozinho!

Ela entendeu e foi embora.

No outro dia, à tarde, encontramos o pessoal e eles contaram:

— A gente viu a rede de um *kubẽ* e voltou. Acho que ele está trabalhando na roça. Amanhã a gente volta lá para matar ele.

Seguimos pela trilha do *kubẽ*, passamos um trecho de floresta e começamos a escutar o som de algum trabalho manual que ele estava fazendo.

— Vamos desviar por aqui.

E tomamos um caminho paralelo. Novamente alguns foram na frente e voltaram contando:

— É ali, naquele tucunzal. Tem um *kubẽ* lá. É só um, ele está sozinho. — E falaram para mim: —Vai você, Ropni. Corre até ele e ataca!

Quando eu comecei a correr apareceu um cachorro latindo, querendo avançar em mim. O *kubẽ* me viu, tirou uma arma da cintura e deu um tiro para o alto. Abortamos o ataque e recuamos.

O sol já estava se pondo e decidimos ficar por ali mesmo. No outro dia fomos contornando o cerrado pela mata. Era uma floresta alta, mas, apesar disso, o chão era limpo e não tinha água. Mẽngrire me falou:

— Ali tem uma roça com muita cana e banana. Vai lá com seu sobrinho tirar banana pra gente.

Pegamos algumas bananas maduras e depois seguimos por uma trilha de *kubẽ* até chegar num rio largo chamado Amàtkàtinhõngô, rio da Piranha-Preta, que os brancos conhecem como rio Tapirapé. Os brancos já estavam comendo aquela terra. O Mẽngrire falou para pegarmos uns peixes antes de continuarmos. Peguei minhas flechas e fui com o Po-ô. Ele disse:

— Acerta o *krãjamunoti*!

Esse peixe é muito saboroso, não tem espinha nem tem cheiro forte. Eu acertei um, depois acertei outro e disse a ele:

— Sobrinho, acerta um também!

Ele acertou um aruanã e um tucunaré.

— Tá bom, isso já basta. Vamos acender o fogo.

Aquele *krãjamunoti* estava gordo, muito bom! Já o aruanã não é um peixe muito gostoso não.

Encontramos uma picada aberta e lá perto tinha uma casa. O Mẽngrire me falou:

— Olha, eu vi que naquela casa ali tem farinha. Vai até lá com seu sobrinho e traz a farinha pra gente.

Entramos na casa e de fato tinha farinha na estante, dentro de um saco. Pegamos e levamos para o pessoal. Um disse:

— Tá, deixa eu experimentar. — Jogou na boca, comeu, e falou: — Sim, é boa.

Fiz um cesto, coloquei o saco com a farinha, amarrei a boca e fiz uma alça. Depois chegou um pessoal dizendo que tinha encontrado outros *kubẽ*.

— Eles são muitos! E parecem estar todos desarmados.

Mas o Mẽngrire falou:

— Deixem esses, vamos procurar outros.

Atravessamos o rio e seguimos margeando.

— Pra lá tem uma casa vazia. E tem banana madura dentro.

Então, novamente, o Mẽngrire me mandou ir até lá. Entrei na casa, peguei as bananas e levei para eles.

No dia seguinte, já era fim da tarde quando avistamos outra casa. Um pessoal foi conferir e voltou contando:

— Tá só um *kubẽ* com a esposa. Vamos atacar esse!

De novo o Mẽngrire falou comigo.

— Vá você e seu sobrinho na frente pra jogar o feitiço.

Ele nos entregou a receita e nós fomos, eu e o Po-ô. Estávamos a caminho quando vimos um *kubẽ* montado a cavalo vir em nossa direção. Ele vinha assobiando uma música.

— Escute, ele vem cantando! Entra no mato!

Nós nos escondemos. Tinha um cachorro também, que percebeu que estávamos ali e veio para cima latindo. Com isso o *kubẽ* nos viu, Po-ô correu para um lado e eu corri para o outro. Fui no rumo do pessoal para buscar flecha, mas o *kubẽ* contornou e bloqueou meu caminho. Parei e fiquei olhando para ele. Nesse momento ele pegou sua arma, apontou para o meu peito e atirou. Mas a arma dele bateu catulé, a munição ficou presa. Ouvi aquele zunido alto no meu ouvido e fiquei com raiva.

— Agora eu é que vou te matar!

Achei um pedaço de pau seco e parti para cima dele. Acertei a traseira do cavalo e o pau quebrou. Peguei um pedaço de pau mais comprido e novamente tentei acertar o *kubẽ*, mas ele abaixou a cabeça rápido e só consegui acertar seu chapéu. Então ele ficou com medo de mim. Falou alguma coisa com seu cavalo, bateu no lombo dele e se foram. Se eu tivesse conseguido pegar mais rápido o pau, eu teria matado aquele *kubẽ*.

Voltei. Passei por uma ilha de mata e escutei nosso pessoal. Eu estava ofegante, meu suor escorria. Parei ali, me sentei e fiquei quieto. Ouvi gritarem meu nome, até que o Mẽngrire me viu, veio na minha direção e falou de longe:

— Meu filho, você conseguiu escapar do *kubẽ*? O que ele fez com você?

— Nada. Ele errou o tiro.

— Será que seu sobrinho conseguiu fugir?

— Não sei... Quando a gente topou com o *kubẽ* ele correu prum lado e eu corri pro outro.

— Vamos procurar nosso sobrinho, vamos atrás dos rastros dele.

Chegamos na trilha e em vão procuramos por suas pegadas.

— Vamos montar acampamento ali, a meio caminho, pra esperar por ele.

Saímos um pouco da trilha, montamos acampamento, pescamos alguns peixes, fizemos o fogo, assamos, comemos, ficamos sentados até escurecer e dormimos. No dia seguinte ficamos ali esperando pelo Po-ô, e quando o sol já estava assim no meio do seu caminho, o Mẽngrire falou:

— O *kubẽ* já matou nosso sobrinho...

E eu disse:

— Não, ele está vivo. A gente vai encontrar o Po-ô.

E decidimos partir. Nesse meio-tempo, viemos a saber mais tarde, ele tinha encontrado nossa trilha e reconhecido nossas pegadas. E pensou: "Vou pegar folha nova de piaçava pra marcar meu caminho pra eles". Assim ele fez, e saiu da trilha principal. Quando passamos por ali eu notei essas folhas, mas alguém falou que era rastro de *kubē* e passamos direto. Chegando no rio Tapirapé, vi que tinha uma onça na beira, sentada em cima de uma pedra. Eu fiquei olhando enquanto ela balançava o rabo.

— Tem uma onça ali.
— É verdade?
— Sim, ela tá bem ali sentada, venha ver.
— Eita, ela está balançando o rabo pra correr atrás da gente!
— Não, vamos conversar com ela. — E falei para a onça: — Vá embora, vá caçar pra lá!

Ela pulou e se foi.
Seguimos andando e de repente alguém falou:
— Foi por aqui que uma vez matamos umas ariranhas. Aqui já é nosso território! Vamos ficar aqui.

Paramos, forramos o chão, fiquei com sono e dormi. Ainda não sabíamos, mas já estávamos na beira do Bytikrengri. Foi só no outro dia que nos demos conta disso.

— Nós dormimos na beira do Bytikrengri e nem percebemos!
Fomos até o rio e bebemos água.
— O lugar onde a gente atravessa é mais pra baixo.

Descemos um pouco, atravessamos e fomos passando pelos lugares conhecidos, até que ouvimos o som de alguém fazendo algum trabalho manual. Disseram:

— Vamos lá ver quem é.

Eram nossos parentes, e choramos cerimonialmente ao nos encontrarmos. Eles contaram:

— O Po-ô está vivo. Ele chegou aqui e disse que o *kubē* tinha te matado.
— Não, o *kubē* não me acertou.

E nos juntamos a esse grupo. Era pouca gente. Quando chegamos fiquei procurando a casa dos homens, mas não havia. Então eu disse:

— Eu mesmo vou fazer.

QUANDO CONHECI BEKWYJKÀ

Eu e o Krômare construímos a casa dos homens. Tiramos a palha, colocamos os esteios e, quando terminamos a cobertura, saímos para caçar queixada. Assamos os porcos, comemos, e passado algum tempo chegaram dois guerreiros entoando um canto Ngôjrẽjre. Eles vinham pintados com a pintura do *pàtjarapê*. Levamos os guerreiros até a casa dos homens para que falassem o motivo daquela visita. Eles nos contaram que estavam no grupo do meu primo Kremôrô e que tinha ocorrido um conflito com outro grupo Mẽbêngôkre. Eles já vinham se provocando, ameaçando uns aos outros, mas a coisa começou a ficar feia mesmo quando um grupo incendiou a casa onde o outro guardava seus adornos.

— Mataram quatro pessoas do nosso grupo. Por isso a gente está aqui, viemos nos juntar a vocês. Tem mais pessoas vindo, a gente veio na frente.

E eu disse:

— Amanhã a gente vai encontrar com eles.

No dia seguinte saímos para encontrar esse grupo. Próximo às roças topamos com as mulheres, com os rostos pintados de urucum. Foi quando eu vi pela primeira vez a Bekwyjkà, que veio a se tornar minha esposa. Em seguida encontramos o Kremôrô e choramos cerimonialmente. Ele nos contou o que tinha acontecido e disse:

— Por isso resolvi vir pra cá com meu pessoal e me juntar a vocês.

E eu disse a ele:

— Sim. Venham com a gente pra nossa aldeia. Eu vou na frente avisar o pessoal pra preparar o ritual.

Os homens chegaram primeiro e foram recebidos com o choro cerimonial. Em seguida chegaram as mulheres. Um dos que tinham morrido naquele confronto era o marido da Bekwyjkà. E ela era filha do grande cacique Tapiêt, que também tinha sido morto, alguns anos antes. Quando a conheci eu gostei dela e fiquei pensando que nós poderíamos nos casar e ter filhos. Que depois poderíamos criar juntos nossos filhos até eles crescerem. Ela também gostou de mim. Eu estava noivando com uma moça nova, minha *iprõ prĩre*, e a Bekwyjkà me tomou dela.

Logo nos casamos e ficamos morando juntos nessa aldeia, que passou a reunir um número maior de pessoas. Eu só via a Bekwyjkà à noite, como era nosso costume antigamente; não nos víamos durante o dia. Quando eu pescava alguma coisa, alguma tia dela dizia:

— Veja, seu marido trouxe alguns peixes, prepare um fogo pra assar pra ele.

E eu ficava de longe, esperando o peixe ficar pronto.

Foi assim que conheci e casei com a mãe dos meus filhos.

(Hoje, meus netos, que já cresceram no meio dos brancos, assim que se casam não evitam suas esposas: passam o dia todo na casa delas e namoram durante o dia. Vivem andando juntos. Também se aproximam demais delas no puerpério. Eles não temem nada disso... Mas no meu tempo não era assim não, nós seguíamos todas as regras.)

4. *Kubẽ*: Os brancos

PRIMEIRA VIAGEM AO POSTO VASCONCELOS

O Krômare foi um dos primeiros a acompanhar o Orlando. Isso porque quando o Orlando encontrou nosso grupo, ele quis levar o João Nhudjà com ele, e o Krômare ficou preocupado dele não trazer o João de volta. Um tempo depois dessa viagem ele me chamou para ir com ele ao Posto Vasconcelos para pegar uns cartuchos de espingarda com o Cláudio e o Orlando. Nessa época o nome do posto ainda era Capitão Vasconcelos. Depois, quando o Leonardo morreu, o Orlando rebatizou o local com o nome do irmão: Posto Leonardo.

— Vamos caminhar até a ilha do Bananal e de lá a gente pega um avião pro Posto Vasconcelos. Vamos conseguir alguma coisa com nossos pais. (Após o contato o pessoal começou a chamar o Cláudio e o Orlando de pais.)

Partimos no dia seguinte e fomos dormir já próximo de um vilarejo dos brancos. No outro dia continuamos a viagem pelo cerradão. Já era fim da tarde quando chegamos no Amàtkàtinhõngô, rio da Piranha-Preta. No outro dia atravessamos e seguimos por um caminho dos *kubẽ*, até que o Krômare disse:

— Vamos atalhar por aqui.

Desviamos e dormimos bem detrás de onde começavam os quintais das casas dos brancos. No outro dia chegamos no Araguaia e tomamos um caminho que margeava o rio. Quando o sol estava assim no final de seu curso, já estávamos perto dos Kubẽnokà. Krômare disse:

— Vamos dormir aqui e amanhã a gente continua, pra chegar de dia.

Acendemos o fogo numa praia e dormimos.

No outro dia seguimos por uma praia muito comprida, de areia branca, até que, da outra margem do rio, os Kubẽnokà nos avistaram e vieram em canoas ao nosso encontro. Logo que encostaram na beira eles falaram:

— Krômare, é você?

Eles já conheciam o Krômare.

— Sim, sou eu.

Nós nos cumprimentamos, entramos no barco e eles nos atravessaram. Então um *kubẽ* chamado Dorival falou:

— Krômare, vocês vão comer aqui em minha casa e dormir naquela outra casa. Vou pedir pra armarem a rede de vocês.

O avião demorou três dias para chegar e então nós voamos até o Posto Capitão Vasconcelos. Foi a primeira vez que eu andei de avião. Encontramos com o Orlando e passamos alguns dias lá entre eles. Até que o Orlando disse:

— Krômare, vocês podem voltar pra sua aldeia de avião, eles já devem ter terminado a pista de pouso.

Hoje, no local onde era essa pista só tem fazendas. Está tudo destruído. Eu fico triste toda vez que passo de avião ali por cima e vejo as fazendas onde era meu território.

Cláudio entregou uma espingarda para Krômare e pediu para ele levar de presente para Kremôrô. E separaram umas mercadorias para distribuir para a comunidade: miçanga, material de pesca, facão, espelho, isqueiro. No dia seguinte o avião chegou. O piloto era o Chico Doido e durante o voo perguntou para o Krômare:

— Pra qual lado é essa aldeia de vocês?

— Pra cá, nesta direção.

Ao nos aproximarmos da aldeia, do alto eu vi a pista de pouso. Quando chegamos não havia ninguém, o pessoal estava para a roça. O avião partiu e pouco depois chegou o Kremôrô, junto com meus sobrinhos, e o Krômare entregou a encomenda para ele.

— Esta é sua espingarda. O Cláudio mandou pra você.

— Tá bom. A gente vai voltar pro acampamento e amanhã venho pra cá com o resto do pessoal.

No outro dia o pessoal foi chegando, e quando estavam todos lá, nós distribuímos as mercadorias.

NA ALDEIA DOS KUBẼNOKÀ

Passou o tempo da seca, passou o tempo das chuvas, fizemos a festa do *kwỳrỳkangô* e preparamos nossas roças. Quando vieram novamente as chuvas, o Krômare saiu da aldeia com um grupo.

Passou um tempo e meu primo Krãm-nge me disse:

— Ropni, vamos até o Posto Vasconcelos procurar nossos parentes. Eles devem estar por lá.

Fomos somente nós dois, e dessa vez eu não voltei logo não. Depois viemos a saber que, assim que nós saímos, o Krômare e seu grupo retornaram para a aldeia.

Fomos caminhando pela margem do rio Kaprãnpotire, o rio da Tartaruga, um afluente do Araguaia. Dormimos na beira e no outro dia seguimos viagem até chegar numa floresta de buritis.

— Foi ali que uma vez a gente foi atacar os brancos. Vamos ver se estão lá ainda.

Chegamos na casa deles, mas não havia ninguém. Procuramos pelos seus rastros em volta da casa, mas não vimos nada. Passamos pertinho da casa de outros brancos. O galo estava cantando. Fomos procurar banana na roça, já era de tardinha, e tinha muita banana-nanica madura.

— Vamos tirar essa pra levar.

Seguimos nossa caminhada até chegar na beira do rio Amàtkàtinhõngô. Era uma paisagem bonita, mas, nossa, tinha muita piranha!

— Esse peixe é perigoso...

— Vamos atravessar amanhã então, é mais seguro.

Estávamos perto da casa de um *kubẽ*, mas ali mesmo fizemos nosso fogo e dormimos. No dia seguinte atravessamos, e continuamos margeando esse rio até uma trilha que ia na direção do Araguaia.

— Aqui deste lado do caminho a gente vai chegar numa casa onde tinha muitos brancos.

— É bem por aqui mesmo. Eu também já andei por este lugar.

Dali a pouco vimos dois brancos vindo a cavalo no nosso rumo e fomos nos esconder fora da trilha. Assim que eles passaram, nós seguimos. Já era fim da tarde quando vimos ao longe a praia de areias brancas do rio Araguaia. Pernoitamos ali e no dia seguinte os Kubẽnokà vieram nos encontrar. Eles nos cumprimentaram, e atravessamos todos para a ilha do Bananal. Quem morava por lá naquela época e trabalhava com os brancos era meu tio Bepdjô. Ele tinha se casado com a filha de um Xerente e ela já estava gestante. Novamente encontramos com o Dorival, que disse para nós:

— Só comam aqui em minha casa, não comam na casa dos indígenas, pois eles são feiticeiros.

Dormimos cinco noites por lá, à espera de um avião que nos levasse ao Posto Vasconcelos. Eles estavam realizando o ritual do aruanã com máscaras de palha. Naquele tempo os Kubẽnokà ainda seguiam muito forte sua tradição; todos usavam os cabelos compridos.

O filho do cacique veio até nós.

— Ropni, meu pai está chamando vocês pra acompanharem a festa.

— Tá bom, a gente vai lá assistir pra aprender alguma música.

Quando chegamos, estavam dançando com as máscaras. Serviram mel de tiúba e peixe *krãjamynoti*, e depois trouxeram uma tartaruga bem assada para nós. Era muita comida e pensei: "Vou comer o *krãjamynoti*! Esse peixe é muito saboroso, não tem espinhas nem cheira mal". Comi o mel também e falei para o Bepdjô que já estava satisfeito. Ele disse que também estava e foi guardar a tartaruga lá onde estavam nossas redes, para comermos à noite.

Não demorou muito, a mulherada chegou toda enfeitada. Agora era muita gente dançando! Eles usam umas máscaras parecidas com as nossas. A mulherada fica em frente a elas, os homens vestem as máscaras e vão dançando em direção à casa dos homens. Fiquei assistindo e pensei: "Será que eles vão continuar segurando essa tradição?".

Uma senhora Kubẽnokà veio nos falar:

— Onde vocês estavam que não comeram? Venham comigo que eu vou servir a comida de vocês.

Disse que, se nós não comêssemos, o cacique ia ficar bravo com ela. Então fomos comer a comida que ela preparou. Pensei: "Já estou de barriga cheia! Vou comer só um pouco". Enquanto isso, alguém foi lá onde era nossa dormida e comeu toda a tartaruga que tínhamos guardado para comer depois; deixou só casco.

Em seguida o Dorival veio até nós e disse:

— Amanhã vai chegar o avião pra levar um indígena ao Posto Vasconcelos. Vocês podem ir nesse voo.

O Krãm-nge me falou:

— Vamos pegar algum filhote de cachorro pra levar com a gente.

Ele pegou dois e eu peguei um. Colocamos cordões no pescoço deles e ficamos esperando o avião.

ASSIM COMECEI A TRABALHAR COM OS BRANCOS

Era um avião Bandeirante, e eu pude ver do alto a casa que estava sendo construída para o Orlando. Pousamos. Tinha um secretário lá que tomava conta do Posto, o nome dele era João. Perguntamos dos nossos parentes e ele disse:

— O Krômare já voltou pra sua aldeia com o grupo dele.

— Puxa… e a gente veio atrás deles…

Depois perguntamos pelo Cláudio e pelo Orlando, mas eles também não estavam lá:

— O Orlando está pra São Paulo, e o Cláudio está acompanhando a equipe que está abrindo a Cuiabá-Santarém.

Então João nos convidou para trabalhar com eles, e foi assim que comecei a trabalhar com os brancos, junto com meu primo Krãm-nge e com parentes de outros povos que também estavam por lá, como o Primito, o Sapaim e um cacique Yawalapiti que se chamava Kanato. O cacique disse para nós:

— Irmãos, queria avisar pra vocês: aqui vocês não podem conversar com as mulheres dos outros, porque eles são todos feiticeiros. Se elas oferecerem beiju pra vocês, não comam. Só quando a minha mulher oferecer vocês podem comer.

Nós agradecemos a ele pelos conselhos, e começamos a trabalhar no Posto.

Fiquei trabalhando na construção da casa, que era grande, de palha, típica dos povos do Alto Xingu. Eu também partia lenha para o fogo, esses tipos de trabalho. Um dia o João falou:

— Amanhã vamos começar a roçar.

Bem cedo fizeram uma farofa de peixe e amolamos nossas foices. Começamos a roçar e o João veio dizer que tinha visto muito rastro de caça embaixo de um pé de fruta.

— Vamos lá limpar e de noitinha a gente volta pra fazer uma caça de espera.

Quando entardeceu, fomos embora, tomamos banho e descansamos. Passou um tempo, ele veio me chamar, carregando a sua rede. Desarmei a minha e fomos até aquele pé de fruta. Armamos nossas redes um pouco alto e nos deitamos à espera da caça. Não demorou muito, apareceram dois veados. O João apontou a arma e eu falei:

— Espera, João! Vamos esperar outra caça.

Ele ficou quieto. Não demorou, veio uma paca e ele já foi apontando a arma.

— Não, João. Vamos deixar essa paca. Vamos esperar outra caça.

A paca comeu fruta e foi embora. Não demorou, foram chegando duas antas.

— Veja! É anta!

Ele estava com uma arma calibre .20 e eu estava com uma .22. Ele mirou numa anta, eu mirei na outra, e cada um matou uma. Depois ele disse que ia no Posto buscar o jipe pra levar a caça.

Fiquei lá durante um bom tempo trabalhando com os *kubẽ*. Trabalhei duro. Nós plantávamos mandioca e milho híbrido. Vinha bastante comida da cidade também. Os parentes comiam muito! Até que o tempo passou e acabou nosso alimento; ficamos sem comida. O Kanato ainda ofereceu uma mandioca dele e fizemos uma farinha.

Então o Cláudio chegou de Santarém e chamou o João:

— Secretário, a gente está sem comida?

— Sim, Cláudio, nossa comida já acabou.

— Tá bom, vou pedir.

Ele fez uma lista e passou pelo rádio. Dali a quatro dias chegou o avião, que o pessoal chamava de Machado; o piloto era o Chico Doido. Veio trazendo vários fardos de feijão, arroz, farinha, essas coisas. Era muita comida!

Fomos de jipe até a pista para descarregar o avião. Foram três viagens. Depois o Cláudio perguntou ao secretário:

— Temos combustível?

— Não.

O Cláudio fez outro pedido e dali a três dias o avião trouxe só combustível.

Quando o avião foi embora, um Xerente que também trabalhava no Posto veio falar comigo.

— Ropni, eu matei uma onça-parda e minha esposa vai preparar. Ela te chamou pra comer com a gente e pediu pra você pegar umas folhas de banana-brava.

Busquei as folhas e pedi para a esposa dele fazer o berarubu para mim só da costela. Quando ficou pronto, ela mandou seu filho me chamar. Em geral a onça-parda tem um cheiro muito forte que nós chamamos *k'y*, mas ela preparou de um jeito que não ficou com esse cheiro. E a onça estava gorda, o berarubu ficou muito bom!

Quando fui trabalhar com os *kubẽ*, eu não entendia nada da língua portuguesa. Um dia o Cláudio me pediu para buscar lenha. Eu fiquei pensando: "O que será que ele está me dizendo?". Peguei um pedaço de pau qualquer e levei para ele.

— É isso?

— Não. É de lenha que eu preciso.

Mais uma vez perguntei para mim mesmo: "O que ele está me dizendo?". Ele percebeu que eu não estava entendendo.

— Vou te mostrar o que é lenha.

Cláudio me levou com ele, me mostrou um feixe de lenha e disse:

— É isso que nós chamamos pelo nome de lenha.

E assim eles foram me ensinando a língua deles, até que eu aprendi um pouco. Depois foram me ensinando sobre os modos de vida e a cultura dos *kubẽ*. Também aprendi com eles sobre o trabalho do Rondon e tudo o que ele fez pela defesa dos povos indígenas.

Um dia o Orlando chegou no Posto, reuniu os indígenas e disse:

— O Rondon está convidando vocês pra encontrarem com ele no Rio de Janeiro. Amanhã um avião virá buscar vocês, e vocês vão conhecer o pai de vocês.

Vieram dois aviões. Nós nos dividimos neles e voamos para o Rio de Janeiro. Fomos direto para um batalhão dos bombeiros, onde íamos dormir. Lá já estavam lideranças Bororo, Kubẽpotire e de outros povos; já havia bastante gente. Dois dias depois nós fomos encontrar com o Rondon. Enchemos seis ônibus. Eram muitos parentes!

Quando cheguei, uma pessoa veio falar comigo.

— Raoni, você vai entrar na frente, guiando seu pessoal. — E disse para os outros: — O Raoni vai na frente.

Todos concordaram. Nosso grupo subiu primeiro no elevador e ficamos esperando os outros. Quando todos chegaram, novamente alguém veio falar comigo.

— Raoni, agora entre com o pessoal, vá na frente!

Entramos, e ali só havia gente importante; estavam todos sentados nos esperando: o Juscelino Kubitschek, uns militares, várias autoridades. Uma pessoa nos apresentou ao Rondon.

— Aquele lá é o pai de vocês. Podem seguir por aqui para cumprimentá-lo.

Eu fui o primeiro a apertar a sua mão. Ele segurou a minha mão e perguntou para alguém ao seu lado:

— Quem é que está me cumprimentando?

— Este é Raoni. Ele está liderando o pessoal.

O Juscelino Kubitschek disse:

— Raoni, que bom que vocês vieram! Eu gostaria que cada povo fizesse sua apresentação cultural pra gente assistir.

— Sim, vamos dançar pra vocês verem.

E fizemos as apresentações de dança. Nós, Mẽbêngôkre, fomos os primeiros, depois foi o pessoal do Alto Xingu, depois outros parentes, e por último dançaram os Bororo. Então o Rondon chamou o filho dele.

— Leve Raoni lá onde estão os presentes. Ele vai ser o responsável por separar e distribuir aos demais.

Quando o filho de Rondon abriu a porta, vi que tinha muita coisa. Espingardas, facões, anzóis, umas maletas. Ele me mostrou ainda os armários onde havia roupas, calções.

— Você já pode ir separando, e a gente vai colocando dentro destas malas.

Em cada mala nós colocávamos faca, calção, camisetas... um pouco de tudo. Calculei a quantidade de pessoas para distribuir bem certinho. Ele ia me passando e eu ia dividindo. Enchemos todas as malas. Quando voltamos, o próprio Rondon disse para os parentes:

— Vocês podem ficar sentados que o Raoni vai distribuir os presentes.

Fui entregando de um em um, e quando terminei, eles me aplaudiram. Naquele tempo eu já começava a ser o escolhido para ir na frente, para representar os indígenas.

DOENTE NO RIO DE JANEIRO

Então nos levaram para fazer um passeio.

— Vamos subir naquele morro pra vocês contemplarem a vista.

Entramos no bondinho e começamos a subir. Quando chegamos no primeiro morro, eu me senti mal. Senti frio. Era para eu subir junto com o pessoal para o morro mais alto, mas eu não fui. Fiquei deitado numa pedra ao sol.

O Pataku Kamayurá logo deu por falta de mim e desceu para me procurar.

— Você está doente?

— Sim, estou doente.

— Eu fiquei te procurando no meio dos outros, mas não te vi e por isso vim atrás de você. Vamos comer com o pessoal?

— Eu não consigo, estou sem apetite. Estou me sentindo muito mal.

Assim que descemos, um carro me levou direto para o hospital. Fiquei cinco dias internado, sem conseguir me alimentar. Eu colocava a comida na boca, ficava enjoado e cuspia a comida. No quinto dia um parente chegou e me perguntou:

— Raoni, você ainda está doente?

— Sim.

Ele ficou me olhando e disse:

— Então eu vou chamar um pajé pra te curar.

— Tá bom, chame.

O parente voltou mais tarde; eu estava deitado, e ele me orientou:

— Vou te explicar: o pajé vai entrar, vai falar com você e você vai dormir. Ele vai deixar um cigarro e um isqueiro ao seu lado e vai sair do quarto. Quando você acordar, você se levante, acenda o cigarro e fume. Agora vou sair pra ele entrar.

O pajé entrou, ficou me olhando e começou a falar. Fiquei com sono e dormi. Mesmo dormindo eu via o pajé: ele ficou falando comigo, colocou um cigarro ao meu lado, colocou o isqueiro, saiu e fechou a porta. Eu acordei, acendi o cigarro e comecei a fumar. Me levantei e percebi que estava bem melhor. Já tinha apetite.

Então um *kubẽ* entrou no quarto e conversou comigo.

— Raoni, como você está?

— Já estou bem!

— Que bom. E o que você quer comer?

— Arroz, feijão, farinha, banana... me traga essas coisas.

— Então tá, vou atrás disso.

Ele voltou com frango assado, peixe assado... Trouxe muita comida! Eu pensei: "Será que eu sou muita gente pra comer este tanto de comida que ele trouxe?". Mas meu apetite estava bom e até que comi bastante.

Na saída do hospital me encontrei com o Francisco Meirelles, que veio falar comigo.

— Meu amigo Mẽkrãgnõti! — Ele nos chamava dessa forma. — Você já está melhor? O pessoal está se preparando pra ir embora amanhã.

— Sim, já estou bem. Vamos embora, quero ir junto com o pessoal.

Eu me despedi das pessoas que cuidaram de mim no hospital e fui encontrar com os outros parentes. Percebi que havia ainda mais mercadoria que os *kubẽ* tinham dado para nós: um monte de roupa, miçanga, faca. Era muita coisa mesmo! Assim que cheguei, meu tio me disse:

— Eu já enchi suas malas com um monte de coisa, e ainda tem esses quatro sacos enfardados.

No final esses sacos acabaram ficando para trás, pois não couberam no avião; só levamos as malas. Enchemos um avião, o outro pessoal encheu o outro, e decolamos de volta para o Bytire.

"RONDON MORREU. AGORA OS BRANCOS NÃO TERÃO DÓ DE VOCÊS"

Fomos direto para o Posto Vasconcelos e segui trabalhando por lá. Duas luas se passaram, e chegaram as chuvas. Certo dia um avião sobrevoou o Posto e jogou um jornal sobre nós com a notícia de que o Rondon tinha morrido. Foi o Pataku quem correu até o local, pegou o jornal e levou para o Orlando. Ele desamarrou, leu e chamou todos os indígenas para escutar sua fala.

— O pai de vocês morreu. É essa notícia que este jornal está trazendo. — E continuou: — O Rondon lutou pelos seus antepassados, protegeu seus avós, protegia vocês. Mesmo quando os indígenas matavam os brancos, ele lutava pra proteger vocês. Agora ele morreu e os brancos não terão dó de vocês.

Foi assim que ele começou a fala dele, em que passou muitas orientações para nós. Estávamos no início das chuvas. Mais duas luas se passaram, e comecei a sentir muita falta dos meus parentes, da minha esposa. Fui conversar com ele.

— Orlando, a gente quer ir embora. Precisamos encontrar nossa família. Você pode providenciar o combustível.

Ele ficou ali sentado, pensando e disse:

— Então vocês já estão querendo ir embora? Tudo bem. Eu e o Cláudio vamos descer com vocês. Vou fazer um pedido de combustível e mercadoria pra gente levar.

CENTRO GEOGRÁFICO BRASILEIRO

Dali a três dias chegou muita mercadoria: panelas, bacias, facões, muitas coisas. Depois o Orlando mandou o avião trazer somente combustível, e chegou bastante também, naqueles tambores grandes. Carregamos o barco, cobrimos tudo com lona e amarramos a carga. Outros *kubẽ* desceram conosco. Eu lembro do Adrian Cowell e do Sergio Vahia, que naquele tempo eram bem jovens.

Nós fomos em dois barcos, um grupo saiu na frente e eu fui no barco que saiu depois. Já era fim da tarde quando encostamos no Posto Jacaré. Orlando falou:

— Vamos passar a noite aqui.

Limpamos um local e armamos nossas redes. O coronel que trabalhava no Posto disse para o Orlando:

— Villas Bôas, por que vocês não dormem lá na minha casa? — O coronel só chamava o Orlando de Villas Bôas.

Ele respondeu que nós queríamos dormir ali mesmo.

— Então tudo bem. Quando a comida estiver pronta, vocês vão até lá comer.

Todo mundo gostava muito do Orlando.

Ao amanhecer, tomamos café e seguimos viagem rio abaixo. O Cláudio estava pilotando, e quando passamos por uma cachoeira, o rabo do motor bateu numa pedra e se quebrou. Encostamos o barco, e enquanto consertavam o motor, o Pataku pescou muita piranha de cabeça vermelha. Limpamos os peixes na beira, cozinhamos, comemos, e o Orlando achou melhor dormirmos ali mesmo. No outro dia chegamos ainda cedo no Diauarum. Tinham preparado carne de paca para nós. Naquele tempo tinha muita paca no Diauarum, não sei se hoje ainda tem. Continuamos a descida até chegar na aldeia dos Ngôjrẽjre, onde o velho Bibina nos recebeu.

— Orlando, vocês vão ficar nesta casa.

Depois apareceu uma senhora e me chamou:

— Raoni, vamos até minha casa pra você pegar carne. A gente matou anta.

Nossa! Vinha subindo do jirau um cheiro muito bom! Fiquei escolhendo os pedaços.

— Vou levar essa parte. — E peguei a parte da costela.

— Sim, leva.

Eu coloquei numa panela e levei até onde estava o pessoal. O Sergio me perguntou:

— Raoni, o que é isso?

— É carne de anta. Venha, vamos comer.

E todo mundo desceu de suas redes para comer aquela anta. Estava muito bem assada!

Orlando disse para os Ngôjrẽjre:

— Estou distribuindo mercadoria pra todos os indígenas. O que sobrar eu deixo com vocês na volta.

Deixou lá somente três tambores de gasolina.

No outro dia continuamos a viagem. Pensei que íamos seguir direto, mas encostamos na aldeia antiga dos Ngôjrẽjre, por nome Pôrôri. Eu perguntei para o Orlando:

— Uai, já vamos acampar aqui?

— Sim, daqui vamos abrir uma picada até o Centro Geográfico Brasileiro.

Eu ainda não sabia que íamos abrir essa picada até o coração do Brasil, não tinham me contado nada. Depois que entendi, eu disse:

— Sim, tudo bem. Vamos lá. — Eu não tinha preguiça!

Montaram um equipamento e viram para onde ele estava indicando.

— É neste rumo que vamos abrir picada.

E começamos a brocar o mato.

O Pataku ficou para cuidar da nossa refeição. Nós abríamos um trecho e voltávamos. Tomávamos banho, comíamos, dormíamos e no outro dia seguíamos. Depois que levamos a picada por alguns quilômetros, o Orlando falou com o irmão.

— Já estamos muito longe, vamos trazer nossas coisas e montar o acampamento aqui.

Limpamos o local e armamos nossas redes. Orlando veio falar comigo.

— Raoni, vamos comigo buscar as panelas.

— Sim, vamos lá.

Nós fomos e enchemos alguns sacos com as panelas. Orlando estava carregando dois sacos e pediu para eu carregar dois também. Fomos atravessar um córrego; eu atravessei primeiro, e quando ele foi atravessar, escorregou e caiu com as panelas por cima. Não sei como ele caiu... Olhei pra ele e fiquei rindo.

— Por que está rindo de mim?

— Estou rindo que você caiu!

Ajudei Orlando a se levantar e seguimos.

Passou um bando de queixada e ele queria matar uma. Atirou e errou. Mais adiante achou que tinha visto outra queixada. Dessa vez ele acertou, mas depois percebeu que era um tamanduá-bandeira. Encontrei com ele triste e perguntei:

— O que você matou?

— Um tamanduá...

— E por que você está triste?

— Eu pensei que era uma queixada...

Ele ficou com pena daquele tamanduá e ficava dizendo:

— Coitado, coitado...

O Pataku preparou o tamanduá para nós: estava gordo, muito gostoso! Depois de um certo trecho o Orlando disse para o irmão:

— Cláudio, amanhã você e Raoni já podem coordenar pra nós.

Quando amanheceu, comecei a cortar umas varetas retinhas, e o Cláudio ia colocando no caminho. Enfim conseguimos chegar no Centro Geográfico Brasileiro. Fizemos um marco e gravaram nossos nomes nele. Eu acho que até hoje esse marco está lá com nossos nomes. Fizeram algumas fotos e voltamos pelo mesmo caminho até a beira do Bytire.

A VOLTA PARA CASA

Seguimos viagem, passamos pela cachoeira e encostamos os barcos no local onde o pessoal atravessava o rio Bytire para o Kapôtnhĩnore.

— Vou ver se encontro o rastro novo de alguém.

Subi o barranco e não vi nenhum sinal. Fui até um antigo acampamento nosso e não havia ninguém. Fiz uma marca numa árvore e voltei para a beira do rio. Eu não sabia, mas meus parentes estavam prestes a chegar naquele local. Orlando me perguntou:

— E aí, encontrou alguma coisa?

— Não. Só vi rastro antigo. Olha, eu vou andando pela beira e encontro com vocês lá na curva do rio.

— Não, Raoni. É perigoso a onça te pegar. Vamos juntos de barco.

Depois viemos a saber que logo que saímos, meus parentes chegaram. Ainda escutaram o barulho do nosso motor. Uns acharam que era barulho de avião e outros disseram:

— Não, é barulho de motor de barco. São eles!

Nesse nosso acampamento antigo eles viram a marca na árvore que eu tinha feito.

— Vejam, são eles mesmo! Eles que estão saindo nos barcos!

E voltaram a pé para nos esperar na aldeia.

Chegamos na boca do Bytikrengri e o Orlando quis seguir mais um pouco, até um igarapé que os antigos chamavam de Ropnhituti. Fomos pescar com anzol. Tinha muito trairão e peixe-elétrico. Até que uma hora resolveram detonar um explosivo para matar muitos peixes de uma vez. Mas quando explodiu, morreram apenas os trairões, não os peixes-elétricos. No dia seguinte, fui descendo de canoa com a arma no colo. Primeiro matei um jacu. Descendo mais um pouco, matei um mutum. Tiramos as penas e cozinhamos o mutum na panela de pressão, a que demos o nome de *ngôjbêwajanga*, "panela pajé". Nós estávamos tendo boas refeições de caça e pesca. Depois subimos o Bytikrengri até o ponto onde tinham aberto a pista de pouso. Vi um barco parado.

— Olha, este é o barco do Kremôrô.

Montamos nosso acampamento e fomos ver a pista.

Quando escureceu, o Cláudio me falou:

— Raoni, a gente vai ficar aqui. Amanhã você vai atrás do seu pessoal e avisa que estou aguardando todos aqui pra entregar as mercadorias.

De manhã bem cedo eu parti, e em vez de ir sem carregar nada, levei minha rede. Topei com dois tamanduás. Estavam dormindo e eu fiquei olhando para eles. Cheguei pertinho, um deles acordou, olhou para mim e dormiu de novo.

— Podem continuar dormindo, não vou fazer nada com vocês.

Depois topei com um bando de queixada. Também deixei que elas fossem embora e continuei meu caminho. Ao meio-dia cheguei num acampamento, mas estava vazio. Fui procurar meu pessoal nos outros lugares onde eles costumavam acampar.

De repente caiu um temporal. Já era tarde e resolvi dormir num daqueles acampamentos. Tinha lenha; acendi o fogo, me deitei e logo adormeci. Dali a pouco comecei a ouvir barulho de espírito mexendo nas folhas de bananeira. Fiquei só ouvindo. Senti uma ventania em cima de mim. Me levantei, preparei meu fumo, fumei e dormi. No dia seguinte cheguei num acampamento que tinha rastros bem novos. Achei um resto de mel que alguém tinha tirado e comi um pouco. Pensei: "Já estou perto, vou deixar pra comer mais na aldeia".

Passei pelo buritizal e já comecei a entoar os cantos dos Ngôjrẽjre. Ao me ouvir, o pessoal começou a gritar de volta e correu ao meu encontro. E foi assim que reencontrei meus parentes e fui recebido por todos com o choro cerimonial. Encontrei com meu pai e nos emocionamos. Encontrei minha esposa. O pessoal estava assando anta e comi com eles. Perguntaram pelo Krãm-nge e eu disse que sim, ele tinha voltado comigo. Passei o recado do Cláudio e do Orlando, que estavam esperando todos na beira do Bytikrengri para entregar algumas mercadorias.

O Kopre disse que ia na frente, para conversar com eles.

— Sim, pode ir.

Dali a três dias ele voltou.

— Os *kubẽ* resolveram vir pra cá, é pro pessoal esperar por eles aqui na aldeia.

Dali a pouco ouvimos que atiravam para o alto com uma espingarda .12, dando sinal de que estavam chegando. Primeiro apareceram o Orlando e o Cláudio. O Sergio e o Adrian vieram depois. Eles passaram a noite no caminho, num acampamento nosso. Dormiram no chão e a formiga tucandeira picou em cheio o saco do Sergio. Ficou inchado e ele chegou andando com as pernas abertas.

Eles passaram uns quatro dias na nossa aldeia, até que o Orlando me chamou:

— Raoni, você vai ficar aqui pra dar apoio pros seus parentes. Se alguém adoecer, você pode medicar.

Eu concordei, e ele deixou comigo os medicamentos e uma espingarda calibre .20. Então eles foram embora, e eu fiquei com minha esposa e meus parentes na nossa pequena aldeia. Já no outro dia saímos para cuidar da roça e plantar o milho.

O PRIMEIRO CONTATO COM OS KRUWATIRE

No ano seguinte o Orlando e o Cláudio deixaram o Posto Vasconcelos e foram para o Posto Diauarum fazer contato com os Kruwatire. Uns parentes já tinham encontrado com esse povo. Subiram o rio e voltaram contando que eram mesmo os Kruwatire que estavam andando por ali. Disseram que conversaram com eles, que contaram como estava a nossa realidade, que o Cláudio e o Orlando já tinham feito contato com vários de nós, indígenas, e que agora não estava tendo mais matança entre os povos. Foi isso que eles conversaram com os Kruwatire. Depois ficamos sabendo que o Cláudio fez contato com eles e levou um grupo para o Diauarum.

Todo mundo queria ir lá conhecer os Kruwatire. O Krômare foi o primeiro a ir e na volta nos contou sobre eles. Eu quis ir também e subi junto com o Bepdjà. Encostamos no Pôrôri, pegamos uns caroços de pequi e seguimos. Fomos dormir no Akrôtidjê, um lugar onde tinha muito cipó enrolado na beira do rio e onde, anos depois, a estrada encontrou o Bytire. Dormimos na canoa mesmo. Ao amanhecer, continuamos nossa subida. Encostamos na aldeia dos Ngôjrẽjre e comemos com eles. Já era fim da tarde quando encostamos no Diauarum. O Kuiusi Kĩsedje estava na beira do rio, perguntou quem era que estava chegando e nós nos apresentamos.

— A gente veio conhecer seu povo.

Ele nos convidou para subir e mostrou a casa onde íamos dormir. Os Kruwatire estavam em festa e eu perguntei:

— Como se chama esse ritual que vocês estão fazendo?

— Se chama *yamurikumã*!

Uma senhora pediu para nós participarmos da dança. Ela queria nos ver dançando e nós dançamos com eles. Todos aqueles anciãos me contaram suas histórias. A nossa língua é parecida com a deles. Perguntei:

— Todo o povo de vocês já chegou?

— Ainda não. Tem mais gente vivendo pra lá, que ainda não quis contato com os brancos.

Encontrei com um parente Mẽbêngôkre e ele também me contou sua história.

— Meu pai saiu do nosso povo e veio viver com os Kruwatire. Eu ainda era menino quando mataram meu pai e fiquei vivendo com esse povo aqui. — E me pediu: — Ropni, quando vocês forem embora, você me avisa pra eu ir com vocês?

— Está bem! — eu disse a ele.

Foi essa a nossa conversa. Só que, quando retornamos para a nossa aldeia, eu esqueci de avisar a ele. Foi assim quando conheci os Kruwatire. Eles eram poucos, mas hoje sua população aumentou bastante. Outro dia assisti um vídeo deles na televisão: já são muitos.

TRABALHANDO NO DIAUARUM

No outro dia o Cláudio me chamou e perguntou se eu podia fazer um galinheiro. E foi assim que voltei a trabalhar com ele, dessa vez no Diauarum. Eu e Bepdjà. E fizemos o galinheiro. Depois o Orlando chamou uma reunião com os Kaiabi, os Ngôjrẽjre e os Trumai, e me convidou para participar.

— Amanhã vocês começam a aumentar a pista pros aviões grandes poderem pousar.

Naquela época os Kaiabi trabalhavam muito. O Mairawê Kaiabi e o Cuiabano eram os chefes dos trabalhadores. No dia seguinte, amolamos nossas ferramentas e fomos trabalhar. Começamos roçando as laterais da pista em todo o seu comprimento. Passados quatro dias começamos a tirar as pedras. Nós quebrávamos com a marreta e carregávamos no braço. Dali a dois dias terminamos nosso trabalho. Orlando chegou para olhar.

— É... já dá pra avião grande pousar.

Trabalhei muito lá no Diauarum também. E vou falar para vocês: a minha esposa não estava lá para ficar junto comigo não! Agora, hoje em dia é diferente... os jovens Mẽbêngôkre vão morar na cidade e levam junto suas esposas. Isso não está certo...

Passou o tempo da seca, e quando as chuvas chegaram, eu voltei para a minha aldeia.

"KUBITSCHEK, A ILHA DO BANANAL É DOS INDÍGENAS"

Um dia eu fui a São Paulo com o Orlando dialogar com os militares, e na volta o avião parou para abastecer em Brasília, que estava começando a ser construída. Do avião eu vi a cidade do alto; ainda não havia muitas casas, eram só algumas. Abastecemos e voamos para o Bananal, onde almoçamos com o Dorival. Depois fomos para Diauarum e de lá segui para a aldeia.

Passou um tempo e o Cláudio chegou novamente com um convite.

— Raoni, o Juscelino Kubitschek vai fazer uma visita à ilha do Bananal. Ele está com um projeto pra ilha. Amanhã a gente vai pra lá encontrar com ele e eu queria te chamar pra ir junto.

E nós fomos para Diauarum, eu e o Krômare, dormimos lá e no outro dia pegamos o avião para o Bananal. O Krômare foi o primeiro que passou a andar com os *kubẽ*. Sempre falei para ele pensar bem no que ia dizer antes de conversar com os brancos. Às vezes ele não falava muito bem... eu disse isso a ele.

Disseram que o Kubitschek chegaria ao meio-dia e ficamos esperando. O avião pousou na pista, ele desceu cercado de policiais e caminhou até onde estávamos. Nós nos cumprimentamos e ele começou a conversa, contando o que estava planejando fazer naquela ilha. Que tinha construído Brasília e agora ia construir muita coisa também ali, na beira do Araguaia. Quando ele terminou a fala dele, o Orlando disse para o Kubitschek que era apenas para ele mandar arrumar a pista de pouso para os indígenas que viviam ali.

— Nada de construir uma cidade na ilha do Bananal!

E eu reforcei sua fala:

— Kubitschek, esta terra que a gente está pisando é a terra dos nossos parentes. Você já fez uma cidade pros brancos. A ilha do Bananal é dos indígenas.

Ele disse que tinha entendido nossa conversa e no dia seguinte foi embora. Orlando foi para São Paulo e pediu para o Cláudio voltar comigo e com o Krômare para a aldeia.

A VISITA DO REI LEOPOLDO

Então o Orlando conseguiu a demarcação do Parque do Xingu, mas o Kapôtnhĩnore ficou de fora dos limites. Com isso ele nos convenceu a nos mudarmos para dentro do Parque e fizemos nossa aldeia no Pôrôri, onde era aquela aldeia antiga dos Ngôjrẽjre. Mais tarde, com a construção da BR-080 e a redução dos limites do Parque, toda essa região deixaria de ser terra indígena.

Nosso primeiro filho já tinha começado a andar e minha esposa estava grávida da Bekwyjràj. Quando nós estávamos nos mudando para o Pôrôri, ela nasceu, perto da cachoeira. Naquele tempo o Cláudio estava no Diauarum. Um dia ele me chamou no rádio dizendo que tinha chegado visita, se eles poderiam ir à nossa aldeia.

— Sim, vou esperar por vocês.

No dia seguinte eles chegaram. Era o rei Leopoldo III da Bélgica, e havia outro com ele. Estavam alegres, pareciam muito felizes. Depois que nos cumprimentamos, ajudei a carregar suas bagagens.

Eles queriam conhecer os peixes que havia ali na nossa região e o Cláudio me pediu que os levasse até a cachoeira. Chamei poucas pessoas para nos acompanhar. Ao chegarmos na cachoeira, o Cláudio falou:

— Aqui nós vamos acampar e alguns de vocês vão acompanhar as filmagens.

O rei disse que queria ver nossa pescaria com timbó — o Cláudio já tinha me avisado sobre isso. Eu indiquei um local bom e fomos bater timbó. Dali a pouco começou a aparecer muito peixe; todo tipo de peixe, tucunaré, piau... tudo boiando. Pegamos muitos e ele fez as imagens: nós dentro d'água pegando os peixes que boiavam com o efeito do timbó. Esse momento ficou registrado, deve estar lá na terra dele, em algum quadro, algo assim.

Eu estava mais interessado na piranha de cabeça vermelha e no surubim, que eu adoro. Juntamos os peixes, mostramos a eles e eles ficaram conversando. Depois puseram tudo em caixas de isopor. Encheram três caixas. Eu perguntei:

— E aí, a gente não vai comer não?

— Não, estes nós vamos levar, vocês podem pescar mais para nós comermos.

E os parentes foram pescar mais enquanto eu preparava o fogo. Logo eles voltaram com os peixes, que já traziam limpos para mim e eu ia assando no jirau. Coloquei muito peixe para assar. Eita, estava todo mundo alegre.

No outro dia ainda comemos peixe no café da manhã, e o Cláudio disse:

— Vamos levar o rei pra filmar em outra cachoeira.

E fomos até outra cachoeira, perto de uma montanha, onde ele também fez algumas filmagens. No dia seguinte eles foram embora. Muitos anos depois eu viria a encontrar com o filho desse rei na terra dele, na Bélgica. Lá ele me serviu carne de caça e me levou para conhecer um zoológico.

EM BUSCA DE CHE GUEVARA

Passados uns anos desde meu último trabalho no Diauarum, o Orlando pediu minha presença.

— Os militares vão fazer uma expedição na terra dos Krãjakàrà. É um esquadrão da aeronáutica conhecido como Para-Sar. Eu queria que você fosse junto pra fazer a comunicação em caso de contato com os indígenas.

Nesse tempo, os Krãjakàrà ainda não tinham feito contato com os brancos.

O Kremôrô também ia conosco, mas ele estava pálido, e quando o Cláudio o viu, veio falar comigo.

— O Kremôrô está fraco, ele vai voltar pra aldeia. Vai somente você acompanhar o pessoal.

Eu concordei. Depois de um tempo chegou o avião deles, um avião próprio do Exército. Embarquei e voamos até a base do Cachimbo. Já havia muitos soldados por lá. Bem mais tarde vim a saber que esses militares estavam indo procurar pelo guerrilheiro Che Guevara. Achavam que ele estava escondido na região.

Dormimos três noites no Cachimbo e saímos em caminhada. Colocaram uma corda por cima do rio e começaram a atravessar se segurando nela. Entre eles havia um gringo, um alemão, que era muito ruim de andar no mato. Quando ele foi atravessar, caiu na água. Ficou com o corpo todo debaixo d'água, mas conseguiram puxar o alemão pelo braço.

Nós caminhávamos, parávamos para dormir e seguíamos no outro dia. Uma vez escolheram pernoitar num local cheio de formigueiros. Alguns dormiram em cima de um ninho de tucandeira e tomaram muita ferroada!

O cozinheiro se chamava Cabral e sempre servia comida primeiro para mim. O coronel tinha orientado desta forma:

— Primeiro o Raoni come, depois os soldados.

Quando os soldados têm comida, eles parecem fortes. Mas naquele momento, após alguns dias na mata e com pouca comida, todos estavam ficando fracos. Então eu fui para a frente da fila, peguei o facão de alguém e falei:

— Venham atrás de mim.

E fui abrindo caminho na mata até chegar num igarapé.

Um soldado amarrou o anzol na linha, colocou a isca e jogou no rio. A piranha cortou a linha. E novamente ele jogou o anzol e a piranha cortou a linha. Ele tinha quatro anzóis e perdeu todos. Ele não estava fazendo o encastro, por isso a piranha arrebentava a linha!

Percebi que os Krãjakàrà tinham quebrado uns galhos do modo como se faz para marcar um caminho, e reparei que aquela trilha deles levava para um castanhal.

— Pessoal, esta aqui é uma trilha dos indígenas.

E fui na frente até chegar no castanhal. Tinha muito ouriço de castanha! Eu peguei quatro e levei para o acampamento. Entreguei ao Cabral e ele ficou quebrando castanha. Então uns soldados falaram:

— A gente também quer ir lá pegar castanha!

— Podem ir — eu disse.

Eles foram em quatro, mas erraram o caminho: pegaram um trilheiro de anta e se perderam. Eu fiquei esperando muito tempo, até que perguntei:

— Cadê eles?

— Não chegaram.

— Devem ter se perdido...

Fui atrás deles e vi que tinham passado direto pela trilha do castanhal. Dei um grito, ouvi responderem bem longe, e continuei atrás deles. Quando encontrei os quatro, falei duro com eles:

— Vocês têm que andar prestando atenção, procurando a copa das castanheiras. Vocês passaram por elas e não viram! Venham, vamos lá que eu vou mostrar pra vocês.

Chegando no castanhal, eu disse aos soldados:

— Aqui estão as castanhas!

Eles pegaram alguns ouriços e voltamos.

Decidiram pernoitar ali mesmo e fomos procurar um lugar para armar nossas redes. Como nosso alimento já estava pouco, o coronel pediu pelo rádio para mandarem comida para a gente. No outro dia o avião passou e jogou os fardos com a nossa comida. A carga caiu bem perto do gringo ruim de mato, que estava banhando no igarapé. Ele caiu e eu pensei: "Pronto, matou o gringo...". O pessoal correu, levantou o alemão pelo braço e perguntou:

— O que houve?

E ele respondeu:

— Está tudo bem, foi só o susto que me derrubou.

Antes do amanhecer nós partimos. Eu fui guiando o grupo rumo à cabeceira do Kororoti. Uma hora o pessoal falou:

— Vamos descansar.

E eu pensei: "Eu não estou cansado, vou na frente". E fui abrindo caminho no meio dos vestígios dos Krãjakàrà. Continuei fazendo picada até escutar o barulho do rio. "Esse é o Kororoti", pensei. Então voltei, e nessa volta escutei uns macacos. Eu estava com a espingarda do Cabral. "Vou matar macaco." Atirei em um e ele caiu, depois matei outro. Em seguida escutei o pessoal atirando. E o outro pessoal que estava para o outro lado também atirou. Vieram correndo, assustados.

— O que foi? O que foi?

Eu respondi:

— Não houve nada, só estou matando uns macacos.

— Pensei que você estava atirando porque tinha encontrado com os indígenas, por isso viemos correndo — disse um deles.

O Cabral disse:

— Deixe que eu carrego.

Amarrou os dois macacos com uma embira e jogou sobre os ombros.

— Eu alcancei o rio Kororoti. Está bem ali — eu disse, apontando.

Levei o grupo até lá, arriamos nossas bagagens e fomos limpar o local do acampamento. Novamente uns soldados armaram suas redes num tronco cheio de tucandeira, e de novo foram muito picados! Eu falei:

— Por que vocês não olham direito antes de armar a rede? Deveriam armar em outra árvore!

No dia seguinte eu fui rio acima procurar o caminho dos Krãjakàrà, até que encontrei suas casas. Eram casas novas, mas não havia ninguém. Eles tinham cavado e forrado o chão para dormir. Eu pensei: "São eles mesmos!". Observei um pouco e depois voltei. Falei para o coronel:

— Eu vi a casa deles naquele rumo.

— Vamos lá, eu quero ver também.

Fomos, eles tiraram fotos e voltamos. Tinha muito peixe naquelas cabeceiras, mas acho que os brancos já acabaram com tudo.

Quando anoiteceu, começaram a conversar e o coronel disse:

— Na segunda-feira um grupo vai subir o rio e o outro vai descer.

No outro dia eu tomei café com o pessoal, sentei-me com eles e falei:

— Cabral, me dê sua espingarda, eu vou descer o rio pra caçar alguma coisa.

— Tá bom — ele disse, e me deu a arma.

Dali a pouco senti cheiro de queixada. Quis ir atrás, matar algumas, mas de repente começou a chover e fui me abrigar embaixo de uma árvore meio torta. Era um temporal! "Deixa os porcos irem embora...", pensei.

Quando estava retornando, passei por um acampamento antigo dos Krãjakàrà e resolvi cortar caminho pelo mato. Cheguei na cabeceira de um igarapé e uns mutuns voaram. Eu matei dois, e novamente o pessoal que estava no nosso acampamento se assustou e começou a atirar para o alto. O Cabral veio correndo junto com outros soldados.

— Raoni, o que foi? O que foi?

— Nada, estou só matando mutum.

O Cabral pegou os dois mutuns, levou para o acampamento e começou a limpar. O Cabral era o único que era forte na mata, os outros eram todos fracos... E naquela missão o coronel não dava moleza para ninguém. O avião jogava comida e ele ficava controlando, não deixava o pessoal comer à vontade. "Por que isso?", eu pensava comigo.

Quando chegou a segunda-feira, nós nos dividimos. Foi um grupo rio abaixo e outro grupo, onde eu estava, rio acima. Nossa, tinha muito matrinxã! Eu falei:

— Cabral, posso pescar alguns?

— Pode.

Flechei um que era grande e joguei no seco. Flechei outro, que as piranhas tentaram pegar mas joguei para o seco também.

— Só isso. Já está bom.

E seguimos.

O pessoal que estava na frente atirou nuns macacos-aranha, mas não conseguiu matar nenhum. Quando nos encontramos, o Cabral falou:

— Só o Raoni consegue caçar!

Eu disse:

— Sim. Vou matar um.

Atirei, acertei e ele caiu. Então falaram:

— Mais um!

Atirei em outro, que também caiu. Amarrei os dois e deixei ali para pegar na volta. Quando estava mais ou menos na metade do dia, paramos para almoçar. Eles comeram feijão e carne enlatados, que me ofereceram mas recusei.

— Não. Eu não quero comer essa comida.

Um deles me disse:

— Raoni, coma farinha, então.

— Sim, vou lá misturar farinha com água, esperar engrossar e vou comer.

Depois que comi, avistei um trairão que vinha vindo bem na beira, e chamei:

— Cabral!

— O que foi?

— Tem trairão aqui! Traz a espingarda que eu vou matar.

— Tá bom.

Ele me trouxe a espingarda e eu matei três. Então ele falou:

— Já está bom, estamos longe do acampamento.

E eu amarrei os peixes pelas guelras, busquei os macacos no caminho e voltei para o acampamento.

Nessa volta, um grupo se confundiu e seguiu por um trilheiro de anta. Eu percebi e fui atrás. Quando alcancei os soldados, segurei um deles pela camisa e ele se virou.

— O que foi?

— Vocês estão indo num trilheiro de anta! Nosso caminho é naquele rumo ali. Venham comigo!

Aqueles soldados eram muito ruins na mata; se eles tivessem ido sozinhos, sem mim, com certeza teriam se perdido! Era eu quem guiava, e trouxe todos de volta.

Chegamos no acampamento praticamente junto com o grupo que tinha ido rio abaixo. O coronel nos colocou perfilados, em posição de sentido, e passou a comandar movimentos de ordem-unida. Perguntou sobre as expedições e nós contamos:

— A gente encontrou uma trilha grande dos indígenas e voltou.

Cozinharam os macacos, os peixes, e o pessoal comeu puro, sem nada, só eu que comi com farinha. Naquele dia não cozinharam arroz nem carne. E tinha muita comida! Eu pensei: "Podiam cozinhar carne pra gente comer...". Já tinham se passado uns dez dias, e os soldados estavam muito fracos. Eu olhei para eles e fiquei com pena.

À tarde as araras cantaram do outro lado do rio e eu pensei: "Vou lá matar uma". Ao atravessar o rio, escutei o canto do pássaro alma-de-gato. Cheguei no local onde estavam as araras, e quando apontei a espingarda, novamente o alma-de-gato cantou. Fiquei receoso: "Não, não... esse canto deve estar indicando algum perigo. Não vou atirar". Eu ia voltar pelo mesmo caminho por onde tinha ido, mas vi que os Krãjakàrà estavam me seguindo. Percebi pelos vestígios deles, pelas pegadas e pelos sinais deixados nas folhas, que eles tinham passado por ali depois de mim. Decidi atalhar por outro caminho e atravessar o rio de volta por outro local.

Ao chegar, conversei com o coronel:

— Olha, faz pouco tempo que os indígenas andaram aqui por perto, mas não sei pra onde eles foram.

— Raoni, vamos aguardar aqui e ver se eles se aproximam da gente. Se eles aparecerem, você conversa com eles.

— Tá bom.

Os soldados estavam muito fracos e com medo. Um deles me pediu:

— Raoni, fala com o coronel pra gente ir embora. Estamos com saudades dos nossos filhos e das nossas esposas.

E eu disse a ele:

— Ora, vocês que são do mesmo povo dele é que devem falar com ele.

— A gente tenta falar, mas temos medo dele. Você consegue.

— Então tá bom, vou falar com ele.

Pouco depois o coronel Jofre me chamou:

— Raoni, vamos banhar.

— Vamos.

Descemos até o rio e já estávamos começando a banhar quando puxei conversa:

— Coronel, deixa eu te falar uma coisa. Os Krãjakàrà são brabos. Eles não virão até a gente. Vamos embora.

— Você está falando pra gente ir embora?

— Sim.

— Tá bom, se você está falando... Vamos banhar e depois eu mando os soldados prepararem um mastro pra hastear a bandeira.

Quando voltamos, ele falou para o Cabral:

— Cabral, leve o pessoal até aquela pedra e preparem ali um mastro pra bandeira.

Aprontaram o mastro e o coronel se dirigiu a mim:

— Raoni, você vai ser o primeiro a hastear a bandeira.

Eu hasteei e fui aplaudido por todos. Um soldado hasteou mais um pouco e também foi aplaudido. Depois outro, a mesma coisa. Estávamos todos perfilados em posição de sentido quando o coronel começou sua fala:

— Amanhã nós vamos partir. Vocês vão preparar muito arroz e carne, nós vamos comer bastante e partir.

Batemos os pés juntos como se faz nas cerimônias militares.

Os soldados ficaram eufóricos, cantando, falando alto:

— Amanhã a gente vai embora!

Eu fiquei só observando aquilo. De manhã bem cedo já estavam cortando a carne, preparando café. Depois do almoço o coronel começou a organizar os grupos:

— Cabral vai sair na frente comandando um grupo. — E indicou outro para comandar outro grupo. — E eu e Raoni vamos na retaguarda.

Então todos se colocaram em suas posições e juntos começamos a marchar. Deixaram muitas coisas lá: machados, material de pesca, umas facas e três espingardas. Não sei se os Krãjakàrà pegaram essas coisas...

Quando chegamos de volta na base do Cachimbo, havia apenas duas mulheres cozinhando para o pessoal. Duas mulheres para todos aqueles homens! Então uns soldados levaram as mulheres para dentro da casa e se deitaram com elas. O coronel apareceu e me perguntou:

— Raoni, onde eles estão?

— Não sei, não vi ninguém.

Então um soldado disse:

— Eles foram se deitar com as cozinheiras.

— Então tá bom. Vamos comer e depois vocês recolham toda a comida. Eles vão ficar sem comer.

O Orlando e o Cláudio foram nos encontrar no Cachimbo. O Orlando me contou o que disseram para ele.

— O Raoni levou a gente, mas ficou bravo, depois ficou bravo de novo, e ficou bravo de novo.

Eu expliquei para o Orlando.

— Vou te contar. Se o pessoal tivesse ido sem mim, eles teriam se perdido na mata. Eles desviavam por uns caminhos errados, por isso eu brigava com eles.

O Orlando respondeu:

— Entendi. O pessoal realmente não sabe andar direito no mato.

No dia seguinte chegou um avião e nós fomos embora.

Raoni passeia de canoa pelo rio Xingu em outubro de 1964 na companhia do sertanista Cláudio Villas Bôas (*à esq.*) e do ex-rei da Bélgica, Leopoldo III, que viajou ao Brasil para excursionar pela Amazônia e pesquisar sua fauna ictiológica. Raoni era capitão indígena do Parque do Xingu e ciceroneou o visitante europeu.

Uma das funções rituais de Raoni como cacique é realizar as incisões cutâneas, ou escarificações, que distinguem as categorias etárias e sociais dos Mẽtyktire. As sarjaduras são feitas com um instrumento feito de dentes de traíra ou unhas de cotia.

Os Mẽtyktire são famosos pela habilidade na confecção de adornos e utensílios a partir de folhas e fibras vegetais, sobretudo de buriti, palmeira dos brejos que também fornece material para construção e alimentação. Além da caça e da guerra, Raoni e os homens das aldeias participam dos trabalhos de trançado.

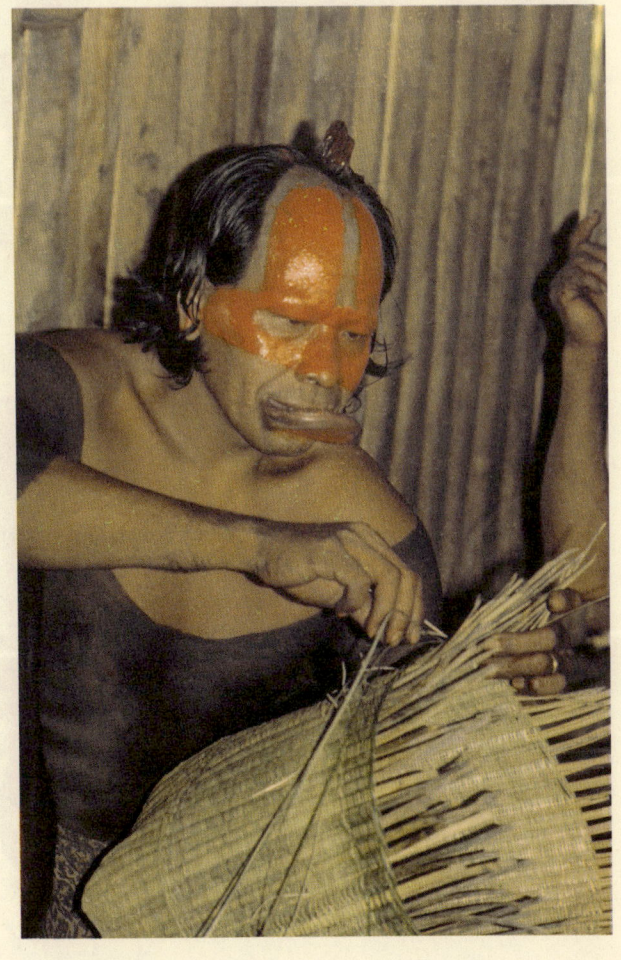

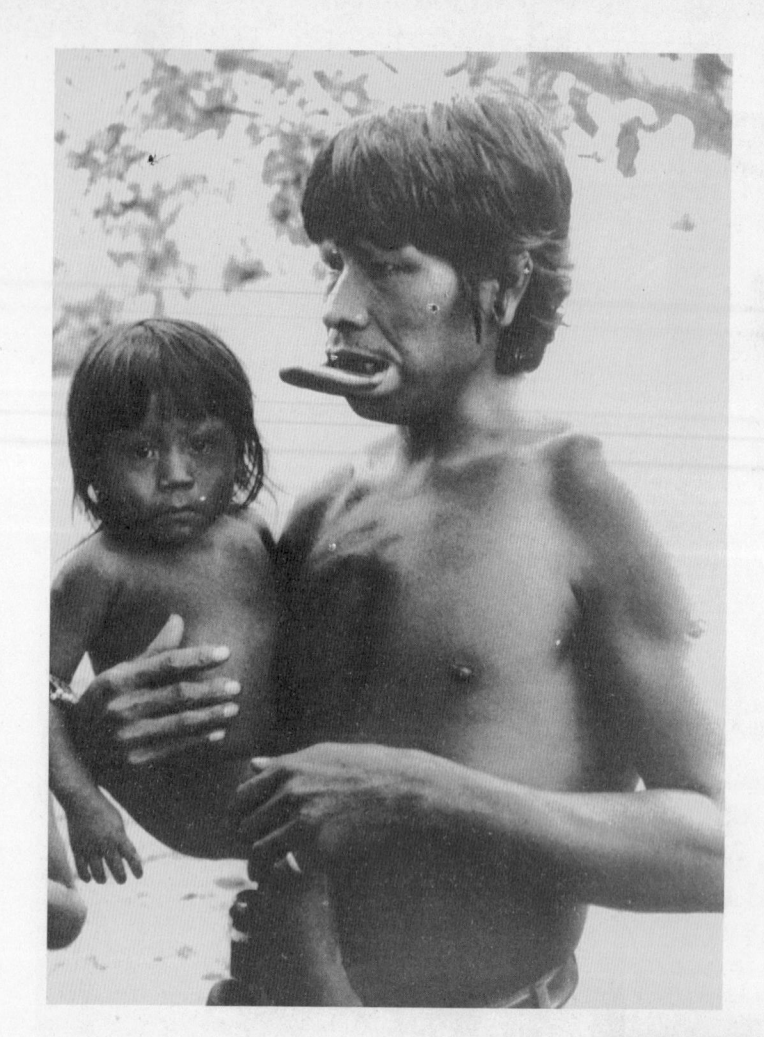

Em 1973, Noôktire, filho de Raoni e Bekwyjkà, morreu atingido por um raio na aldeia Piaraçu. Nesse mesmo ano, de luto, o futuro cacique posou para as lentes dos fotógrafos com outro de seus oito filhos nos braços.

Em fevereiro de 1989, Raoni presidiu as manifestações contra a construção do Complexo Hidrelétrico do Xingu, em Altamira (PA), durante o I Encontro dos Povos Indígenas do Xingu. O encontro foi um marco da resistência indígena no Brasil contemporâneo, e Raoni prometeu declarar guerra ao governo federal se o projeto faraônico fosse implementado. Duas décadas mais tarde, começaria a construção da usina de Belo Monte, a despeito dos protestos de indígenas e ambientalistas.

Raoni e Sting se conheceram em 1987, quando o cantor inglês, em turnê no Brasil, viajou até o Xingu para conhecer a realidade indígena. O ex-vocalista do The Police se tornou desde então um dos principais apoiadores da resistência dos Mẽbêngôkre contra a destruição de seu ambiente ecocultural. Na imagem, o cacique e o cantor reunidos com representantes das nações do Xingu, em 1989, em Altamira.

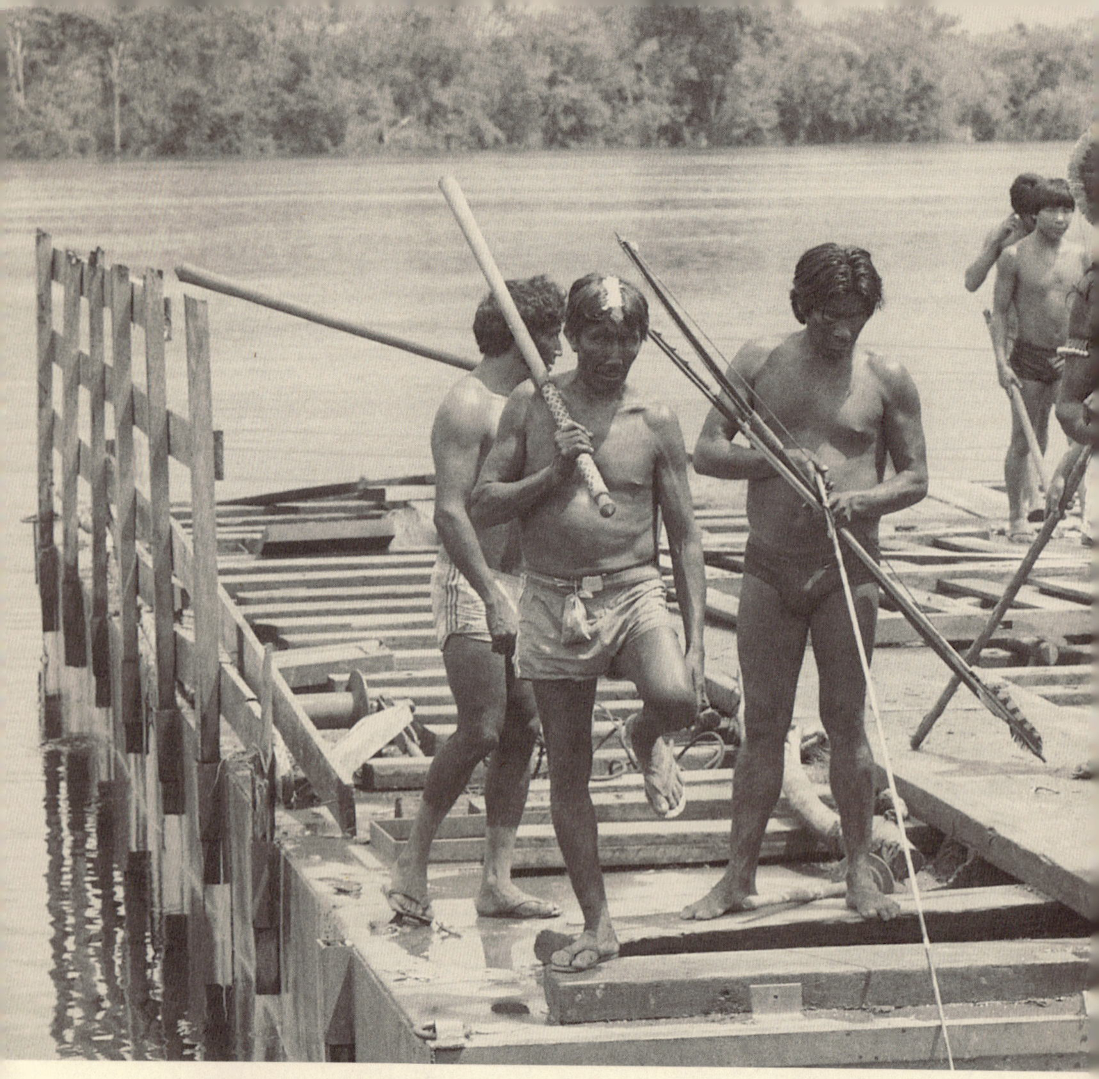

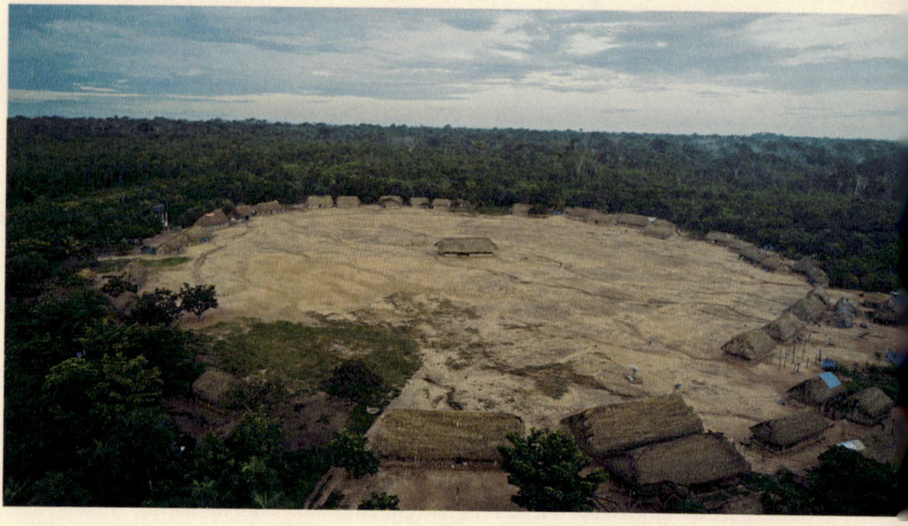

Em março de 1984, um grupo de guerreiros Mẽbêngôkre (*Raoni à frente*) interditou a rodovia BR-080, que atravessava suas terras, tomou a balsa que fazia a travessia do Xingu e sequestrou funcionários da Funai. O protesto, que durou mais de quarenta dias, reivindicava a expulsão dos brancos invasores e o estabelecimento de uma faixa de proteção ao longo da rodovia. Como resultado, o presidente da Funai foi demitido e a Terra Indígena (TI) Capoto/Jarina foi reconhecida pelo governo federal.

Vista da aldeia Mẽtyktire, na terra indígena homônima, em 2022. Situada à margem esquerda do Xingu, na TI Capoto/Jarina, a aldeia é um dos centros políticos e espirituais do povo de Raoni. As povoações Kayapó possuem forma circular, e sua organização espacial obedece aos pontos cardeais. A Mẽtyktire tem cerca de cinquenta edificações tradicionais e mais de quinhentos habitantes.

Na praça central da aldeia Piaraçu, no começo de 2020, Raoni conversou com diversas lideranças indígenas sobre os problemas dos povos nativos. A liderança do cacique se estende por todo o Xingu, mas também se irradia para além de suas fronteiras.

A posse de Luiz Inácio Lula da Silva em seu terceiro mandato como presidente da República contou com a participação de oito cidadãos e cidadãs, que subiram a rampa do Palácio do Planalto ao lado do presidente recém-empossado e da primeira-dama, Janja da Silva. A presença do cacique simbolizou o retorno dos direitos indígenas à pauta do governo federal depois de quatro anos de descaso institucional.

Aos 21 anos, Raoni integrou a expedição do Conselho Nacional de Geografia rumo ao presumido Centro Geográfico Brasileiro, no vale do Xingu, em Mato Grosso. Os técnicos do IBGE e da Fundação Brasil Central puseram um marco no ponto exato.

Raoni ao lado do antropólogo Cláudio Romero na aldeia Kretire, no Parque Indígena do Xingu, em 1984. O futuro presidente da Funai se colocou ao lado dos indígenas durante os protestos contra a rodovia BR-080.

Indignados, Raoni e Kanhõc Kayapó mostram a deputados um mapa das concessões minerais nas terras Kayapó, em frente ao Congresso Nacional, após a votação do capítulo "Dos índios" na Constituinte.

Da esquerda para a direita, sentados, os caciques Teseya Panará, Raoni e Tuto Pombo Kayapó ocupam o auditório da liderança do PMDB, em Brasília, durante as negociações do capítulo "Dos índios" na Constituinte, em 1988. Na sessão inaugural da Constituinte, Raoni fora barrado na entrada do Congresso Nacional.

Raoni e sua esposa, Bekwyjkà, com quem viveu durante quase setenta anos e teve oito filhos. Bekwyjkà faleceu em junho de 2020, aos noventa anos.

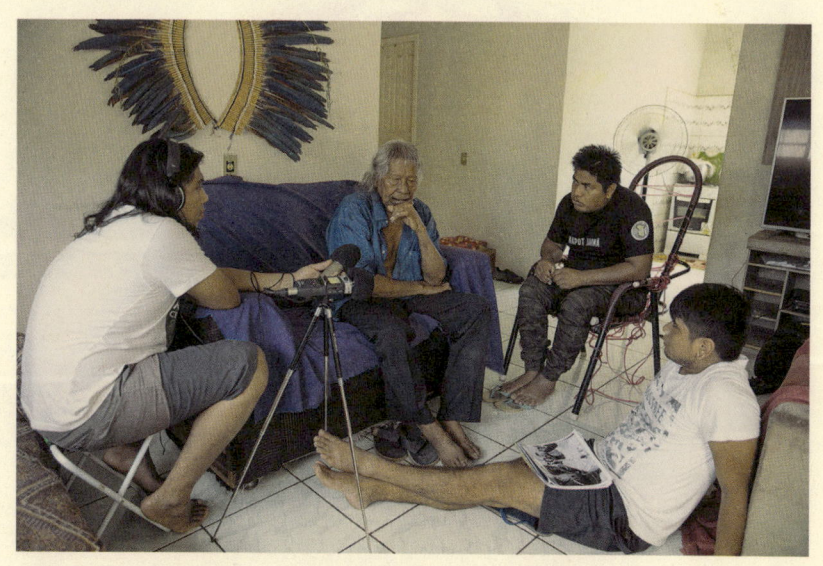

Falando sempre em mẽbêngôkre e rodeado de parentes, Raoni gravou durante dezenas de horas, em diversas sessões, as histórias e mitos que resultaram neste relato autobiográfico.

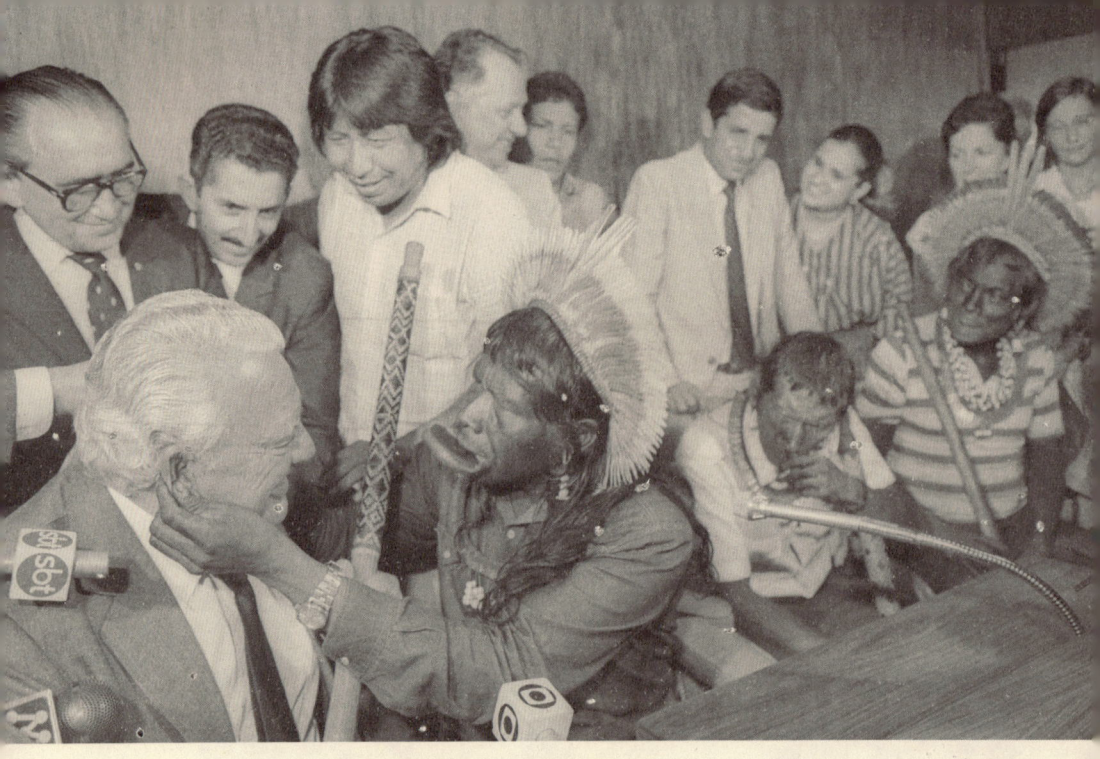

Raoni em Brasília nos anos 1980. Desde que assumiu a liderança de seu povo na luta pela demarcação das terras Kayapó, o cacique Mẽtyktire se reuniu inúmeras vezes com autoridades do governo federal. Raoni foi recebido por todos os presidentes da República desde José Sarney, à exceção de Jair Bolsonaro.

"Se todos nós temos ouvido, é para escutar! Vou falar bem pertinho da sua orelha para ver se desta vez você me escuta." Raoni puxa as orelhas do ministro do Interior, Mário Andreazza, para selar o acordo que resultou na demarcação da TI Capoto/Jarina, em maio de 1984, depois dos protestos no Xingu.

Envenenado por um sapo durante uma expedição à Amazônia nos anos 1970, o biólogo e ambientalista Augusto Ruschi teve diversos órgãos atingidos pelas toxinas e desenvolveu problemas crônicos de saúde. Em janeiro de 1986, o cientista capixaba foi tratado pelos pajés Raoni e Sapaim Kamayurá, iniciador do cacique Mẽbêngôkre nos mistérios das curas tradicionais. Ruschi morreu seis meses depois, apesar dos esforços terapêuticos e espirituais de seus amigos indígenas.

Ladeado por Sting e Marcos Terena, Raoni participa de um ritual durante o I Encontro dos Povos Indígenas do Xingu, em fevereiro de 1989, em Altamira. A reunião assinalou a unificação da luta dos povos xinguanos contra o projeto hidrelétrico de Kararaô, antecessor de Belo Monte.

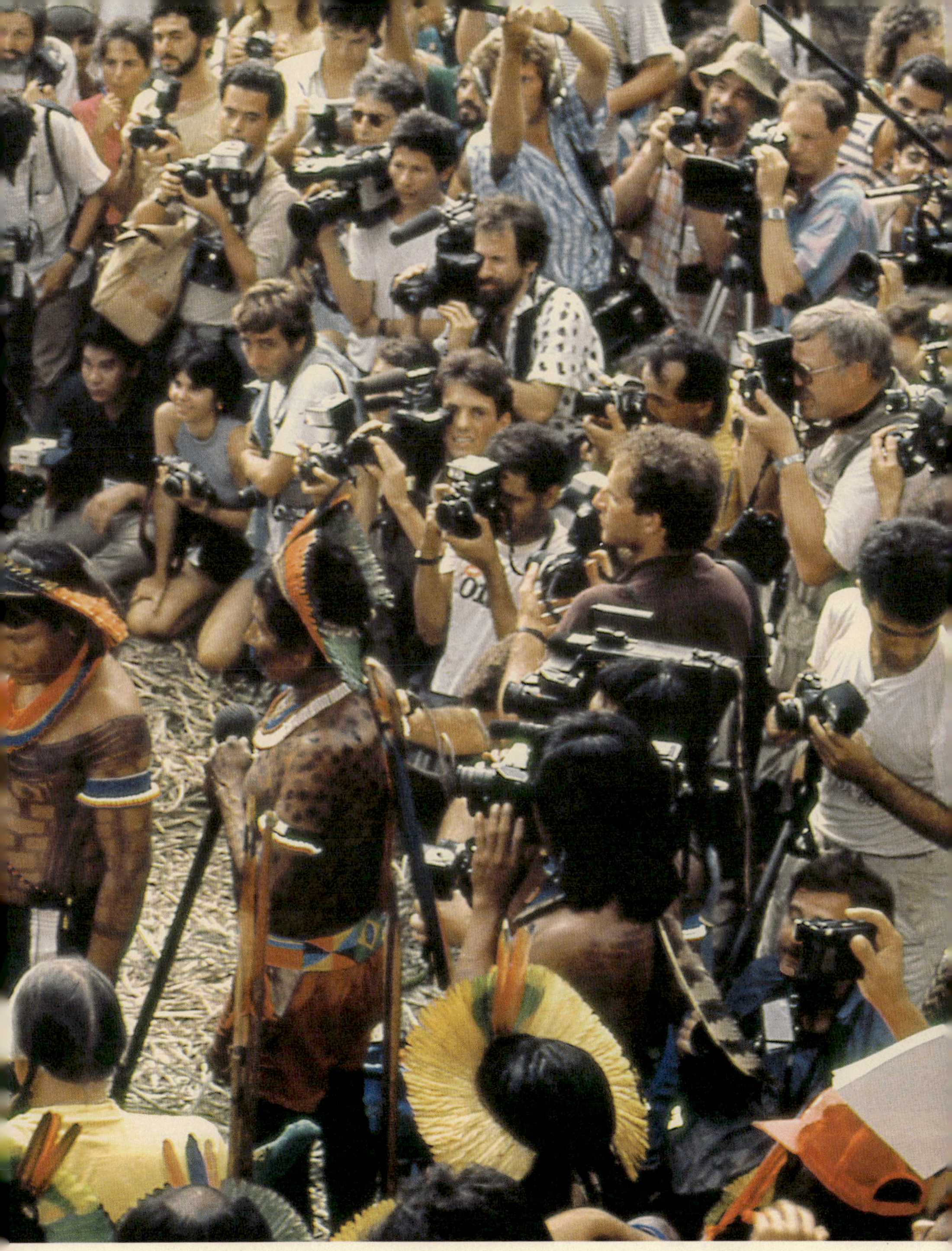

Raoni discute com um oficial da PM goiana, que cercou a aldeia Apinajé em Tocantinópolis para evitar a chegada de guerreiros de outros povos indígenas. A despeito das ameaças de violência, a mobilização pacífica foi bem-sucedida, e a terra Apinajé foi homologada em 1985.

Em julho de 2023, o antigo sonho da demarcação da TI Kapôtnhĩnore, região natal de Raoni, começou a se tornar realidade. O território sagrado dos Mẽtyktire foi cartografado pelo governo federal depois de décadas de reivindicações e protestos. Durante o encontro O Chamado do Cacique Raoni, na TI Capoto/Jarina, Raoni recebeu o mapa oficial da futura terra indígena, cuja delimitação foi chancelada pela presidenta da Funai, Joenia Wapichana.

5. *Pyka*: A luta pela terra

ENSINAMENTOS DE CLÁUDIO E ORLANDO

Brasília foi construída e alguns anos depois foi criada a Funai. Cláudio me convidou para conhecer e mandou um avião me buscar. Ao chegar em Brasília, fomos comer num restaurante que servia pacu cozido. No dia seguinte fui com o Cláudio conversar com o presidente da Funai. Ele estava sentado em seu gabinete; entramos e apertamos nossas mãos.

— Raoni, você chegou?

— Sim, presidente. Eu vim te conhecer, conversar contigo. O Juscelino Kubitschek construiu esta cidade e foi aqui que fizeram a Funai. Queria te dizer que você deve receber bem os indígenas quando eles vierem até aqui. Converse com eles com respeito, escute o que eles vão te dizer, atenda aos pedidos deles. É isso que eu queria falar contigo.

Havia uns quatros militares na sala, um era coronel, e eles escutaram quando eu disse:

— A partir de agora a Funai deve estar do nosso lado. Os fazendeiros, madeireiros, garimpeiros, esses serão sempre nossos inimigos.

Quando terminei, ele me disse:

— Raoni, fiquei muito feliz escutando sua fala. Ainda não tinha conhecido nenhum indígena com uma fala igual a sua. Raoni, tem um rádio aqui. Eu queria que você falasse no rádio com todos os indígenas, com todas as aldeias, e comunicasse a eles sobre a Funai. Diga que eu estou aqui e o que precisarem vou procurar atender.

Ainda não tinha chegado nenhum indígena em Brasília, nem na Funai. Eu fui o primeiro e comecei a falar em nome de todos. Passei o comunicado para os parentes de outros povos. Alguns diziam que também queriam ir para Brasília para conhecer a Funai. Mas eles moravam muito longe, e não tinham condições de ir.

Ficamos uns dois dias por lá. Nesses dias o Orlando e o Cláudio conversaram muito comigo.

— Raoni, os povos indígenas precisam ter suas terras protegidas. Você é uma liderança, você precisa lutar por isso.

Orlando foi o primeiro a conversar comigo, disse para eu focar minha luta no meu território, no Xingu. O Cláudio estava ouvindo aquela conversa, e quando o Orlando terminou de falar, ele disse para o irmão:

— Orlando, eu discordo de você: o Raoni vai lutar por todos os indígenas. Vai ajudá-los a demarcarem suas terras, a se prepararem pra eles mesmos se defenderem dos brancos.

Eles me disseram muitas coisas, me orientaram, e aprendi muito com eles. Sempre acompanhei os dois, respeitava muito a conversa deles e escutava com atenção tudo o que me passavam.

Disseram também que qualquer problema, qualquer assunto, eu deveria falar diretamente com a Funai e que ela deveria me atender. Falaram que nós poderíamos construir uma escola, mas que os alunos deveriam estudar primeiro a cultura e a língua indígena e apenas depois disso deveriam estudar a língua portuguesa.

— Assim vocês vão se fortalecer pra defender seus direitos.

Eu também já pensava assim. Os jovens devem continuar seguindo as nossas tradições, realizar as festas, entoar os cantos, usar os cabelos compridos. É através disso que vão se fortalecer para a luta.

UMA ESTRADA DENTRO DA NOSSA TERRA

Passou um tempo e o governo começou a construir uma estrada dentro da nossa terra. Essa estrada, que se chamava BR-080, cruzava o Parque do Xingu ao meio. Eu fiquei indignado e disse para o Orlando e o Cláudio que precisávamos fazer alguma coisa.

— Falem com os militares, eles precisam proteger os parentes que vivem nesta terra!

Fomos algumas vezes para Brasília, mas o diálogo com os militares estava difícil.

Os *kubẽ* chegaram com seus tratores destruindo tudo. A estrada atravessaria o rio Bytire na altura onde hoje está a aldeia Piaraçu. Nesse local os brancos levantaram casas, os policiais construíram uma delegacia... Estava acontecendo muita briga, havia muita bebida alcoólica.

Naquele tempo eu morava na aldeia Kretire. Um dia o Aritana Yawalapiti me chamou pelo rádio.

— Tio — ele me chamava assim —, a gente quer ir até aí pra conhecer a estrada.

— Sim, podem vir. Vou aguardar vocês aqui.

Ele desceu de canoa com um pessoal e chegaram na minha aldeia.

No outro dia começamos a caminhar para o rumo da estrada. Eles viram uma capivara e queriam matar, mas eu disse:

— Não, vamos seguir.

Nós fomos chegando e já dava para ver o acampamento deles; tinha muita casa, muito *kubẽ*! De repente se aproximaram uns militares apontando arma para nós. Eu tomei a frente e disse a eles:

— A gente não é animal pra vocês apontarem arma!

Tomei a arma de um deles e o Aritana tomou a de outro.

Fui até a casa do coronel levando as armas.

— Seu pessoal apontou arma pra gente, e eu tomei as armas deles. Não peguei estas armas pra mim não, vim devolver pra você. Fui eu que pedi pra vocês virem. Achei que os militares estavam aqui pra proteger os indígenas. Foi isso que eu pedi pra vocês e foi assim também que o Orlando pediu. Mas vocês se voltaram contra a gente! A gente não aceita que venham aqui na nossa terra apontar arma pra gente pra defender uma estrada. Podem ir embora.

— Sim, Raoni, nós te escutamos. Nós vamos sair.

Mas não saíram. A construção da estrada seguiu seu curso até que ela chegou na beira do rio Bytire. Nesse dia organizaram uma solenidade com a presença do governador do Mato Grosso, do presidente da Funai, Oscar Bandeira de Mello, e do ministro José Costa Cavalcanti. Vieram me avisar:

— Raoni, estão chegando essas autoridades e pediram pra te chamar.

Quando cheguei no porto, já tinha um carro na beira me esperando, mas eu disse que ia a pé. Encontrei com as autoridades e nos cumprimentamos. A imprensa estava lá e eles estavam dando entrevistas. O ministro Cavalcanti e o Bandeira de Mello me pediram para falar.

— O que eu poderia dizer? Já falei tudo o que eu tinha pra falar, e vocês continuam com essa estrada… Não vou falar nada pra vocês.

Depois foram todos comer churrasco e um sujeito me chamou:

— Raoni, o presidente da Funai está te convidando pra você comer na mesa dele.

Eu fui. Quando terminei de comer, procurei água, mas só tinha cerveja. Fui até a cozinha pedir água, mas o sujeito pegou foi uma cerveja, abriu e me entregou. Tinha dois militares perto de nós e joguei a garrafa no chão bem na frente deles.

— Não tem água aqui não?! Acho que vocês estão querendo embebedar a gente!

Em seguida o Bandeira de Mello veio falar comigo.

— Você podia ter falado na televisão. Eu trouxe muitas coisas pra vocês: cartucho, isqueiros, anzol, linha de pesca, panelas… Muitas coisas.

Eu respondi:

— Não quero suas mercadorias. Não estou pedindo nada disso pra vocês. Se eu precisar de alguma coisa, eu aviso o Orlando, peço pra ele comprar e eu distribuo pra comunidade. Mas eu não vou aceitar essas coisas que vocês trouxeram pra comprar meu apoio a essa estrada.

E fui-me embora.

BANG BANG

Com a construção da estrada aumentaram muito as invasões. Bem perto da nossa terra se formou um povoado que ficou conhecido como Bang Bang —

e hoje é o município de São José do Xingu. Uma vez fui ao Bang Bang, encontrei com uns *kubē* colocando um monte de coisa num carro e perguntei para onde estavam indo.

— Estamos indo fazer uma roça bem ali.

Essa roça era dentro da nossa terra. Na volta pedi para encostar o carro na entrada da picada deles. Eles já estavam começando a limpar a área e pedi para um sujeito chamar todo mundo para escutar minha fala. Ele gritou para o pessoal e eles vieram. Perguntei quem tinha autorizado a abrir roça naquele lugar e eles responderam que tinha sido o patrão deles. Eu disse:

— Seus chefes mandaram vocês virem derrubar a floresta, mas esta terra não é deles, esta terra é do meu povo. Vocês podem ir embora, porque meu povo precisa desta floresta. Estou avisando vocês.

E eles disseram que iam embora.

No Piaraçu tinha um sujeito por nome Amâncio, um dos primeiros colonos que apareceram por lá. Perguntei a ele:

— Amâncio, foi você que autorizou aquele pessoal a vir derrubar a floresta?

Ele respondeu que não estava sabendo de nada.

O clima estava muito tenso. Faltava pouco para matarmos uns aos outros. Uma vez houve um confronto armado, mas ninguém morreu. Eu cheguei à noite, depois que tudo já tinha terminado.

— E aí, o que aconteceu?

— A gente trocou tiros. O Anhê atirou num cachorro e os brancos revidaram. A gente não matou ninguém.

— Então vamos embora. Vocês não conseguiram...

Se eles tivessem me esperado, se eu estivesse junto com eles, aqueles *kubē* que estavam no Piaraçu, o pessoal do Amâncio, teriam sido os primeiros a morrer.

Certo dia o Amâncio veio me falar que tinha outros *kubē* derrubando a mata, que era muita gente, desmatando uma área enorme.

— Aquilo ali já está virando uma fazenda!

Eu conversei com meu pessoal e eles foram verificar. Na volta me contaram:

— É verdade. Os brancos já estão destruindo tudo.

No dia seguinte caminhei até lá. De longe já se podia ouvir o barulho das máquinas. Quando cheguei, fiquei impressionado: tinha muita gente acampada, muitas redes. Procurei pelo responsável e pedi para ele reunir todo mundo para escutar a minha fala. Assim eu disse a eles:

— Esta terra é nossa. Eu já falei pro presidente da Funai que aqui não pode ser desmatado. Quem autorizou vocês a fazerem isso? Podem sair daqui agora mesmo!

Na hora eles mentiram para mim. Disseram que tudo bem, que iam embora, e já foram até arrumando suas coisas. Mas dali a poucos dias fiquei sabendo que continuavam todos lá, no mesmo local. Reuni os guerreiros na casa dos homens.

— E agora, Ropni? O que você está pensando?

— Vamos matar todos eles. Quero somente conversar com o Cláudio antes, quero saber a opinião dele. Esperem que, quando eu voltar, a gente vai junto matar os *kubẽ*.

Naquele tempo o Cláudio estava no Diauarum, ele ainda trabalhava conosco. Fui conversar com ele.

— Cláudio, chegaram mais brancos, invadiram nossa terra e estão desmatando tudo. A gente está muito bravo. Fui falar com eles e eles mentiram pra mim, disseram que iam sair, mas não saíram.

— E aí, Raoni, o que vocês estão pensando?

— A gente está pensando em matar eles. Meu pessoal já está querendo ir, mas eu pedi pra me esperarem conversar contigo.

Ele estava deitado, ficou pensando um tempo, e me falou:

— Sim. Talvez dessa forma vocês consigam demarcar seu território e impedir as invasões de uma vez por todas. Vou aguardar a decisão de vocês, se quiserem matar os brancos eu não me oponho.

Cláudio queria ir junto comigo, mas eu disse que era perigoso.

— Você fica.

E eu já estava me preparando para partir quando me avisaram pelo rádio que os guerreiros já tinham saído para matar os *kubẽ*.

— Mas eu falei pra eles me esperarem!

— Sim, mas eles já foram.

Desci rio abaixo, mas só cheguei à noite. Encontrei uns Ngôjrẽjre numa praia um pouco acima do porto. Eles tinham fugido com medo dos brancos, sem coragem de participar do confronto. Perguntei para eles:

— E aí?

— Já mataram os *kubẽ*! Agora viramos inimigos.

Eles disseram que meu filho Ôjpôj estava no meio do pessoal e que parentes de outros povos tinham participado também. Fui atrás deles, mesmo sendo noite. Encontrei todos na beira do Bytire, para onde eles tinham voltado depois de matar os brancos. Mataram onze *kubẽ*. Então combinei com eles sobre a realização do *mẽ kurwỳk*, o ritual de retorno da guerra.

— Eu vou voltar na frente pra aldeia e vocês voltam com o *mẽ kurwỳk*, entoando o canto da vitória.

Fui primeiro para preparar o ritual, e no dia seguinte o pessoal chegou fazendo o *mẽ kurwỳk*, junto com alguns outros parentes Ngôjrẽjre, Kaiabi e Kruwatire.

No outro dia o Cláudio veio me perguntar sobre os fatos e disse que um coronel estava chegando de avião, se eu poderia participar de uma reunião com eles. Cheguei um pouco antes e logo pousou um Bandeirante e os militares desembarcaram todos com suas armas. Cláudio disse que só ficariam na pista de pouso e pediu que eu fosse até eles. Eu não fiquei com medo, afinal era para proteger a nossa terra para os meus netos viverem em paz que eu estava lutando. Somente o coronel nos cumprimentou e começou a me fazer perguntas sobre o fato. Contei tudo o que tinha acontecido e o Cláudio reforçou a minha fala para ele. Um dos *kubẽ* tinha sido golpeado com borduna, mas não tinha morrido, e ao se despedir o coronel disse que levaria esse rapaz no avião. Eu quis ir lá ver o *kubẽ*, mas o Cláudio achou melhor não. Depois que foram embora, o Cláudio me elogiou:

— É assim que você tem que fazer. Mesmo quando as autoridades ficarem bravas, você tem que ser firme com elas!

Voltei para a aldeia e em dois dias recebi recado pelo rádio de que estavam me chamando em Brasília para eu esclarecer o acontecimento. Por causa dessa história as autoridades ficaram muito tempo me interrogando. E eu contei tudo a elas. Cheguei em Brasília e fui direto para a Casa de Apoio à Saúde Indígena (Casai). Alguns parentes foram comigo e outros já estavam por lá. Ficamos assistindo as notícias na televisão. Depois veio um policial e me falou:

— Raoni, venha comigo pra você contar o que aconteceu.

Na delegacia, me fizeram muitas perguntas e eu respondi todas:

— Pois é, aconteceu assim, assim e assim. É por isso que os guerreiros fizeram isso.

No dia seguinte, bem cedo, eu estava tomando café quando o Sebastião Terena veio falar comigo.

— Tio, o novo presidente da Funai está te esperando lá. Disse que vai falar muito sério com você. Eu ouvi quando ele disse isso.

— Tá bom, vamos lá, então.

Chegamos na Funai e subimos até a presidência. O Cláudio e o Orlando chegaram em seguida.

Naquela época o presidente da Funai era o Nobre da Veiga. Ele já começou falando grosso comigo, criticando os indígenas. Eu fiquei revoltado.

— Calma, converse comigo direito.

Ele estava bravo, gritando, então eu peguei minha bordunha. Bastou eu levantar a arma que o pessoal que acompanhava o presidente saiu correndo, com medo. Mas o Cláudio segurou meu braço para me conter.

— Raoni, calma, não faça isso, deixa ele.

Abaixei a bordunha. O Cláudio se virou para o presidente e disse:

— O Raoni não é um moleque. Você deveria conversar com ele com calma e deixar ele se explicar. Por que é que você está agindo dessa forma? Se eu não estivesse aqui, ele teria te matado, assim como mataram aqueles brancos.

Em seguida o Orlando falou a mesma coisa para ele, que se acalmou. Depois o Orlando me disse que eu estava certo.

— Raoni, você tem que ser forte pra defender a terra de vocês, defender seu povo!

Esta minha luta a nova geração não reconhece, não sabe do meu trabalho.

Depois do almoço fui me deitar, queria descansar um pouco, mas logo fui chamado novamente pelos militares, e relatei mais uma vez tudo o que tinha acontecido. Voltei para a Casai e já ia anoitecendo quando me chamaram novamente para prestar esclarecimentos. Aí eu perdi minha paciência.

— Eu já contei todas as verdades sobre os fatos ocorridos, e vocês vêm fazer de novo as mesmas perguntas? O que é isso! Vocês estão bravos comigo e eu também estou bravo com vocês!

Os dois parentes meus que estavam comigo ficaram preocupados na hora, mas eu disse para eles ficarem tranquilos, que não precisavam ter medo. O coronel falou:

— Tudo bem, Raoni, era só isso que a gente queria saber. Este foi o último interrogatório, você realmente já contou tudo o que tinha pra contar.

No outro dia o Cláudio me disse que o Jean-Pierre Dutilleux estava me esperando em São Paulo. Nós tínhamos nos conhecido alguns anos antes, ele visitou minha aldeia e fez um filme sobre a nossa situação. Antes de partir, fomos almoçar na Casai, onde eu encontrei com uma mulher Xikrin.

— Ropni, pra onde você está indo desta vez?
— Estou indo pra São Paulo, onde pediram minha presença.
— Quando eu te vi enfrentando os *kubẽ*, eu fiquei pensando que se eu fosse homem, eu ia te acompanhar! A gente ia lutar junto! Eu observei que esses dois Kayapó aí que estão com você, eles são muito medrosos!

Eu ri dessa fala dela.

Em São Paulo o Jean-Pierre me disse que o filme tinha gerado algum recurso e que eu poderia usar o dinheiro para fazer algumas compras para a comunidade. Eu recebi o recurso em dinheiro vivo, nas minhas próprias mãos; eram muitas notas.

— O que você vai comprar com esse dinheiro?
— Pretendo comprar algumas espingardas.

E fomos à loja. Naquele tempo a .38 estava com modelos novos. Escolhi umas .38, umas .32, entre outras. Com aquele dinheiro eu consegui comprar muita espingarda para o pessoal, mas acho que eles já devem ter perdido todas... Na hora de pagar eu passei somente uma parte de dinheiro e sobrou um tanto. Naquela época os preços dos produtos eram mais baixos.

— Raoni, sobrou dinheiro...
— Então vamos comprar munição.

Compramos a munição e o dinheiro que sobrou já era pouco. Ele perguntou:

— E agora, o que mais você quer comprar?
— Vamos comprar uns shorts pros homens.

E terminei de gastar aquele dinheiro na loja de shorts. Foram essas as minhas compras. Ele me perguntou onde poderíamos guardar as espingardas, e respondi que podia ser na casa dele mesmo.

Estávamos lá quando me avisaram que o meu povo tinha massacrado os *kubẽ* novamente. Pensei que deveria ser o pessoal de Gorotire. Jean-Pierre pediu que eu acompanhasse pela televisão, que às cinco horas da tarde ia passar outra vez o noticiário. Ficamos esperando até que saiu a reportagem, onde vi uma entrevista com meu primo Ytere e confirmei que realmente tinham sido os Gorotire. Meus parentes tornaram a ficar preocupados, achando que a repercussão daquele fato poderia nos prejudicar. Mas eu disse que não.

— Eu entendo o que eles fizeram. Talvez seja somente assim que eles vão conseguir demarcar o território deles pra viverem em paz.

Fiquei torcendo para que desse certo e conseguissem aumentar e demarcar a sua área.

Logo comecei a ouvir uns boatos de que os *kubẽ* iam revidar, que iam atacar os indígenas. Fui tratar disso com o Orlando, que já estava sabendo dessas ameaças e foi para o exterior com Aritana para fazer denúncias e pedir o apoio das autoridades internacionais para nossa proteção. Eles estavam preocupados comigo.

— Os brancos podem querer te matar.

Mas eu disse a eles que não tinha medo de morrer.

Chegou o dia de voltar para a minha aldeia. Uma funcionária da Funai mandou uma Kombi para nos levar ao aeroporto, e carregamos a Kombi com as espingardas. Fui para a aldeia Kretire. Nós já tínhamos aberto a pista de pouso lá. Tudo com nossas próprias mãos, brocando mato, quebrando as pedras. Não foi com trator ou outra dessas coisas. (Hoje, os jovens não têm mais essa disposição. Querem tudo fácil para eles. Não sei o que eles estão pensando...) Vi ao longe o rio Bytire e enfim pousamos em Kretire. No outro dia fui distribuir as espingardas. Uma sobrinha minha que estava me acompanhando disse:

— Nossa! Se eu fosse homem, eu ia pedir uma dessas espingardas pra mim!

— Sim! E eu entregaria uma pra você!

A LUTA EM BRASÍLIA

Nos anos seguintes passei a frequentar muito Brasília. Depois que fizeram a estrada e reduziram os limites do Parque do Xingu, deixando nosso território de fora, os brancos tentaram a todo custo fazer com que nós, Mēbêngôkre, saíssemos de nossa terra e nos mudássemos para dentro do Parque. Mas não aceitamos sair da nossa região tradicional, e comecei a lutar em Brasília pela demarcação da nossa própria terra.

O Nobre da Veiga foi substituído pelo Leal na presidência da Funai e passei a tratar diretamente com ele sobre nosso território. Participava de audiências com ministros e outras autoridades. Naquela mesma época o Mário Juruna foi eleito deputado federal.

Passei a acompanhar as pautas no Congresso Nacional que tratavam dos direitos e das terras dos povos indígenas. Uma vez estavam discutindo sobre mineração em terras indígenas e o Leal veio me convidar.

— Raoni, vai lá acompanhar o que os congressistas estão tratando.
— Sim, eu vou.

Fomos somente eu e o Sebastião Terena, e ao chegarmos na entrada do plenário, um segurança me deteve.

— Você não pode entrar.
— Vou entrar sim! Eles estão tratando sobre terras indígenas e eu preciso dar minha palavra aos deputados. Eles precisam me ouvir.

Afastei o segurança e entramos. O antigo presidente da Funai com quem eu tinha brigado estava lá. Comecei a acompanhar as falas dos deputados. Estavam defendendo a exploração de minérios e madeira em terra indígena. Eu fiquei ouvindo aquela conversa e pensando que aquilo que estavam planejando ia acabar com os indígenas. Pouco depois, o deputado que estava presidindo a sessão falou:

— Agora vamos ouvir o que o Raoni tem pra dizer. Ele também precisa opinar sobre esse assunto.

Então comecei minha fala:

— Eu ouvi vocês tratando sobre terra, minério e madeira, querendo explorar essas coisas dentro das terras indígenas. Mas essas terras não são de vocês. A gente, que vive nelas, não aceita. Seus antepassados não são daqui. Vocês vieram do outro lado do mar querendo tomar o que é nosso. Essa bandeira aí —

apontei para uma bandeira do Brasil —, ela representa um território onde sempre viveram os povos indígenas. Era tudo nossa terra antes de vocês chegarem. Vocês precisam respeitar isso.

Dali a um tempo chegaram em Brasília meus sobrinhos Kubẽ-i, Tapiêt e Paiakan. O Megaron já estava comigo. Eles me viram no noticiário e resolveram me encontrar. Era sábado, estávamos descansando na Casai quando eles chegaram.

— Tio, você falou muito bem com os brancos. A gente viu pelo jornal, por isso a gente veio te encontrar. Nunca ouvimos uma fala assim como a sua. Agora estamos aqui e daqui pra frente vamos lutar juntos.

— Está bem — eu disse —, vamos lutar juntos por nossas terras.

Na outra audiência no Congresso, eu já levei esses meus sobrinhos e disse a eles:

— Vamos entrar e sentar todos juntos.

Mas ao me ver, o presidente da sessão me chamou:

— Cacique Raoni! Venha se sentar junto de mim, você e Paiakan.

Quando os deputados terminaram suas falas, o presidente me passou a palavra. Falei para o meu sobrinho Paiakan:

— Desta vez eu quero falar na nossa língua e quero que você traduza pro português.

Assim fizemos e fomos aplaudidos.

De outra vez eu estava na minha aldeia quando me chamaram para ir a Brasília, porque a situação estava feia para o deputado Mário Juruna. Ele estava fazendo umas falas muito duras contra os militares e contra a Funai, e começou a sofrer muita pressão por isso. Dessa vez foram comigo, acho, o Yanakula, o Marcos Terena e o Aritana. Primeiro fomos falar com o Leal. Nós nos cumprimentamos e o Yanakula iniciou a conversa. Mas o presidente da Funai estava muito exaltado, retrucava e interrompia o Yanakula o tempo todo, até que eu disse:

— Presidente, fique quieto pra escutar a fala dele. Quando ele terminar, todos nós também vamos falar e, aí sim, você faz a sua fala. Nós viemos das nossas aldeias pra conversar com você e depois vamos conversar com o Mário Juruna também, pra resolvermos essa situação.

E todos nós fizemos nossas falas em defesa dele.

Na saída, Aritana me disse:

— Tio, vou te falar uma coisa: se fosse somente a gente, ele não teria escutado, mas com a sua presença a gente conseguiu conversar com ele.

Então fomos conversar com Mário Juruna em seu gabinete. Eu disse a ele:

— A gente conversou com o presidente da Funai e agora a gente veio conversar contigo. Mário, me escute, você é deputado, é um representante do povo, você tem que ter calma pra trabalhar com seus colegas, com outras autoridades. Não fique falando mal deles o tempo todo, senão eles vão te perseguir, e você precisa continuar aqui pra ajudar nossos parentes que estão nas aldeias, pra defender nossas terras. É isso que eu vim falar pra você.

Ele continuou sentado e me disse:

— Raoni, é verdade, você está certo. Mas vocês vieram até aqui, me defenderam e eu fiquei contente com isso.

Mais tarde nós assistimos a repercussão desse fato na televisão.

A DEMARCAÇÃO DA TERRA INDÍGENA CAPOTO/JARINA

No início, os limites do Parque do Xingu iam até a boca do rio Bytikrengri, assim foi feito o decreto. Quando reduziram o Parque, passamos às tratativas para definir os limites e demarcar a Terra Indígena Capoto/Jarina. Aceitamos que fossem apenas quarenta quilômetros a partir das duas margens do rio Bytire, o limite norte atravessando o Bytire bem próximo à cachoeira Mop'ã ngôrãrãk, onde tem o pé de jatobá. O próprio Cláudio disse que o limite da demarcação realmente seria dessa forma. Já estava tudo conversado, mas fizeram diferente: disseram que na margem direita iam demarcar com apenas quinze quilômetros.

Enquanto negociávamos a demarcação em Brasília, nossa terra seguia sendo invadida. Ficamos muito revoltados. Faltava pouco para nós promovermos outro massacre. Foi muita luta, muito movimento, até que tomamos a balsa e fechamos a estrada.

A Funai mandou para lá o Cláudio Romero e o Sidney Possuelo, para quem demos o nome de Bebati. Eles me encontraram e fomos juntos para Piaraçu, com um pequeno grupo onde estava também o Prepori e o filho dele.

Encostamos o barco e o Bebati foi na frente para ver se tinha gente.

— Acho que não tem ninguém!

Fomos caminhando até chegar num lugar aberto. Os peões estavam quietos, escondidos, e assim que passamos, eles vieram apontando arma para nós. Apontaram arma no meu peito, na minha nuca e nas minhas costas. Os *kubẽ* estavam muito exaltados. Os indígenas que estavam comigo correram. O Prepori disse:

— Raoni! Volta, vamos embora! Os brancos vão atirar na gente!

— Não! Vocês voltam, e se eles me matarem, vocês testemunham e contam sobre mim.

Então me posicionei do lado de um tambor grande e também mirei minha arma neles. O Cláudio Romero foi conversar com eles; ele também estava bem exaltado, falando alto. Se atirassem nele, eu ia revidar, estava só esperando alguém atirar nele. Mas os ânimos foram se acalmando e conseguimos conversar. De nossa parte deixamos bem claro que só íamos liberar a balsa quando assinassem o decreto de demarcação da nossa terra, e que até lá o Cláudio Romero e o Bebati iam ficar conosco.

Passamos alguns dias nessa situação, e não liberamos a balsa até chegar a notícia de que enfim o ministro Andreazza ia assinar o decreto da demarcação. Eu fui para Brasília, com o Kremôrô, o Krômare… tinha bastante gente. Fomos conversar primeiro com o presidente da Funai, que nos confirmou que o decreto da demarcação já estava autorizado e só faltava a assinatura do ministro.

— Raoni, vai lá se encontrar com ele amanhã. Leva seu pessoal.

Fomos para a chácara onde o pessoal gostava de ficar. Quando amanheceu, tomamos café e partimos. Já tinha bastante imprensa por lá. Esperamos alguns minutos e ele chegou acompanhado do segurança. Fui o primeiro a cumprimentar o ministro, que me disse:

— Raoni, sente-se aqui ao meu lado pra falar alguma coisa.

— Ministro, o que eu poderia falar agora, eu já te falei na outra vez que vim aqui. Eu te falei tudo, a gente fechou um acordo, mas parece que você não escuta e fez diferente. Quero te dizer uma coisa: se todos nós temos ouvido, é pra escutar!

Nesse momento eu puxei a orelha dele e o pessoal me aplaudiu. Eu continuei:

— Essa terra que você vai assinar é a terra onde viveram os meus avós, é a terra do meu povo. É só isso que eu tenho pra falar.

Em seguida Megaron traduziu para ele. O ministro disse que escutou minha fala e assinou o decreto. Foi assim que conseguimos demarcar a Terra Indígena Capoto/Jarina.

APOIANDO A LUTA DE OUTROS POVOS PELA TERRA

Pouco depois a presidência da Funai mudou, e quem assumiu foi o Marabuto. O Cláudio Romero continuava trabalhando conosco, e sempre que havia alguma coisa acontecendo, ele passava para mim. Naquele tempo o povo Apinajé estava passando por uma situação muito difícil por causa das invasões à terra deles. Vinham sofrendo com muitas ameaças, estavam em conflito com os brancos, que queriam expulsar aquele povo de seu próprio território.

Cláudio Romero falou comigo sobre o assunto, perguntou se eu poderia ajudar na demarcação do território deles.

Cheguei em Brasília e fui ter com Marabuto na sala dele. Nós nos cumprimentamos, me sentei e ele me passou o que estava acontecendo.

— O Cláudio Romero me falou sobre você, pra eu ver contigo se você pode acompanhar a situação dos Apinajé e ajudar na demarcação do território deles. Ele me disse que só você tem coragem pra enfrentar uma situação como essa.

— Sim, meus parentes sempre viveram naquela terra e ela ainda não está demarcada. Os brancos querem expulsar aquele povo, estou sabendo que está havendo conflitos. Realmente preciso ir até lá pra ajudar a demarcar a terra deles. Só assim eles vão poder viver em paz.

O Me-yre e o Krômare disseram que queriam ir junto comigo. Fomos nós três, num avião Bandeirante, para a terra dos Apinajé. No caminho o piloto foi mostrando as aldeias do povo Krĩkati, do povo Krahô, até pousar na aldeia dos Apinajé, que fica às margens do rio Kôkati. Os caciques da aldeia eram o Katàp e o Kangrore. Já tinham chegado outros parentes, os Xavante, os Krikati, os Krahô... Estavam todos numa casa, e eu falei:

— Aquela casa já está cheia de gente. Eu tenho uma irmã que mora aqui, o nome dela é Pãjmy, talvez a gente possa ficar lá.

Perguntei onde ficava a casa dela e o pessoal me mostrou. Quando nos encontramos, perguntei a ela se tinha espaço para nós. Pãjmy disse que sim.

— Vocês podem ficar aqui.

E armamos nossas redes.

A situação estava bem complicada, os brancos estavam se organizando para atacar os indígenas por aqueles dias. O Cláudio Romero estava me esperando, e havia dois jornalistas com ele que queriam ir na frente conversar com aqueles brancos.

— Raoni, nós vamos na frente. Estávamos esperando sua chegada pra pedir sua permissão.

Eu disse:

— É melhor vocês passarem a noite na aldeia e a gente vai junto amanhã.

Mas um dos sujeitos me disse que eles queriam ir logo, que os brancos já estavam muito bravos. Eu falei:

— Sim, eles estão bravos mesmo.

Tentei segurar os dois na aldeia, mas eles foram assim mesmo, dizendo que voltariam no mesmo dia. Anoiteceu, ficamos esperando por eles, e quando eu dormi, sonhei que os jornalistas tinham sido presos pelos militares.

Quando foi amanhecendo o dia, o Cláudio Romero encostou na casa da Pãjmy e disse que estava preocupado com eles. Já tinha passado muito da hora que eles tinham dito que iam voltar. Eu disse:

— Acho que os militares já prenderam os jornalistas lá. Eu tive esse sonho.
— O que vamos fazer?
— Eu vou lá libertar os dois.

Os parentes Xavante, Xerente e Krahô disseram que queriam ir comigo, mas eu disse para eles me esperarem na aldeia, que se fosse todo mundo poderia haver conflito. Cláudio Romero concordou.

— Somente o pessoal do Xingu vai acompanhar o Raoni. O povo aqui da região fica esperando. Tapiêt vai dirigindo.

Fomos eu, o Kukryt, o Krãdidi e o Kuiusi, foram esses que me acompanharam. Quando entramos no carro, eu disse para ficarmos atentos.

— Esta noite eu sonhei que a gente estava próximo de uma bifurcação da estrada e os militares apareciam no sentido contrário. Quando a gente se cruzava, eu pedia pra alguém acenar com a mão pra eles pararem e a gente conversar. Se o carro deles realmente cruzar com o nosso, vocês fiquem no carro e só eu saio para acalmar os militares. Depois vocês saem.

Seguimos pela estrada até chegar perto de uma bifurcação, onde apareceu o carro dos militares vindo no sentido contrário. Falei para o meu sobrinho

Tapiêt acenar com a mão, ele acenou, os militares fizeram a volta e encostaram o carro perto do nosso. Quando o major me viu, ele falou:

— É o Raoni, o líder dos indígenas!

Eu perguntei ao coronel:

— O que vocês estão indo fazer?

E ele disse que estavam atrás de um carro verde que ia carregado de coco-babaçu. Falei pra ele não mentir.

— Coronel, não adianta tentar me enganar. Sei que tem muita gente vindo atrás de vocês, mas a gente não veio pra entrar em conflito. Eu vim, junto com meus parentes, pra demarcar os limites do território Apinajé. Vocês podem ficar tranquilos que eu só vou fazer a demarcação e depois vou embora. É só isso que eu tenho pra te dizer.

O major disse para o coronel que o que eu estava falando estava certo, que o chefe deles é que não entendia das coisas.

— Raoni, você falou muito bem. Agora vocês podem voltar pra aldeia, que nós vamos voltar daqui e falar pros brancos pra eles voltarem pra trás também.

— Não. A gente vai junto até a cidade. Eu quero conversar com o chefe de vocês, depois eu volto.

— Então tá. Nós vamos escoltar vocês.

Os militares foram na frente e nós seguimos seu carro, até que topamos com os invasores. Eles vinham em vários veículos, um atrás do outro. Pararam os carros, o pessoal desceu, e nos rodearam apontando armas para nós. O coronel e o major saíram do carro com armas em punho e se colocaram entre os dois grupos. Eu também desci e comecei a jogar meu remédio neles. O Kukryt foi passando a mão na testa deles, que iam abaixando as armas. E o coronel falou com eles.

— O Raoni já conversou com a gente, eles não vieram pra fazer conflito.

E conseguimos fazer com que eles recuassem.

Depois que eles foram embora, meu sobrinho Tapiêt veio falar comigo.

— Tio, vou falar pra você, naquele momento que você passou a receita neles, o meu espírito saiu do meu corpo... Como você fez aquilo? Como você conseguiu acalmar os brancos? Se a gente vivesse perto, eu ia querer aprender contigo!

O Krãdidi falou a mesma coisa. Eu disse para eles que os brancos não estavam de brincadeira. Quando chegamos na delegacia, havia muita gente, muitos soldados, e o major ficou pedindo para o pessoal se acalmar, dizendo que os indígenas não estavam ali para brigar. Eu queria falar com o chefe deles, e o coronel me disse:

— Espera que eu vou chamar.

Mas ele voltou sozinho.

— Ué, cadê o chefe?

— Eu chamei, mas ele não quis vir, disse que está com medo de você.

Então eu chamei o Kukryt e entramos na delegacia. Passamos por duas salas e chegamos na sala dele. Só estava ali sentado um sujeito que trabalhava com o chefe. Ele explicou:

— Ele foi embora. Disse que estava com medo do Raoni.

Falei para ele que eu não estava ali para matar ninguém, que eu queria apenas conversar.

— Eu só vim aqui pra demarcar a terra pros meus parentes!

Ainda procuramos o chefe nos fundos da delegacia, mas não achamos.

Nesse meio-tempo o pessoal que estava na aldeia ficou preocupado e veio atrás de nós. De longe eu os vi chegando.

— O pessoal está vindo atrás da gente.

Eram uns três ou quatro ônibus cheios, mais uns carros pequenos. O pessoal ficou feliz de me ver. O Cláudio Romero achava que os militares tinham me prendido.

— Por isso nós viemos atrás de vocês. Estava todo mundo pronto pra enfrentar os militares.

Mas eu falei que já tinha conversado com eles e naquele momento a situação tinha se acalmado. Que nós podíamos voltar para a aldeia para nos organizarmos.

— O que a gente faz agora, Raoni?

— Vamos fazer o seguinte: vou falar com a Funai, com o Marabuto, pedir a presença dele aqui e pedir pra ele mandar umas espingardas pra gente.

E fomos até a cidade de Nazaré para falar no telefone. Liguei para o Marabuto e avisei a ele que os brancos estavam planejando atacar a aldeia.

— Estamos à beira de um confronto.

Pedi para ele mandar dez espingardas, munição e remédios.

No dia seguinte o Marabuto e o Megaron chegaram de avião junto com muitos militares. Eles levaram as coisas que eu pedi, e colocamos as espingardas no carro, com a munição e os remédios, para guardar no posto de saúde da aldeia. O Me-yre e o Kremôrô queriam pegar umas espingardas para levar para eles, mas eu disse que não, que aquelas eram do pessoal de lá. Que em Brasília eu poderia conseguir outras para eles levarem para a aldeia. Eles insistiram, dizendo que queriam pegar daquelas, mas eu neguei.

— Essas são desse pessoal daqui.

Era eu que conseguia as espingardas para eles; ninguém conseguia espingardas como eu. Quando encontrou os caciques Katàp e Kangróre, o Marabuto falou para eles:

— O Raoni vai ficar com vocês até a demarcação da terra sair. Depois ele pode ir embora.

Mais tarde me disseram que um velho chamado Kunitý estava contando histórias sobre os nossos antepassados, e eu disse que queria escutar também. No domingo eu fui visitar o velho. Entrei em sua casa, e ele estava deitado, quieto. Sua mulher avisou que eu tinha chegado e ele se sentou. Eu disse:

— Eu vim pra escutar suas histórias sobre nossos antepassados.

A velha me convidou para sentar, eu me sentei e ele começou a contar muita história. De quando ele era jovem e andava enfrentando outros inimigos. Passavam três anos caminhando, depois voltavam para a aldeia e realizavam os rituais e as danças tradicionais. Ele me perguntou se nós ainda fazemos nossos rituais, e disse:

— Hoje os jovens só querem falar em português, e isso está enfraquecendo nossas tradições.

Em seguida, a mulher do cacique me chamou para almoçar e disse que as mulheres queriam conversar comigo. Elas foram se reunindo e pediram para eu me sentar. Uma velha se levantou e começou sua fala:

— Nós somos parentes, nós nos dividimos quando nossos antepassados cortaram o pé de milho. Raoni, estamos felizes que você está aqui pra fazer a demarcação do nosso território.

Outra velha me perguntou onde morávamos, e eu respondi que morávamos no rio Bytire, conhecido como Xingu; ela me disse que já tinha ouvido falar sobre o rio Xingu. Outra mulher disse:

— Raoni, vou falar pra você. Depois que você demarcar a nossa terra, nós, mulheres, queremos pedir pra você conseguir um carro pra nós. Porque nossos maridos não são bravos como você. Eles não são tão guerreiros pra defender a gente, pra conseguir as coisas com os brancos e pra fazer com que eles nos respeitem. Era isso que a mulherada queria passar pra você.

Eu me levantei e disse que entendi a fala delas.

— Assim que eu conseguir demarcar a terra, vocês vão poder viver em paz. Já está próximo de sair o documento com os limites da terra da forma como vocês precisam. O presidente da Funai veio até aqui e me garantiu que assinaria a demarcação da área Apinajé.

E elas pediram para eu ficar até a assinatura sair de verdade. Eu estava mesmo pensando em ficar, mas um rapaz veio atrás de mim dizendo que estavam me chamando no rádio. Foi quando fiquei sabendo que meu filho caçula Prêjkỳre estava doente, com diarreia e fraqueza, e que a minha mulher tinha levado esse meu filho para Brasília. Resolvi voltar. Falei para o Cláudio Romero pedir para o avião Bandeirante me levar a Brasília. Uma moça, filha da Pãjmy, disse que queria ir junto.

— Se sua mãe autorizar, tudo bem.

Eu perguntei para a mãe dela, que autorizou. Então voltamos para Brasília, quatro pessoas, e assim que chegamos, eu fui direto para o hospital. Vi que o Prêjkỳre estava muito fraco. Tinha umas mulheres Yawalapiti junto com a minha mulher e elas estavam chorando. Eu perguntei a ela como estavam as coisas e ela disse:

— Nosso filho está muito mal.

— O que você comeu?

— Comi peixe.

— Por isso ele está assim...

Fiz um tratamento de pajé e depois fui comprar fruta para ele. No dia seguinte ele já estava melhor. Era um domingo e nos convidaram para ir banhar num rio. Havia muita gente lá e um pessoal que estava cozinhando um mocotó me ofereceu um pouco. Eu acabei comendo e logo o Prêjkỳre voltou a ter diarreia. Davam remédio para ele, mas não adiantava. Avisei ao doutor que eu precisava levar meu filho para a aldeia para fazer o tratamento tradicional, que o remédio da cidade não estava dando resultado. Ele liberou, e eu solicitei o avião ao Marabuto. Antes de sair, ainda consegui umas espingardas: uma para o Kremôrô, uma para o Krômare e outra para o Me-yre.

Logo após minha partida o governo assinou o documento da Terra Indígena Apinajé. Assim foi a minha história na aldeia dos Apinajé, onde eu enfrentei os brancos e ajudei nossos parentes a conseguirem a demarcação definitiva da sua terra.

Passado um tempo, ainda era o Marabuto na presidência da Funai, me procuraram dizendo que os indígenas do Paraná estavam passando por dificuldades e me convidaram para ir até lá. Viajei para Curitiba e no dia seguinte, pela manhã, saí num carro da Funai para visitar os parentes. Eram do povo Xokleng e Kaiowa. Visitamos algumas comunidades, e quando estava quase anoitecendo, chegamos na comunidade da Mangueirinha. O cacique nos cumprimentou, nos levou à casa dele, preparou a janta e disse:

— Vocês podem dormir aqui e amanhã a gente conversa.

Ao adormecer, no meu sonho eu via os policiais chegando. Eu conversava com eles e eles iam embora.

De manhã o povo se reuniu para conversar. O cacique deles se aproximou e disse:

— Raoni, me escuta. Aqui os brancos estão ameaçando a gente; até a própria polícia. Querem tomar nossa terra que sobrou. A gente estava te esperando pra escutar sua fala sobre a nossa situação.

— Sim, vou falar. Esta terra é de vocês. Os antepassados de vocês sempre viveram aqui. Agora que os brancos chegaram, eles vão querer tomar a terra pra eles. Nós precisamos nos defender, exigir que nos respeitem, nos escutem e demarquem nosso território tradicional.

Quando eu estava terminando de fazer essa minha fala, os policiais apareceram com suas espingardas a tiracolo. Os parentes todos ficaram preocupados. Esperei que eles se aproximassem e disse:

— Estou aqui nos meus parentes pra conversar com eles. Não vim aqui pra entrar em confronto com vocês. Podem voltar daí mesmo!

E os policiais deram meia-volta e foram embora. Os parentes disseram:

— Raoni mandou os policiais embora! Se não fosse o Raoni, a gente seria atacado novamente!

Depois fomos visitar outras comunidades. Numa delas, quando paramos o carro, as poucas pessoas que havia ali saíram correndo. O funcionário da Funai pediu para elas voltarem.

— É o Raoni que chegou aqui! Ele veio pra ajudar vocês a demarcar a terra pra vocês plantarem seus alimentos!

Eu também falei que eles não precisavam ficar com medo. Estavam reticentes, mas vieram voltando. Um deles começou a conversar comigo.

— Raoni, a gente está com muito medo. Os brancos estão matando a gente. Quando nossos parentes saem pra algum lugar, a gente fica preocupado deles não voltarem, de serem assassinados. Com tantas mortes, sobraram poucas pessoas aqui.

Quando terminaram, eu comecei minha fala:

— Eu escutei o que vocês disseram. Eu vou ajudar a demarcar a terra de vocês, pra vocês terem paz, fazerem suas roças e plantarem seus alimentos.

No outro dia já fui conversar com o governador. As autoridades de lá, todas se reuniram para me receber. Quando chegamos, um deles disse assim:

— O cacique Raoni chegou. Vamos fazer silêncio pra ouvir a fala dele. — E se dirigindo a mim, continuou: — Você passou em vários lugares e agora a gente te convida pra estar aqui com a gente.

E me passou a palavra. Comecei a falar que os parentes que eu visitei precisavam de proteção, precisavam ter suas terras demarcadas e preservadas para plantar seus alimentos.

— Nenhum branco vivia aqui, somente nós, indígenas. Me contaram que os velhos caciques trabalharam pros brancos e respeitavam a todos. Mas vocês enganaram esses caciques pra tomar suas terras. Continua havendo muitos conflitos. Pra que isso fique no passado, pra que a gente possa conviver em harmonia, os povos aqui do Paraná precisam ter suas terras demarcadas. Algumas comunidades não têm terra pra viver, outras estão vivendo em terras muito pequenas, em beira de estrada. Vocês precisam aumentar os limites e demarcar as terras dos parentes. Só tenho isso a dizer pra vocês.

A CONSTITUINTE

Eu falei duro com muitos brancos para conseguir demarcar as terras indígenas, para que as novas gerações possam viver em paz em seu território tradicional. Falei muito duro mesmo. Esse foi um trabalho muito grande na minha vida, e com essa luta eu ajudei a demarcar a terra de muitos povos. Hoje eu percebo que a população daqueles que tiveram suas terras demarcadas aumentou. Alguns que encontram comigo me dizem isso.

— Raoni, com a sua luta você nos defendeu, conseguimos demarcar nossa terra e nossa comunidade está crescendo.

Vários povos, de diferentes lugares, me falam assim. Eu realmente defendi todos os parentes com a minha luta.

Daquela conversa com o governador e outras autoridades do Paraná, eu saí com a impressão de que eles não iam fazer nada. Fiquei pensando que a nossa luta era mesmo em Brasília. No Congresso estava começando a Assembleia Constituinte; nesse período, as lideranças de todos os povos se uniram para defender nosso direito à terra. Eu frequentava muito o Congresso, participava de audiências, mobilizava meu povo e lutava junto às outras lideranças por uma nova Constituição que garantisse o nosso futuro.

Os governos militares tinham acabado, o presidente que iria assumir faleceu antes de tomar posse e quem estava na Presidência era o Sarney. Eu precisava dialogar diretamente com ele, e fui à Funai pedir para marcarem essa agenda.

— Fale de mim pro Sarney. Diga a ele que quero conhecer o presidente, que preciso falar com ele. Amanhã, porque hoje já está tarde.

— Sim. Vamos marcar essa agenda.

E telefonaram naquele mesmo momento para o Sarney, que disse:

— Está bem. Amanhã o Raoni pode vir falar comigo. Às nove horas da manhã o Raoni pode vir.

No dia seguinte, cedo, eu já estava pronto e fiquei esperando meus sobrinhos chegarem. Fomos à sede do governo e subimos ao gabinete do Sarney. Ele me disse:

— Raoni, você já chegou?

— Sim, eu vim me encontrar contigo.

— Pois sim, pode falar.

— Eu conversei com governadores e outras autoridades, mas como é você que está como chefe maior do seu povo, eu vim aqui falar contigo. Brancos e indígenas precisam viver em paz, sem conflitos, e pra isso é preciso demarcar nossos territórios. Eu preciso que você assine umas demarcações de terras pra mim, por isso estou aqui.

Falei muitas coisas para ele, que me ouviu e disse:

— Sim, Raoni, eu vou assinar. Os antepassados de vocês já viviam nesta terra, você lembrou muito bem. O povo brasileiro precisa entender isso. Assim como eu, muita gente está ouvindo a sua voz. Conte comigo.

— Tá certo. É somente isso que eu vim conversar com você.

E fomos embora.

LIXO RADIOATIVO NO CACHIMBO

Um dia o Cláudio Romero me procurou dizendo que os *kubẽ* estavam falando de colocar lixo radioativo na serra do Cachimbo. Naquele tempo ele já era o presidente da Funai.

— Raoni, você precisa vir aqui pra impedir isso.

Fui para Brasília e ele me contou a história.

— Encontraram um lixo radioativo em Goiânia, uma coisa muito perigosa, e estão planejando jogar esse lixo perto de vocês, na região do Cachimbo. Isso pode trazer muitas doenças. Você precisa impedir. Fale com as autoridades, fale com o Sarney... Diga pra jogarem isso em outro lugar.

Eu concordei, e pedi para ele ligar naquele mesmo instante para o Sarney e dizer que eu precisava me encontrar com ele. Cláudio Romero telefonou e o Sarney disse:

— Sim, tudo bem. O Raoni pode vir.

Fomos até o seu gabinete e ele estava me esperando. Falei muito claro que eu não aceitava que o lixo radioativo fosse para o Cachimbo, que aquela é uma região muito importante para os indígenas e precisa estar preservada. Sarney me disse:

— Está bem, Raoni. Eu já escutei sua fala. Vou pedir pro meu pessoal jogar esse lixo em outro lugar.

E assim foi feito.

INVASÕES

Um dia meu genro veio me avisar que viu uns brancos pescando muito peixe na boca do rio Bytikrengri, no Kapôtnhĩnore.

— Encostei o barco onde eles estavam, encontrei um *kubẽ* com sua esposa e disse aos dois que era melhor eles irem embora. Mas o *kubẽ* respondeu que não ia sair dali.

Não esperei o tempo passar não. Juntei bastante gente para ir lá expulsar os brancos. No caminho passamos por duas cachoeiras, matamos uns jacus, e cantei:

*Àkàre, àkàre
gumõ ne dja
àkàre wa ga
ba pĩ wã tã dja ne
àkàre wa ga
ba pĩ wã tã dja
àkàre wa ga*

*Ave, ave
vamos indo e paramos
Aquela ave é você
e eu fico no galho da árvore
Aquela ave é você
e eu fico no galho da árvore
Aquela ave é você*

Ao terminar o canto, fui limpar um local para fazer o ritual que meu avô fazia quando enfrentava os *kubẽ*. Eu sentia raiva e pensava: "Vou expulsar todos eles".

Vi de longe que os pescadores estavam em muitos barcos com motor de popa e traziam caixas de isopor. Já tinham aberto um caminho por terra e num dos acampamentos havia um ônibus deles. Assim que encostamos nosso barco, os Mẽbêngôkre já queriam tomar as coisas deles, mas eu disse para esperarem que eu conhecesse os invasores. Fui até a beira do rio, onde eles estavam.

— Quem é o responsável de vocês?

Eles me apontaram um *kubẽ*; virei para ele e disse:

— Olha, vocês entraram no nosso território e não estão respeitando a gente. A gente podia atacar vocês pra defender nossa terra. Já está cheio de branco aqui! Quem é que autorizou vocês a virem?

E o *kubẽ* respondeu:

— Foi a Funai que autorizou a gente a vir pescar aqui.

— Mas eu não autorizo! Este rio é nosso. Aqui eu fui criado pelos meus avôs. Vocês não podem vir pescar aqui sem minha autorização! Eu vou conversar com a Funai, mas podem arrumar suas coisas e partir imediatamente!

Os *kubẽ* ficaram com medo.

— Está certo, Raoni. A gente vai embora ainda hoje. Diga pro seu pessoal não matar a gente, precisamos voltar pras nossas famílias!

E eu disse que eles não iam morrer. Depois dessa conversa falei para o meu pessoal que podiam tomar as coisas e procurar as armas. Tomaram tudo tão rápido que para mim sobrou só o rádio e algum combustível. Em seguida entraram no ônibus e partiram.

Perguntei para o meu pessoal se tinham achado as armas e eles responderam que não. Pensei que os brancos deviam ter escondido em algum lugar, porque o chão estava cheio de balas de .38. Mais tarde um *kubẽ* me contou que as espingardas estavam embaixo do ônibus. Se nós tivéssemos aberto o bagageiro, teríamos achado e tomado as espingardas dos invasores.

Sobrou somente uma família, que já estava morando lá. Eu disse que nós íamos permanecer ali até todo mundo sair. O *kubẽ* colocou um milho verde na panela e cozinhou. Depois pescou uns matrinxãs e uns pacuzinhos, a esposa dele cozinhou e nos convidou para comer com eles. Comemos juntos. Falei com esses *kubẽ* que ia ver com a Funai a situação deles, saber para onde iriam se fossem tirados de lá.

No dia seguinte fomos descendo o rio para fiscalizar, e não havia mais ninguém. Na volta topamos com um caititu atravessando o rio, matamos e pusemos no barco. No outro dia a Funai chegou.

— E aí? Como está a situação?

Nós conversamos e o meu sobrinho Megaron traduziu nossa conversa. Por fim o *kubẽ* aceitou ir embora junto com a Funai.

Sempre que eu expulsava os *kubẽ*, eles iam embora sem nada; nós tomávamos tudo. Teve uma vez que os *kubẽ* revidaram e deram tiro no meu pessoal. Perguntei para o meu pessoal se eles não estavam com espingardas para também atirar nos *kubẽ*. Os *kubẽ* são todos medrosos. Não são como os Mẽbêngôkre.

LUTA CONTRA A BARRAGEM

Um dia o Paiakan veio conversar comigo sobre um projeto dos *kubẽ* de barragem no rio Bytire.

— Os *kubẽ* querem construir barragens pra represar a água do Bytire pra uma usina hidrelétrica. Já estão com o projeto pronto. O que a gente vai fazer?

Eu disse a ele:

— Acho que a gente precisa se reunir. Primeiro só nós, indígenas, pra articular nossa estratégia de luta. Meu sobrinho, eu vou dizer pra você: a gente precisa se manifestar contra a construção dessa barragem.

Ele disse que também estava com a mesma ideia. E eu continuei:

— Vamos pedir apoio aos nossos amigos estrangeiros, pra eles nos ajudarem com recursos pra essa mobilização.

Lembrei do Sting, que eu tinha conhecido por ocasião de uma visita que ele fez com a esposa ao Posto Leonardo. Eu lembrei do que ele tinha dito para mim:

— Raoni, quando você precisar de alguma coisa, pode contar comigo.

Fiz alguns contatos, voltei para a minha aldeia e fiquei esperando as respostas. Até que recebi o recado do Sting, que ia apoiar nossa luta:

— Eu vou com vocês nessa mobilização contra a barragem! Vou te buscar de avião em sua aldeia e vamos juntos pra Altamira.

Assim foi. O Sting chegou na minha aldeia num avião Bandeirante e voamos juntos para Altamira. Já tinha muita gente reunida, nosso pessoal tinha se juntado com o pessoal do povo Djore e de outros povos. Era muita gente mesmo. O meu sobrinho Tute me recebeu.

— Eu estava te esperando! Meu tio, vamos lutar juntos contra essa barragem!

— Sim, é por isso que estou aqui.

— Pra esta luta nós temos que estar unidos. São eles os nossos inimigos!

Eu disse que ele estava certo e que eu também tinha essa mesma ideia.

E todo mundo veio me cumprimentar.

No dia seguinte fui ao local da reunião. O auditório estava lotado, muitos guerreiros, muitas mulheres, de vários povos. Eu fiquei impressionado. O Paiakan me indicou um lugar na mesa onde já estavam o Mário Juruna, o Marcos Terena, o Ailton Krenak e outras lideranças.

— Meu tio, você pode se sentar ali.

O representante da usina fez sua fala e ninguém gostou da conversa dele. Em seguida os Mẽbêngôkre fizeram falas muito firmes contra a barragem. A Tuire fez uma fala num tom de voz muito duro e em certo momento encostou seu facão no rosto do representante da barragem. Somente encostou. Se ela tivesse cortado o rosto do homem, todos nós teríamos partido para cima dele. Ela foi aplaudida, e eu disse que tinha que ser assim mesmo.

Depois o Paiakan me passou o microfone, e comecei minha fala:

— Olha, vocês, *kubẽ*, vieram aqui pra gente conversar, mas vocês não querem conversar! Já estão com o projeto pronto. Vocês já destruíram vários rios. Já estragaram um rio, outro rio, outro rio e outro rio. O rio precisa correr pra que os peixes possam viver. Pra que os moradores que vivem na beira possam pescar e alimentar suas famílias. Vocês estão querendo enganar a gente pra tomar o nosso rio. Eu não aceito! Nós, Mẽbêngôkre, não estamos mais fazendo guerra com vocês! Antigamente sim, os nossos antigos guerreiros, eles tinham vontade de matar vocês. Entre nós, que somos caciques, a gente fazia do mesmo jeito, se enfrentava, mas hoje não há mais mortes entre nós. Agora, se vocês continuarem insistindo em barrar o nosso rio, então vamos ter que partir pra guerra!

O Paiakan disse para nós conversarmos com calma com os responsáveis pelo projeto e eu fiquei com vergonha da sua fala. Eu estava muito zangado.

— Então vocês podem conversar com calma aí, que eu vou-me embora!

Quando eu saí do auditório, havia muitos jornalistas na minha frente e eu dei algumas entrevistas. O Sting ajudou a fazer um documento para ser encaminhado a outros países, dizendo que nós, indígenas, não aceitávamos a barragem. Mais tarde o Paiakan leu o documento em plenária e chamou meu nome para eu fazer uma fala de encerramento. Eu e as lideranças que estavam comigo no palco nos demos as mãos e levantamos os braços. O auditório todo aplaudiu e os Mẽbêngôkre puxaram um canto de guerra. Naquele momento nós conseguimos. Com a nossa luta o projeto foi interrompido. Foi muito bonito o que conseguimos fazer. Mas, muitos anos depois, os *kubẽ* conseguiram enganar os parentes e construíram a barragem.

A DEMARCAÇÃO DA TERRA INDÍGENA MẼKRÃGNÕTI

Lutamos muito para conseguir demarcar a Terra Indígena Capoto/Jarina, e ainda assim muitas das nossas aldeias ficaram de fora dos limites.

Um dia o Bepgogoti me procurou dizendo que queria me falar uma coisa importante.

— Bom, meu sobrinho, você conseguiu demarcar terra somente pro seu grupo! — Ele se referia à Capoto/Jarina. — Agora você já pode dizer pro *kubẽ* demarcar a minha terra também, onde eu estou com meus filhos e meus netos.

— Você está certo. Eu vou lutar por isso.

E foi assim, num início de estação chuvosa, que começamos a trabalhar pela demarcação da Terra Indígena Mẽkrãgnõti. O que o Bepgogoti falou para mim eu passei para o presidente da Funai: que muitos parentes Mẽbêngôkre ficaram de fora dos limites da demarcação e nós precisávamos demarcar a terra deles também. Mas ele me respondeu que não tinha recursos para isso. Eu disse:

— Olhe, eu vou procurar um amigo meu que se chama Sting pra ele me ajudar a conseguir os recursos pra demarcar a terra dos meus parentes.

— Tudo bem. Se você conseguir o dinheiro, eu me comprometo a fazer a demarcação.

— Então está certo. Era isso que eu queria saber de você.

Dali a poucos dias o Sting chegou no Rio de Janeiro e fui me encontrar com ele. Contei que eu tinha ido cobrar do presidente da Funai a demarcação da Terra Mẽkrãngoti, mas ele me disse que não tinha condições financeiras para isso.

— Então eu falei de você, disse que ia te procurar pra que me ajudasse a conseguir os recursos necessários pra demarcar nossa terra.

— Tudo bem, Raoni, eu já entendi. Mas eu não vou ajudar você com meu próprio dinheiro. Vou te ajudar a fazer uma campanha e assim vamos arrecadar os recursos necessários pra demarcação.

Assim ele disse, e me disse também para ir até a aldeia do Bepgogoti e pedir para ele fazer um documento por escrito, para depois começarmos a campanha. Eu fui até a aldeia dele, contei essa história e peguei o documento.

A esposa dele veio falar comigo:

— Ropni, agilize essa demarcação enquanto estamos vivos! Assim, depois que a gente morrer, nossos netos poderão viver em paz!

Isso que ela me falou ficou gravado em mim.

Voltei à sede da Funai com a carta do Bepgogoti e pedi que o presidente me mostrasse o documento referente à Terra Indígena Mẽkrãgnõti. Fui ver o mapa com os limites e achei que a terra estava muito pequena. O Marcos Terena veio me falar a mesma coisa.

— Realmente a área da Mẽkrãgnõti não está grande não.

— É, não está bom... a terra está muito pequena. A gente deve pleitear esta área onde ainda tem a floresta preservada, pros animais também poderem sobreviver.

E ele disse:

— Sim. O território do meu povo era assim também, cheio de floresta, mas os brancos acabaram com tudo. Você deve lutar pra aumentar a terra de vocês.

Peguei aquele mapa, levei para o presidente da Funai e disse a ele que o território da Mẽkrãgnõti marcado no mapa estava muito pequeno.

— Vou desenhar aqui os limites que eles precisam pra viver em paz.

— Sim, Raoni, pode fazer as marcações aí no mapa.

Eu fiz, e ele encaminhou o mapa com as minhas alterações para a equipe dele fazer outro. Começaram a fazer meu passaporte também, e pedi que aquilo fosse feito com máxima urgência.

A CAMPANHA NO EXTERIOR

Voltei para a aldeia e pouco depois me chamaram no rádio. Era o Megaron dizendo que meu passaporte estava pronto e que o Sting e o Jean-Pierre estavam nos esperando em São Paulo para viajarmos para o exterior. Fui para São Paulo e encontrei com eles no aeroporto. O Sting ficou brincando, se escondendo de mim. Quando eu vi o meu amigo, eu disse:

— Meu querido, por que está se escondendo?

Ele deu uma risada e nós nos abraçamos. Pegamos o voo eu, Megaron,

Sting e Jean-Pierre. Era noite e o avião estava cheio de passageiros. Eu fiquei observando que lá em cima o avião não balançava, e pensei: "Então na terra tem vento e aqui em cima não tem vento". Quando amanheceu, ainda estávamos viajando. Procurei para ver terra, mas só via mar. Até que o piloto anunciou que estávamos chegando. Pousamos na França, onde começamos nossa campanha. Estava muito frio. Fomos ter com o presidente Mitterrand para pedir seu apoio. Naquela época eu dei a ele o apelido de "Osso". Entramos em seu gabinete e o Sting iniciou a conversa, contando a finalidade de nossa visita. Depois foi a minha vez de falar. Falei na minha língua, o Megaron traduziu para o português e o Jean-Pierre traduziu para o Mitterrand, que entendeu nossa necessidade e disse:

— Raoni, eu vou ajudar você!

Ficamos numa casa que o Mitterrand ofereceu para nós. Estava realmente muito frio, eu dormia com quatro cobertores mas não adiantava, o frio chegava em mim de todo jeito. Passamos dois dias na França e encontramos com outras autoridades, acho que um era ministro e o outro era um milionário. Eles também disseram que iriam me ajudar. Naqueles dias se juntou a nós o chefe Sioux Urubu Vermelho.

Fomos para a Bélgica e o Jean-Pierre falou para ficarmos na casa dele. (Quando eu conheci o Jean-Pierre ele ainda não tinha nada. Depois que ele começou a andar comigo, ele passou a ter dinheiro. O Sting gostava do Jean-Pierre, mas quando ele descobriu algumas coisas, ele se afastou. "Você é ladrão!", foi assim que ele disse, e romperam um com o outro.) Estivemos com as autoridades da Bélgica e entramos em seus gabinetes para pedir apoio. Também disseram que iriam me ajudar. Me encontrei com o filho do rei Leopoldo III, que tinha visitado minha aldeia quando eu morava no Pôrôri. Ele me disse:

— Raoni, por muito tempo nós esperamos por esta sua visita. Enfim você está aqui!

Ele me levou para comer carne de caça. O lugar era uma espécie de zoológico, e quando cheguei, vi que estavam preparando paca, caititu e veado. Uma parte estava sendo assada e outra parte, cozida. Ele disse:

— Este é o zoológico do meu pai, aqui cuidamos dos animais.

E eu fiquei pensando que nós também poderíamos ter alguma coisa assim em nossa terra. Um espaço protegido para os animais, para os seus filhotes, onde as pessoas pudessem ir para conhecer e tirar foto. Poderíamos gerar renda com isso. Já falei sobre o assunto, mas ninguém correu atrás... Acho que um lugar bom seria ali pelo rio Tepwatire, em Jarina. Os jovens Mẽbêngôkre que querem fazer faculdade, poderiam cada um escolher seu curso, estudar, para depois trabalhar com projetos que beneficiem nosso povo. Que gerem recursos sem destruir as florestas.

Então o filho do Leopoldo disse:

— Raoni, vamos andar primeiro, pra você conhecer o zoológico, olhar os animais, depois a gente almoça.

Eu ouvi isso e olhei para a carne de paca... Eu adoro paca, e já estava faminto! Mas entrei no carro e fomos passear pelo zoológico. Vi um bando de queixadas, fazendo seu barulho característico. Vi tamanduá-bandeira, anta... Nossa, tinha muitos animais, que nós víamos de dentro do carro mesmo. Depois do passeio enfim almoçamos.

Passados uns quatro dias fomos de carro até a Itália visitar o papa João Paulo II. Na estrada passamos por um túnel enorme perfurado sob uma montanha. Quando chegamos no hotel, um *kubẽ* disse para nós tomarmos banho e almoçarmos porque em seguida iríamos encontrar com o papa, que já estava esperando por nós. Havia muita gente na praça em frente ao prédio. Entramos, o papa veio em nossa direção, nos cumprimentamos e eu disse que gostaria de falar algumas palavras com ele. O Jean-Pierre já tinha me orientado para que eu falasse somente da nossa situação, que não pedisse nenhuma ajuda financeira. Que não devíamos pedir dinheiro ao papa, somente a outras pessoas. E fiz a minha fala contando somente sobre a situação do meu povo.

Fomos à Suíça e depois à Inglaterra. No aeroporto eu percebi um movimento muito grande de aviões, e fiquei preocupado de acontecer algum acidente; eu tinha sonhado com isso. Em seguida cruzamos o mar para visitar os Estados Unidos e o Canadá. O Paiakan foi nos encontrar, chegamos juntos no Canadá. Lá eu estranhei que o dia era muito comprido e a noite era curta... Falavam que já era noite, mas ainda estava claro.

Fomos visitar umas comunidades indígenas. Na primeira nós fomos de carro, viajamos por horas. Ficamos hospedados num hotel que pertencia aos próprios indígenas. Eles estavam nos esperando, muitos deles enfeitados, separados em grupos. Ficamos assistindo a sua apresentação de dança. Uma mulher nos convidou para participar e nós dançamos com eles. Depois uma pessoa se aproximou de mim e disse que eu receberia uma ajuda financeira.

Organizaram uma visita a outro povo indígena, e dessa vez nós iríamos de helicóptero. Porém, à noite, no hotel, eu sonhei que um helicóptero caía com todos nós dentro. No outro dia eles já estavam se preparando para sair quando eu avisei:

— Olha, eu tive um sonho em que um helicóptero caía com a gente dentro. Então eu acho melhor eu não ir. Vou esperar por vocês aqui.

Eles insistiram para que eu fosse, mas recusei. Então me sentei numa cadeira e um pouco depois veio falar comigo uma pessoa que trabalhava no hotel, mas eu não entendia sua língua. Acho que ela disse para mim:

— Vamos comigo tomar um café.

Fui com ela e tomamos café. Dali a pouco receberam um telefonema na recepção dizendo que o helicóptero escapou por pouco de uma queda: o motor tinha parado de funcionar durante o voo.

— Esse foi o meu sonho! Era sobre isso que eu estava alertando as pessoas! Depois disso eu falei para o Sting que queria voltar para a aldeia.

— Sim, Raoni. Vamos dar um pulo na minha casa, você descansa um pouco e de lá você volta.

A cidade onde ele morava era bem longe, mas assim mesmo eu concordei em ir. Quando enfim chegamos, a Trudie Styler, esposa do Sting, estava nos esperando com a refeição pronta; ela havia preparado peixe. Passamos uns seis dias por lá ainda.

Nesses dias os americanos me ofereceram uma metralhadora, foi o Sting que veio me avisar. Fiquei pensando se aceitava ou não... "Acho que não! Eles vão me entregar essa arma e depois podem querer nos atacar, igual fizeram com outros povos!" E eu disse ao Sting que não iria aceitar.

— Se fosse espingarda pra caçar, eu aceitaria! Aliás, se sobrar dinheiro desta campanha, eu vou comprar muitas espingardas pra comunidade!

Então o Sting veio me mostrar um documento do banco. Nós estávamos sentados um perto do outro, ele se aproximou um pouco mais e disse:

— Raoni, quero te dizer uma coisa: nossa campanha deu resultado e já conseguimos arrecadar bastante dinheiro. Este é um comprovante, este dinheiro já é seu. Já é suficiente pra demarcar a terra Mẽkrãgnõti. Você vai ser responsável por este dinheiro, e se sobrar, você pode ajudar seu povo, comprar algumas coisas que eles estejam precisando. Procure aplicar o dinheiro.

— Sim, eu vou fazer desse jeito!

E o Paiakan me disse:

— Meu tio, você está se fortalecendo com a sua luta e está sendo reconhecido mundialmente!

Naquele momento, na casa do Sting, nós acompanhamos pelos jornais as notícias sobre o assassinato do Chico Mendes. Depois do almoço o Sting se aproximou de mim e disse:

— Vamos conversar. Raoni, eu estou preocupado contigo. Acabaram de matar o Chico Mendes porque ele lutava pela floresta... Procure pessoas de confiança pra administrar este dinheiro, procure se proteger nesta sua luta.

E eu agradeci a ele pelos conselhos.

MARCO NOS LIMITES

Então retornamos para o Brasil e comecei a articular com o Megaron nossa estratégia para administrar o dinheiro e demarcar a Mẽkrãgnõti. Elaboramos um documento pedindo o início da demarcação e entregamos em mãos ao presidente da Funai. Ele disse que os processos iam demorar um pouco, que eu podia voltar para a aldeia, que, quando fosse o tempo, mandaria me avisar. Então eu fui para a aldeia e fiquei uns dias por lá até que o Bebati me passou o recado de que estavam pedindo minha presença em Brasília. No outro dia, de manhã cedo, fomos ao palácio da Presidência para a cerimônia de assinatura do documento autorizando o início da demarcação.

Em seguida já começamos a instalação dos marcos nos limites. Eu me encontrei com o cacique Bepgogoti, que me perguntou:

— E aí, Ropni? O que você traz de novidade?

— A gente conseguiu o dinheiro e o governo autorizou o início da demarcação da sua terra.

— Era por essa notícia que eu esperava! Agora eu fiquei muito contente!

Foi isso que o meu tio me disse. E fomos juntos colocar o primeiro marco no limite. Um pessoal foi na frente com todo o material e já cavou o buraco. Nós fomos de helicóptero e pousamos numa praia. Subimos ao local, cumprimentamos as pessoas e uma delas me perguntou se já podiam colocar o marco, mas o Bepgogoti pediu para eu fazer uma fala primeiro. E eu fiz minha fala:

— Espero que vocês cuidem deste nosso território. Fiscalizem. Os *kubẽ* não vão desistir. Eles vão seguir tentando invadir e tomar nossas terras!

Depois foi a vez do cacique Bepgogoti fazer a fala dele. Também passou sua orientação em relação aos cuidados com o território e disse que tinha esperado muito por aquele momento.

AGORA PRECISAMOS DEMARCAR TODAS AS TERRAS INDÍGENAS QUE AINDA NÃO FORAM DEMARCADAS

Quando Collor assumiu a Presidência da República, foi nos visitar no Diauarum. Ele veio conversar comigo.

— Raoni, você conseguiu a demarcação da terra do seu povo. O que você está pensando agora?

— Vou falar, e quero que você se comprometa com o que vou falar. Agora precisamos demarcar todas as terras indígenas que ainda não foram demarcadas. Pros indígenas poderem viver em paz. É isso que ficou escrito na Constituição e é isso que eu queria tratar com você.

Ele me perguntou sobre os povos que ainda estavam sem a terra demarcada e eu disse a ele que eram muitos.

O Collor assinou a demarcação da terra Yanomami e de muitas outras terras. Eu tinha um diálogo bom com ele e achava que ele era um bom presidente para os povos indígenas. Fui contra quando quiseram tirar o Collor da Presidência. Acho que foi o irmão que prejudicou ele, e com isso ele começou a ser criticado pelas pessoas. Fomos juntos a Alagoas acompanhar a situação dos povos Tupi daquela região. Lá um ancião se aproximou de mim com seu cajado e disse:

— Nossa! Um de nós está por aqui! Onde você mora?

— Eu moro no Xingu.

E ele se lamentou comigo:

— Aqui estamos sem terra e os jovens estão esquecendo das nossas tradições, estão se perdendo...

Outra vez o Marcos e o Sebastião Terena vieram falar comigo.

— Nosso cacique te convidou pra visitar a comunidade Terena. Podemos ir juntos até lá.

— Vamos, eu quero conhecer seu povo.

Vivia bastante gente naquela aldeia Terena, e estavam todos enfeitados, realizando um ritual. Fizemos as nossas falas, dizendo que íamos apoiar a luta deles.

Visitei também o povo Bororo, que nossos antigos chamavam de Àkàpore. Eles estavam sofrendo com perseguições, violências e assassinatos. Um deles tinha acabado de ser morto por um fazendeiro. Eu disse que eles tinham que ser fortes para lutar contra os brancos e que conversaria com as autoridades sobre a sua situação.

Eu nunca pedi algo particular para alguma autoridade do governo, nunca pedi dinheiro para mim. Somente meus amigos me passam de vez em quando algum dinheiro em particular, sem eu pedir. O meu caminho é a luta pelas nossas terras. Pela sobrevivência dos povos indígenas. Luto contra o garimpo e a exploração de madeira. Luto pela proteção das florestas, dos rios. Essa é a luta da minha vida.

6. *Wajanga*: Os poderes dos pajés

OS ANTIGOS PAJÉS QUE FURARAM A PEDRA

Quando os nossos avós eram jovens, havia uns pajés muito poderosos. Seus nomes eram Mry-djum, Djuribý, Imrêtire, Roptire, Kramrêkre e Abubyre.

Também naquele tempo tinha gente que apenas sonhava, mas achava que seus sonhos eram visões de pajé. Diziam que não acreditavam em pajés, falavam mal deles, e todo mundo passou a escutar a conversa dessas pessoas. Até que um dia os verdadeiros pajés se reuniram e decidiram juntar todos os irmãos e primos na casa dos homens para tirar satisfação sobre aquelas fofocas. Começaram a fazer perguntas, e as pessoas que tinham somente a sabedoria das plantas que são remédios, que tratavam das doenças de animais, *mry kanê*, começaram a falar.

— Vocês não são verdadeiros pajés. Agora somos nós que vamos tratar das crianças e adultos da comunidade.

E os pajés disseram:

— Não. Vocês que têm somente o conhecimento das plantas que são remédios, das doenças de animais, às vezes vocês até conseguem curar uma pessoa. Agora, nós aqui, seus primos, nós somos verdadeiros pajés. Nós olhamos por dentro do corpo do doente, tiramos a doença dele e ele fica bom.

E eles continuaram a discutir até que alguém falou:

— Agora que já estamos faz tempo aqui nesta discussão, vamos todos pra uma caçada. Vamos ver quem é que vai voltar com caça pra comermos juntos.

O pessoal concordou e foram todos saindo da casa dos homens. Assim que o Djuribý passou das casas, já viu um cupim do cerrado, e o assoprou. O cupim se transformou num veado, mas Djuribý, que estava transformado em gavião, não conseguiu pegar o animal. Então desceu voando, logo virou uma onça-parda e mordeu bem na garganta dele. Foi o primeiro a chegar na casa dos homens, com o veado amarrado numa embira. Tirou a caça das costas e arriou no chão. Em seguida Imrêtire chegou com um tatu-de-quinze-quilos, que também arriou no chão. Mry-djum e Abubyre chegaram com babaçu e castanha já torrada, amarrados com um jabuti. Outro chegou com um tatu-canastra e uma polpa de babaçu por cima. E outro chegou com um tamanduá nas costas. Deixaram ali. Eram os verdadeiros pajés! E aqueles que só ficavam de conversa-fiada chegaram apenas com uns calangos amarrados no pescoço, que deixaram também ali no chão. Quando enfim todos voltaram, os mais velhos foram preparar o forno de pedra para assar a caça. Distribuíram a castanha e o babaçu. Sentaram-se para comer, mas continuavam discutindo, até que alguém disse:

— Aqui está uma pedra. Essa pedra vocês vão ter que furar. Queremos ver se realmente vocês são verdadeiros pajés.

Então o Imrêtire pôs as pessoas em fila, deixando os pajés por último. O pessoal segurava a pedra, não acontecia nada e eles se cansavam. Uns colocavam as mãos nas orelhas e assobiavam se fingindo de anta. A fila foi andando, andando, até que chegou a vez dos verdadeiros pajés. Mry-djum foi o primeiro a se apresentar. Quando acertou a pedra, fez um barulho alto, chegou a sair faísca, e ele caiu. Fez um pequeno furo na pedra. Mry-djum se levantou, emitiu um som — *extii txii* —, se transformou em anta e saiu andando. Na sequência veio o Djuribý, que atingiu a pedra, aumentando um pouco mais o furo. Em seguida o Roptire acertou a pedra, depois o Kramrêkre e o Abubyre também acertaram. Por fim, Imrêtire acertou e o furo atravessou a pedra. Foi assim que esses nossos antigos pajés furaram a pedra para demonstrar seus poderes.

Como pajé eu vi muita coisa. Vi coisas boas e coisas ruins. Existem pajés bons e existem feiticeiros. Existem espíritos bons e espíritos maus. Todos eles carregam consigo o poder maléfico *kaprẽm*? Não. Mas todos são pajés. Os peixes são pajés, as aves são pajés, as árvores e as pedras também são pajés. Eu os conheço.

O espírito-peixe-elétrico *mrykaàk* é um pajé muito poderoso e eu já me encontrei com ele duas vezes. Ele se parece com a gente. Na casa dele não tem água, é seco, seco. Quando nos encontramos, ele pegou na minha mão e eu senti o choque, *tõ, tõ, tõ*. Eu disse:

— Agora você me arruinou!

— Não, eu estou te passando poderes.

Dizem que existe o poder maléfico *kaprẽm* do tatu. Mas não, ele é pajé. Eu visitei o tatu, que também me pediu para dar as mãos a ele. Senti o choque, tivemos o mesmo diálogo e ele me passou seus poderes. Visitei o gavião; ele também é pajé. Nós nos demos as mãos e levei o choque. Como eu já tinha passado pelos outros fenômenos, não disse nada, apenas continuei sentado conversando com ele. O urubu-rei também é pajé e também fui visitá-lo. Como pajé eu consigo enxergar tudo. Vejo tudo o que acontece.

Conheci o espírito do peixe tambuatá; ele veio em minha direção e disse:

— Vovô, eu vim avisar que estão te chamando. Veja, já estão todos lá. Vamos por aqui.

Fui com ele. Eles estavam cavando um buraco e eu segui atrás deles, mas me mantive a uma certa distância. Uma hora o tambuatá se virou me procurando.

— Você ainda está aí?

— Sim.

— Ali o pessoal estava mexendo com a gente, por isso a gente está indo pra outro rio.

— Tá bom, eu vou com vocês.

E ao cavar eles jogavam terra para trás. A terra vinha na direção do meu rosto, mas não me tocava. Não sei para onde essa terra ia, mas não atingia meus olhos. Era desse jeito.

Eu já ia longe e comecei a ficar cansado. Pensei: "E agora, o que eu vou fazer?". E falei para o espírito-tambuatá:

— Eu já vou embora.

— Pode ir.

Eu saltei, a terra se abriu e eu entrei de volta no meu corpo. Minha mãe me perguntou:

— Por que você estava tremendo?

— Fique tranquila — eu respondi —, este meu problema eu mesmo resolvo.

BOTARAM UM FEITIÇO EM MIM

Há espíritos maldosos. Esses não falam nem conversam comigo. Os feiticeiros, quando me veem, não falam comigo. Agora, os bons pajés sim, eles falam comigo.

Certa vez, na aldeia Ngôrãrã'k, pajés maldosos botaram um feitiço em mim; passaram remédio no meu corpo, na minha perna e na minha canela, e eu senti dores muito fortes. Fizeram isso porque as pessoas de quem eu tirava a doença não me pagavam. Eu fiquei com o joelho inchado, estava incomodado de tanta dor, e disse para minha esposa:

— Vamos lá pra outra casa esperar pelos pajés, talvez eles possam tirar essa doença de mim.

E fomos dormir na outra casa.

Ao anoitecer, eles começaram a chegar.

— Olha! Estão vindo! — eu disse.

Eu vi o espírito do Kretire, o primeiro da fila, e em seguida o espírito do Kapôtbãm. Eles vinham em nossa direção quando meu cachorro começou a latir e correu para cima deles. Um dos espíritos acertou meu cachorro, que voltou para casa ganindo. Eu disse:

— Ei! Esse aí é meu cachorro!

Depois eu e Kretire tivemos boas conversas, só que o resto do pessoal falou comigo com grosseria. Eu reclamei com eles e mandei todos embora.

— Vão embora! Eu esperava vocês pra tentar tirar essa doença de mim e vocês vêm com grosseria comigo? Vão embora!

E escutei o Kapôtbam dizer aos outros:

— A gente tinha combinado de vir matar o Ropni!

E logo falei:

— Então que me mate! Vai, me mate!

Ele mirou a espingarda em mim, atirou e os chumbos saíram para o alto.

— Atire de novo!

Ele atirou e a munição outra vez saiu para o alto.

— Viram? Vocês não conseguem me acertar!

Depois o cachorro novamente latiu para eles, que saíram correndo. Os espíritos têm medo de cachorro.

Comecei a piorar e disse para minha esposa:

— Veja se consegue tirar esta doença de mim!

Ela, que naquela época também era pajé, fez um tratamento e eu melhorei um pouco. Retornamos para nossa casa e pedi para chamarem o Takumã e o Sapaim para tirarem o feitiço de mim de uma vez por todas. Eles chegaram e pedi ao Sapaim para olhar o que eu tinha. Ele me disse:

— Olha, você tem muitos problemas...

— Então vai! Tira isso de mim!

Ele então começou a tirar o feitiço de mim, e viu que era um feitiço do favo da abelha-uruçu. Quando terminou, afirmou que sim, era realmente feitiçaria.

— À tarde a gente continua este trabalho.

E os dois ficaram me acompanhando de perto.

Eu me deitei, adormeci e meu espírito saiu do meu corpo. Fui até a casa deles, mas eles não estavam; não tinha ninguém nas redes, vi apenas as redes vazias. Comecei a bater minhas asas levantando poeira para confirmar que de fato eles não estavam por lá. Sim, a casa estava realmente vazia. Pensei: "Acho que vou embora!".

No momento em que eu estava de saída, fui cercado pelos pés de buriti. Fiquei olhando enquanto eles me rodeavam. "O que eu faço agora? Vou tentar passar por cima deles." Andei de lado até sair do cerco, consegui me transformar em morcego e saí voando. Vi um rio ao longe, e como eu estava com sede, desci para beber água. Pus meus pés bem em cima de um jacaré, que falou comigo com grosseria.

— Por que você não procura um pau pra se apoiar enquanto bebe água?

— Eu achei que você era um pedaço de pau, por isso eu pisei em você.

Ali era a morada do espírito-peixe-elétrico *mrykaàk*, e ele veio falar comigo.

— Olha, é melhor você ir beber água em outro lugar, mais lá pra baixo. Esse jacaré aí é muito rabugento! Eu tenho conversado bastante com ele, mas ele é assim mesmo...

Quando olhei para o espírito-peixe-elétrico *mrykaàk*, eu vi que era um casal: estavam o macho e a fêmea, lado a lado. Aceitei o conselho, saí dali e vi um trilheiro de anta, por onde ela descia para beber água. Segui por essa trilha e me encontrei com dois tucanos, que me disseram:

— Tio, espere a gente rezar esta água com o canto *ngôjangre*, depois você bebe.

— Está bem!

Eles começaram a rezar e suas asas tremiam ao tocar a água, que ficou borbulhando.

— Agora sim, pode beber! — E perguntaram: — Meu tio, para onde você vai agora?

— Agora vou para minha casa!

— Tudo bem, pode ir!

Entrei de volta em meu corpo e vi que o Sapaim e o Takumã estavam me observando. Me levantei e eles perguntaram:

— E aí, meu irmão, o que você viu no seu sonho?

Respondi que eu tinha ido até a casa deles, mas não tinha ninguém por lá; que ao voltar os pés de buriti me cercaram, mas eu consegui escapar; que logo em seguida eu me encontrei com um jacaré, que implicou comigo; que o espírito-peixe-elétrico *mrykaàk* me indicou outro lugar onde eu poderia beber água tranquilo e disse que o jacaré sempre foi assim grosseiro mesmo, que já tinha tentado conversar com ele; que ao descer para beber água, dois tucanos pediram que eu esperasse que eles rezassem o *ngôjangre* antes de beber; e que enfim eu consegui beber água e voltar.

Sapaim me disse:

— Eu estava te acompanhando. — E continuou: — Bom, irmão, agora eu vou fumar um tabaco para que outros pajés venham te curar e você volte logo ao normal.

E continuou a fazer o tratamento em mim.

Um pajé veio em minha direção, meio estabanado, trombando nas árvores, se aproximou e passou a me assoprar. Quando terminou, disse que já estava indo embora. Eu fiquei olhando para ele, acompanhando sua partida. Por fim, o Sapaim e o Takumã me falaram que depois daquele tratamento eu ia melhorar.

FUI PICADO E DOMINADO POR UMA COBRA

Na época em que moramos na aldeia Pôrôri, fui picado e dominado por uma cobra. Naquele dia, eu ia fazer um remo; peguei um machado e fui procurar uma árvore para tirar a madeira. Encontrei uma e comecei a dar as primeiras machadadas.

E foi nesse momento que a cobra deu o bote e picou meu braço. Caí no chão, meu braço ficou inchado na hora e o sangue começou a escorrer. Me levantei e a cobra ainda estava no mesmo lugar, me olhando. Eu disse para ela:

— Me pica de novo! — E mostrei o braço para ela morder novamente, mas a cobra ficou apenas mexendo a cabeça.

Então eu disse:

— Eu é que vou te matar!

Peguei um pedaço de pau, bati na cobra duas vezes e a matei. Retornei para a aldeia carregando somente o machado. Ao me ver, minha esposa perguntou:

— Onde está o remo que você deveria estar trazendo?

— Quando eu ia tirar a madeira, uma cobra me picou. Por isso eu voltei logo e sem remo.

Eu não queria que a Bekwyjkà contasse aos outros sobre a picada, mas ela contou. Quando minha mãe, minhas tias e avós souberam, foram até em casa e começaram a chorar.

À noite, quando dormi, vi a cobra querendo atravessar meu peito e fiquei segurando ela, tentando impedir. Acordei assustado, e quando consegui dormir novamente, vi que ela já tinha atravessado meu peito e tentava atingir meu coração, mas não conseguia. Fiquei muito abalado e pensei: "O que eu faço agora?". Resolvi procurar pelo espírito do meu tio Tanhõ, para ele afastar a cobra de mim. Cheguei num lugar limpo, que ele tinha capinado, e ao longe já dava para ver as casas.

A aldeia e as casas eram redondas, e a casa dos homens era enorme; fiquei impressionado ao ver aquilo. O povo anunciou minha chegada e avisou as minhas avós. Uma delas veio até mim.

— Meu filho, esta é a nossa casa, você pode entrar!

E me receberam com o choro cerimonial. Passei um tempo entre elas, até que um menino foi me chamar dizendo que estavam me esperando na casa dos homens.

Na casa dos homens tinha muita gente. Um tio me chamou:

— Meu sobrinho, estou aqui, sente-se comigo.

Nós dois crescemos juntos, éramos da mesma idade. Me sentei junto dele, no meio da multidão.

— Meu sobrinho, vamos comer batata-doce?

Eu tinha ouvido dizer que os espíritos só comiam poeira. Mas não é verdade, vi que eles se alimentam com comida mesmo. Meu pai já tinha me falado sobre isso, que eles comem batata, mas apenas a batata-doce branca. Observei que era realmente esse tipo de batata que eles estavam comendo, e resolvi comer também. Comi duas.

Então todos se levantaram e saíram dançando da casa dos homens. Um grupo foi para um lado e outro grupo, onde estava o Kretire, foi em outra direção. Eu perguntei para o meu tio:

— Qual festa vocês estão realizando?

— É a festa do *bēmp*.

E os dois grupos entoavam seus cantos e dançavam.

— Bom, eu vou aproveitar pra falar com meu tio Tanhõ.

Quando ele me viu, perguntou:

— Meu sobrinho, é você?

— Sim, sou eu.

Ele perguntou de novo:

— É você mesmo que veio?

— Sim. Olhe pra mim, veja essa criatura *mry kakrit* sobre mim. Estou completamente dominado por ela e por isso vim procurar por você.

Ele me olhou dos pés à cabeça e disse:

— Meu sobrinho, você mesmo deve se livrar dela.

— Está bem. Eu já escutei a sua fala.

Em seguida, os grupos encerraram suas danças em frente à casa dos homens e foram preparar os enfeites *mãdjuwapure*.

Ao terminar aquela parte do ritual, o Kretire se aproximou de mim e disse:

— Meu irmão, meu caçula, o que vai fazer agora? Você já pode retornar pra sua família, pros seus filhos. Eu não tenho como voltar pra vocês. Sempre estarei distante. Mas você deve voltar pra sua vida, pro seu corpo, pra cuidar de seus filhos.

E eu disse:

— Está bem! Se você está dizendo pra eu voltar, eu já vou!

Fiquei olhando para o portal por onde eu deveria sair. As pessoas que estavam sentadas junto comigo me apressaram.

— Sobrinho, vai logo! O portal está se fechando!

E quando olhei novamente, já tinha se fechado.

— O que você vai fazer agora? — me perguntaram.

— Eu não sei! Estou pensando... Meu tio, vou tentar pular pra ver se consigo sair. Se eu não conseguir passar, eu volto e fico aqui pra sempre com vocês.

— Não, meu sobrinho, você vai conseguir sim!

Dei um pulo e a montanha se abriu para mim. Consegui sair e logo comecei a ver ao longe o rio Bytire.

NA ALDEIA DOS PEIXES

Fui me aproximando do rio e vi dois trairões nadando. Das suas nadadeiras, eles derramavam sangue, formando um rastro. Pensei em ir até eles pedir ajuda. Mergulhei e me transformei em trairão. Eles me perguntaram:

— Ropni, é você que chegou?

— Sim, sou eu. Fui dominado por uma criatura *mry kakrit*, e por isso vim até aqui, pra ver se algum de vocês consegue me livrar disso.

— Olha, na nossa aldeia a gente tem os melhores pajés. A gente vai te levar até eles. Quem sabe conseguem te curar...

Nossa ida foi bem rápida, logo eu estava vendo a aldeia deles.

Mesmo vivendo na água, os peixes tinham casas, e eram muitas! Havia até casa dos homens, fiquei impressionado.

— Nossa! Vocês realmente parecem humanos!

E eles me mostraram sua casa.

— Esta é a nossa casa, entre!

Logo os curiosos foram até lá e a casa ficou cheia de peixe, todo mundo me olhando. Um dos trairões disse para eles:

— Vocês podem voltar pras suas casas. A gente vai deixar nosso visitante descansar um pouco, depois eu levo ele até vocês para que possam conhecê-lo — E se dirigiu a mim: — A gente já vai dançar. Estamos realizando um ritual.

Uns foram dançando para um lado e outros foram dançando para o outro, até voltarem para onde eu estava. Quando entraram na casa, me alertaram:

— Olha, eu preciso te avisar. As cobras estão vindo pra te levar de vez. O que você vai fazer?

— Eu não sei... Eu é que pergunto pra vocês: o que eu faço com elas?

— Você vai ter que sair daqui. Dê uma volta, fique observando as cobras e arrodeie por trás delas. Se elas te perguntarem: "Você chegou?", diga que sim e pergunte o que vieram fazer aqui. Elas vão responder que querem te levar junto com elas, vão dizer que sua avó está com saudades e que vieram aqui pra te chamar. Você terá que ser paciente com elas...

Pulei para o alto e logo comecei a ver as cobras. Eu tinha uma visão muito boa, conseguia ver as coisas de longe. Arrodeei e fui chegando por trás delas, que estavam na água, boiando. Me transformei em cobra para ficarmos iguais. Fui me aproximando até que elas viraram a cabeça e me viram.

— Você já chegou?

— Sim, cheguei. O que vocês vieram fazer aqui?

— Ué, eu e sua avó viemos aqui pra te levar, pra que a gente possa viver junto. Por isso a gente está aqui.

— Está bem, então vamos! Vamos juntos buscar minhas flechas, depois a gente segue.

Era um casal. A fêmea começou a cantar e em seguida me perguntou:

— Você já aprendeu a minha música?

— Sim, já aprendi.

— Então cante pra eu ouvir.

E eu cantei.

— É, você realmente já aprendeu!

Então perguntei para o macho:

— Qual é o nome dela?

— Esta é a Ngreinhirôti.

Depois perguntei para a fêmea:

— Qual é o nome do seu marido?

E ela respondeu:

— Este é o Bepnhirôti.

— Então tá, agora eu já sei o nome de vocês.

Já estávamos bem perto do porto da nossa aldeia quando senti que era o momento de me afastar e atacar as cobras. Peguei um pau, corri para cima delas e bati em suas cabeças. Elas fugiram.

Então voltei para o meu corpo e senti que estava melhorando. Naquele momento eu realmente não sentia mais dores. Eu tinha fome e minha mãe me serviu um cuscuz de milho. Ela também preparou umas batatas e o caldo das asas do mutum.

— Filho, como você está agora?

— Eu já estou bem! Você pode ver, meu braço não está mais inchado. Você deixou alguma batata-doce branca pra mim?

— Eu deixei um pouco aqui sim.

Ela me passou as batatas e eu comi.

— Agora me passe o caldo de mutum.

— Eita, o caldo o cachorro derramou...

— Não sobrou nada?

— Não...

Ela me trouxe água e bebi dois goles. Eu estava com muita sede.

Não passou muito tempo e a sensação das cobras me atacando voltou. Comecei a sentir dores, meu braço voltou a inchar e passei a gemer. Trouxeram a casca de uma árvore para eu me deitar nela, e quando dormi, eu vi a cobra tentando me atingir com flecha. Comecei a gritar. As velhas que estavam comigo naquele momento perguntaram:

— O que foi?

— Tem alguém por aí querendo me flechar. Chegou a atirar uma flecha em mim, mas consegui escapar. Podem procurar, ela deve estar em algum canto.

— É verdade isso?

— Sim, procurem e podem matar a cobra.

Foi o que elas fizeram. Pensei: "Eu preciso pedir ajuda novamente…". Me deitei e vi ao longe um fogo sobre as palmeiras brejaúvas. Eu ia até lá, mas reparei que minha mãe estava preparando breu vermelho para passar em mim.

— Cuidado! Assim você vai prejudicar minha visão!

E quando entrei de volta no meu corpo, ela já tinha me tocado com o breu. Ainda havia muitas cobrinhas grudadas em meu braço, e elas continuaram ali.

TRATAMENTO COM SAPAIM

Resolvi procurar o Sapaim, o Takumã e o Xariruwa, que considero os melhores pajés que já conheci. "Vamos ver se eles tiram essas cobras de mim." Subi o Bytire no remo e dali a três dias cheguei no Posto Leonardo. No dia seguinte eu continuei a viagem até a aldeia do Sapaim.

Ao me ver, ele disse:

— Irmão, você já chegou?

— Sim.

— Sente-se aqui. O meu cunhado foi pescar. Assim que ele chegar com os peixes, minha esposa vai preparar pra gente comer.

Passado algum tempo ele me perguntou:

— E aí? O que houve com você?

— Você já deve estar sabendo…

— Sim. Eu já vou preparar o fumo.

Ele preparou, acendeu o fumo e começou o trabalho. Colocou sua mão no meu braço, bem no local onde a cobra picou. Depois juntou as mãos, esfregou, pegou na minha mão e me mostrou que estava cheia de cobrinhas. Ele assoprou e as cobrinhas desapareceram. E mais uma vez ele pegou as cobrinhas com as mãos, assoprou e de repente não havia mais cobrinhas: sobrava só o couro delas. Ele me disse:

— Irmão, eu já tirei todas as cobrinhas.

— Eu ainda estou sentindo dores aqui, aqui e aqui.

— Então tá. Vou tirar isso de você. Olha, vou te falar uma coisa: alguém preparou isso pra te fazer mal. Por isso ele colocou também na sua cabeça. Eu vou desembrulhar pra gente ver.

— Então vai, desembrulhe!

Fumou, soprou a fumaça, e aquela coisa maléfica se desembrulhou sozinha. Estava num algodão embrulhado em folha de bananeira. Eu olhei.

— Foi isso que colocaram em mim. Eu já tinha visto isso antes.

Ele tornou a assoprar e aquilo desapareceu. Novamente encostou em mim suas mãos, tirou, ficou olhando para aquilo e disse:

— Meu irmão, veja, este é o poder que um pajé antigo passou pra você. Posso jogar isso fora?

— Não! Coloque um pouco de volta na minha testa.

O resto eu pedi para ele tirar e jogar fora. Ele ia soprando fumo em meu corpo e aquilo ia desaparecendo, até que falou:

— Eu já tirei o resto todo do seu corpo. Olha, meu irmão... vou te dizer uma coisa: quando anoitecer, eles vão voltar pra colocar novamente dentro de você isso que eu tirei. Pode esperar por eles.

— Meu irmão, você é um ótimo pajé.

— Vamos lá tirar a raiz que eu vou passar no seu corpo.

Fomos procurar.

— É esta a raiz.

Ele tirou da terra, amassou com as mãos e passou no meu corpo. Fiquei tremendo.

Quando voltamos, o cunhado dele já tinha chegado com uns tucunarés e sua esposa já estava preparando o peixe. Comemos juntos, bebi água, me sentei e disse a ele:

— Meu irmão, eu já vou indo.

— Está bem!

Já estava entardecendo quando me pus a caminhar. Eu me sentia bem, mas ao passar em frente a um pequizal que eles tinham plantado, a terra começou a girar para mim. Juntei uns pequis do chão, eles começaram a se mover nas minhas mãos e caíram. Tentei catar novamente. Quem poderia me ajudar naquele momento? Me sentei e a terra continuava a balançar para mim. Tentei dormir, mas não consegui. "O que eu faço agora? Vou continuar sentado..." Meu corpo estava tremendo. Quando a terra parou de girar e meu corpo parou de tremer, achei que conseguiria continuar caminhando.

Segui um pouco, mas logo a terra voltou a girar e me segurei em outro pé de pequi. Peguei um pequi e de novo ele se moveu em minhas mãos. Soltei, peguei outro pequi e ele também se moveu. "O que eu faço agora?" De onde eu estava, dava para ver uma casa. Pensei numa estratégia: "Desta vez eu vou me deitar e tentar rastejar o mais rápido que puder pra ver se consigo chegar naquela casa".

E foi assim que consegui chegar na casa do Mairowy, do povo Txicão. Ele me disse:

— Tio, você já chegou?

— Sim, cheguei.

— Tem comida pronta, coma um pouco.

— Eu estou cheio.

Já estava anoitecendo, e eu disse a ele:

— Vamos dormir sem sair de casa.

Eu me deitei, fechei os olhos e vi a cobra querendo me atingir. Acordei assustado, gritando, e me levantei da rede. Mairowy perguntou:

— O que foi, meu tio? O que houve?

— Espere um pouco. Deixe meu corpo parar de tremer e eu te conto o que está acontecendo comigo.

Quando meu corpo parou de tremer, eu contei:

— A cobra está se aproximando da gente. Preciso voltar a dormir.

Tentei dormir novamente, e quando enfim adormeci, eu vi os pajés vindo em minha direção, trazendo o poder que o Sapaim tinha tirado do meu corpo. Eles disseram:

— Olha, tiraram este poder de você não sei como... Por que fizeram isso?

— Bom... porque estava me incomodando muito. Eu estava sentindo dores, por isso eu mesmo pedi pra tirar esse poder do meu corpo.

— Não, isso não está certo... Me dê sua mão aqui pra gente colocar o poder de volta.

Eu estendi a mão e eles colocaram o poder de volta em todas as partes do meu corpo. Uma parte eles colocaram na minha nuca. Até hoje eu estou com este poder em mim. Depois disseram que iam embora e se foram.

Em seguida duas pessoas vieram trazer fruta para mim.

— Coma esta batata-doce e se deite novamente.

Olhei para a batata e disse:

— Isso não é a batata, é fruta! Mas, sim, vou comer.

Disseram que era para eu comer sem mastigar. Peguei uma fruta grande, tentei engolir, mas não consegui. Tirei da boca e entreguei a eles. Então me ofereceram uma um pouco menor. Botei na boca e dessa vez consegui engolir. Me perguntaram:

— Você conseguiu engolir?

— Sim.

— Bom, a partir de agora você está preparado pra tirar doenças dos pacientes.

— Sim, vocês já me avisaram.

— Bom, então a gente já vai indo.

E foram embora.

PODERES DE PAJÉ

Isso tudo fez parte dos processos para eu me tornar pajé. Comecei a passar por isso na minha infância e não foi nada fácil. No início foi muito sofrimento, mas com o tempo aquilo que me incomodava eu fui parando de sentir.

Uma vez fui visitar o velho Makrekêt na aldeia Kubẽkrãkêj. Quando eu estava chegando, ele já vinha vindo em minha direção. Eu estava no galho de uma árvore e ele voou sobre mim, deu umas voltas e se aproximou:

— Meu filho, é você que chegou?

— Sim, eu vim visitar vocês.

— Filho, vamos fazer uma disputa?

— Vamos!

E começamos a disputar. Ele fez de tudo para me derrotar, mas fui eu que o derrotei: joguei o Makrekêt na água. Fiquei olhando para ele, que mal conseguia se levantar. Quando conseguiu, me chamou para repetirmos a disputa, e novamente eu venci.

— Filho, você me cansou...

Ele estava cheio de abelhinhas nas costas e eu perguntei:

— Por que você anda com essas abelhinhas em suas costas?

— A gente vive junto. Olha, eu vou visitar a aldeia delas, posso te levar até lá.

Fui com ele, e quando nos aproximamos, ele disse:

— Veja, elas estão logo ali.

As abelhas estavam numa grande árvore *bàjkàngrãngrã*. Todos os tipos de abelha viviam nessa árvore.

— Filho, é com essa gente que vou viver futuramente.

— Sim, entendi. Agora estou conhecendo elas.

Em seguida, retornamos para Kubẽkrãkêj e ficamos sobrevoando a aldeia. Ele me perguntou:

— Está vendo essa gente?

— Sim, estou.

— Vamos lá ver de perto?

— Vamos.

Eu ainda estava me preparando quando ele partiu, desceu na frente. Já ia meio longe quando pulei atrás dele.

Na metade do caminho eu senti o calor de uma ave. Nós nos esbarramos e permanecemos no mesmo nível. Era um casal. O macho me perguntou:

— Você veio nos visitar?

— Sim, vim conhecer vocês.

— Pois é, aqui que fica nossa casa. Faz tempo que estamos nesta morada.

O Makrekêt estava meio distante de nós.

A fêmea disse para ele:

— Pode vir! Faz igual a ele — se referindo a mim —, pra gente se conhecer!

— Não posso. Nem sei o nome de vocês!

Pensei em perguntar o nome deles, mas o velho falou que era melhor eu me afastar. Disse apenas:

— Já estou indo!

E me aproximei novamente do Makrekêt. Ele me perguntou:

— Pra onde você vai agora? Você já pode retornar.

— Está bem!

Eu tinha ficado com umas abelhinhas em meu corpo, mas não disse nada sobre isso para ele. Desci assim mesmo e entrei no meu corpo. Acordei tremendo e logo dormi de novo. Meu cunhado chegou e falou para mim:

— Você está cheio de abelhinhas em seu corpo.

— Sim, estou sentindo, elas estão me queimando.

— Olha, elas estão logo ali, numa árvore. Vamos lá, eu vou te mostrar pra que você possa se vingar delas. Você pode usar água pra acabar com todas elas.

Chegamos mais perto.

— Veja, elas estão bem ali.

Depois nem eu mesmo pude acreditar no que fiz. Fiz escorrer água do meu corpo como se fosse suor, entrei na morada das abelhas e consegui acabar com elas. Eliminei todas. Quando saí, meu cunhado me disse:

— Viu?! É assim que tem que fazer!

Nós nos separamos, ele foi para um lado e eu fui para outro. Entrei no meu corpo, e quando clareou o dia, me levantei. Não sentia mais nada, estava normal.

Já subi ao céu oito vezes. Numa delas chegou alguém dizendo que o pessoal dele estava me esperando.

— Eu vim te buscar.

— Tá bom, me leve até o seu povo.

E fui subindo com ele.

Eu pensava que eles tinham a mesma aparência que a nossa. Mas não, eles tinham rostos diferentes, a testa estranha... e o nariz era meio quadrado. Tinham espinhos por todo o corpo, como o porco-espinho. Fomos entrando. Ele entrou primeiro, e quando fui entrar, tinha uma caixa do marimbondo *krãjanetire* e eles estavam se mexendo. Eu parei preocupado.

— Pode entrar! — ele disse. — Eles estão se comunicando com a gente.

Entrei, tomando muito cuidado com os marimbondos e com os espinhos nos corpos daquele pessoal. Fui caminhando até encontrar o chefe deles.

— Esta é a aldeia do meu povo. Eu te convidei pra conhecer a gente e você chegou até aqui. Olhe pro meu povo. Este é o nosso lar. A gente vive aqui.

Vi uma multidão de pessoas e observei que elas eram realmente diferentes; tinham características muito diferentes. Fiquei procurando para ver se achava alguém que se parecesse conosco, mas não, todos tinham aquela mesma aparência. Depois que conheci o seu povo, meu guia disse:

— Ropni, você tem que ir agora!

Eu me despedi do cacique e falei que já estava partindo. Quando cheguei na saída, olhei para baixo e vi que onde eu estava era muito alto. Olhei para um lado, olhei para o outro, fiquei com medo da altura e voltei. Logo nos encontramos de novo e o cacique me perguntou:

— E aí?

— Eu fiquei com medo da altura, por isso retornei.

— Não! Vamos lá, eu vou contigo. Você precisa voltar!

Ele me disse para eu dar um pulo e tentar descer.

— Tenta aí!

Assim eu fiz, e consegui descer rapidamente e entrar no meu corpo. Me levantei e meu corpo estava tremendo.

Tenho visitado os pajés que vivem na água. As aves e os animais terrestres também vivem na água. Os jabutis são da água, os quatis, as pacas, os tatus-canastra, todos os animais vivem na água. E as onças, principalmente. Quando nós moramos na aldeia Kamêrêkàkô, meu sobrinho fez uma roça bem próximo de onde ficava a toca das onças. À noite, enquanto eu dormia, vi uma onça vindo em minha direção, andando sobre a água. Fiquei olhando. Ela saiu do rio, tirou seu couro de onça e veio até mim. Sua aparência era como a nossa. Ela entrou na casa e eu perguntei:

— O que você faz aqui?

— Vim conhecer vocês. Vou dar uma volta, rodear as casas pra conhecer as pessoas. Depois eu volto aqui, e você pode ir junto comigo pra também conhecer minha morada.

Ela andou em volta das casas e os cachorros ficaram latindo para cima dela. Então veio me chamar e fui com ela.

No meio do caminho, ela me mostrou:

— Este é o meu couro. — E o vestiu.

Seguimos nosso caminho para a toca das onças. Ao chegarmos, já na entrada eu vi muitos couros retirados pelas onças. Elas são como humanas, são gente-onça, *rop bêngôkre*.

— Esta é a nossa morada, é aqui que vivemos.

Quando pensei em perguntar o nome delas, a coruja apareceu e veio falar comigo.

— Meu pessoal está querendo te conhecer. Estão esperando por você. Vamos lá?

— Vamos.

E fui com ela conhecer seu povo.

Foi assim que fui me tornando pajé.

Um dia eu estava com o Sapaim na sede da Funai e uma pessoa veio falar com a gente.

— Meu filho está mal. Ele está delirando, fica gritando... Vocês poderiam tentar curá-lo? Nosso outro filho também estava com esse problema, e ele pulou de um lugar alto e se matou. Estamos preocupados.

O Sapaim me perguntou:

— Irmão, vamos lá?

— Vamos.

Quando entramos na casa, vimos que havia umas esculturas estranhas de madeira. Os pais nos receberam e disseram:

— Nós chamamos vocês pra entender o que está acontecendo com nosso filho.

O filho estava no quarto, e logo vimos que ele estava com o semblante bem alterado. O Sapaim me perguntou se eu percebi alguma coisa nele, e eu disse:

— Sim. Os espíritos maléficos estão com ele.

— É verdade. É isso mesmo.

Naquela época eu já conseguia ver a doença dentro da pessoa.

Preparamos o fumo. Ele acendeu um cigarro e eu acendi o cachimbo. Começamos a fumar, soltamos fumaça nele e eu falei para Sapaim:

— Você primeiro.

Ele tirou uma coisa da garganta dele, tirou duas vezes, me disse para eu tirar outra do pescoço e eu também tirei, duas vezes. Descansamos um pouco, depois continuamos. Quando terminamos, o pai pagou o tratamento do filho, pagou mil para o Sapaim e mil para mim. Ele falou:

— Vocês curaram meu filho e eu estou feliz por isso. Ele quase acabou com a própria vida, mas agora está bem.

E nós dissemos para ele:

— Seu filho ficou mal por causa dessas esculturas que você coloca aqui. É bom vocês tirarem isso pra ficarem tranquilos.

Naqueles dias tinha um grupo de indígenas em Brasília e nós estávamos tentando conseguir uma audiência com o presidente Sarney. Eu estava articulando essa agenda com o presidente da Funai, e ele telefonou para o Sarney na minha frente. Os dois conversaram um pouco e ele me disse:

— O Sarney quer falar contigo. É sobre outro assunto.

Ele me passou o telefone e eu disse:

— Prossiga, Sarney. Fala comigo.

— Raoni, é o seguinte: eu tenho um grande amigo que está precisando da sua ajuda. O nome dele é Augusto Ruschi. Ele está muito doente e eu queria saber de você e do Sapaim se teria como vocês ajudarem. Ver o que ele tem e tirar essa doença dele pra ele ficar bom.

— Tá certo, vou conversar com o Sapaim sobre isso. Que dia seria?

— Amanhã mesmo. Vou mandar um avião levar vocês.

Eu me encontrei com Sapaim e ele me perguntou:

— Onde você estava?

— Eu estava com o presidente. Falei com Sarney pelo telefone e ele me pediu pra gente curar um amigo dele que está doente. Eu estava te procurando pra te passar esse recado.

— Tá bom, vamos lá.

— Amanhã um avião vai levar a gente ao Rio de Janeiro.

No dia seguinte tomamos café e um carro veio nos buscar para nos levar ao aeroporto. Embarcamos num avião do Exército e fomos direto para o Rio de Janeiro. Chegando lá, já tinha um carro nos esperando e seguimos até a casa do paciente. Era num lugar alto, tinha que subir um morro. Havia muitos cinegrafistas filmando, jornalistas... e os parentes dele estavam com ele. Assim que o vimos, percebemos que os olhos dele pareciam com olhos de sapo. Sapaim me falou:

— Meu irmão, você está vendo isso?

— Sim. É sapo que está atacando o homem.

— É isso mesmo. Vamos tirar os feitiços do sapo que ele vai melhorar.

Então começamos. Realmente havia muitas secreções de sapo dentro dele. Concluímos a primeira parte do tratamento e dissemos que no dia seguinte retornaríamos para continuar.

Fomos para o hotel e um general apareceu por lá.

— Raoni, eu vim convidar vocês pra visitar um lugar antigo, dos ancestrais de vocês, onde eles pescavam.

Perguntei ao Sapaim se ele já tinha visto aquilo e ele me disse que não.

— Então vamos lá pra você ver.

Era uma espécie de lago onde o pessoal pescava, perto do aeroporto. Ainda existem vestígios. Depois nosso guia falou:

— Vamos lá ver o bananal. Esse local de plantação é muito antigo, desde os tempos dos seus ancestrais.

— Sim, esta terra é dos nossos antepassados. Eles viveram aqui.

No dia seguinte, após o café, o carro veio nos buscar e fomos novamente para a casa do nosso paciente. Ele estava nos esperando. Estava forte. Logo que chegamos, o Sapaim perguntou para ele:

— Você dormiu bem? Sonhou?

— Agora estou melhor! Dormi bem e sonhei com uma mulher linda! Meu apetite voltou ao normal.

E Sapaim se dirigiu a mim:

— Veja, ele já está melhorando.

Fizemos de novo o tratamento. Usei o *atorokõn*, um remédio que temos para tratar doenças de sapo, de qualquer sapo.

Fizemos uma infusão e banhamos o paciente. No final dissemos para ele:

— Pronto. Esta foi a última parte do tratamento, a gente já concluiu.

— Tá bom, já estou me sentindo bem!

Ficamos esperando que ele nos pagasse, mas ele não falou nada e fomos embora assim mesmo. No quarto do hotel, após a janta, o Sapaim comentou:

— Ele não pagou a gente.

— Pois é, ele não pagou...

— O feitiço do sapo vai voltar. Vai atacar novamente e provavelmente vai levar o homem à morte.

— Sim. A doença vai atacar novamente.

Voltei para Brasília e o Sarney me ligou dizendo que queria conversar comigo pessoalmente. Ele sempre me convidava para nos reunirmos. Hoje ele já deve estar velhinho, não sei se anda ainda. Fui sozinho encontrar com ele. Um assessor me perguntou se eu estava lá para falar com o Sarney.

— Sim, ele está me esperando.

— Tá bom, vamos lá. Eu vou te acompanhar.

Entrei no gabinete e o presidente estava sentado.

— Sarney, você tem alguma coisa pra me falar?

— Sim. Você e Sapaim curaram meu amigo. Agora ele está bem e estou muito feliz por isso. Eu estava te esperando pra te agradecer pessoalmente.

— Sim, a gente curou seu amigo. Mas deixe eu te contar uma coisa: ele não pagou pelo tratamento. A doença vai voltar. Por que você não paga?

Foi isso que eu falei para o Sarney, mas ele só agradeceu mesmo, também não nos pagou. Alguns meses se passaram, o feitiço voltou e matou o Ruschi.

Um tempo depois o Sapaim me disse:

— Irmão, você é um bom pajé. Acompanhei você na cura de muitas pessoas. Vou te dizer uma coisa: na minha aldeia tem pessoas se passando por pajés, fumando o fumo, mas não produzem com isso efeito nenhum. Não conheci um pajé como você.

E eu disse a ele:

— De minha parte eu realmente considero você, o seu irmão e o Xariruwa os legítimos pajés. São os melhores pajés que eu já conheci.

UMA CASA PARA OS PAJÉS

Também passei a realizar tratamento nos meus parentes de outras aldeias. Uma vez fui até a aldeia Gorotire, onde havia duas pessoas sofrendo com alguma doença. Meu genro Parityk, que já era pajé naquela época, me disse:

— Meu sogro! Você que veio pra curar os doentes?

— Sim.

— Então você faz o tratamento neste paciente e eu faço naquele.

Eu concordei e comecei o trabalho. A garganta do doente estava cheia de baratas, que eu segurei com minhas mãos e mostrei para o meu genro.

— Veja, eu já estou tirando.

Tirei todas as baratas da garganta dele e assoprei. Parityk tirou a doença do outro paciente, e logo em seguida os dois conseguiram dormir. Depois de terminado o trabalho ele me perguntou:

— Meu sogro, pra onde você vai agora?
— Eu vou voltar.
Então ele foi para um lado, e eu fui para o outro. Retornei para o meu corpo e me levantei.

Em outra noite eu fui para a aldeia Kikretum. Me transformei em tuiuiú e pousei num galho de castanheira. Fiquei olhando para a aldeia até encontrar com uma mulher que era chamada pelo nome de Bekwỳjkangroti. Ela estava doente e embaixo dela eu vi o espírito-peixe-elétrico *mrykaàk*. Ela dormia sobre ele.

Fui até o povo Xikrin do Cateté, onde me encontrei com uma pessoa de quem não lembro o nome. Ela me perguntou:
— Ropni, é você que veio?
— Sim, vim conhecer vocês!
— Aqui estamos bem, todos bem de saúde!
Depois fui dar uma volta, conhecer o pessoal. Vi um velho de cabelos brancos numa casa que estava cheia de lagartixa em volta. Pensei: "Parece que ele tem o poder de se comunicar com lagartixa". Conversamos um pouco, me despedi dele e retornei para o meu corpo.

Em outra noite eu fui até a aldeia Kubẽkàkre e vi uma moça que estava muito mal. Ela estava deitada com a cabeça no colo da mãe. Eu pensei: "Vou curar essa moça". Tirei a doença de dentro do seu peito e joguei fora. Fiquei observando. Ela repousou um pouco, se levantou e disse para a mãe:
— Eu já me sinto melhor!
Nem a mãe nem a filha me enxergaram.
Depois eu curei a Nhak-ô. A carne de caça estava fazendo mal a ela, que tinha gases na bexiga e gemia de dor. De longe eu fiquei olhando e pensei: "Vou curar essa moça!", e tirei dela tudo aquilo que a estava dominando. A mãe dela conseguiu me enxergar; ela era uma excelente pajé.
— Foi você que curou minha filha?
E eu respondi que sim.

A PERSEGUIÇÃO DOS ESPÍRITOS-BOI

Uma vez eu estava fazendo tratamento num doente e pedi licença para ir plantar coco-babaçu. Fui com a minha esposa, cavamos os buracos e plantamos muito coco-babaçu. Quando eu estava voltando para continuar o tratamento no paciente, os feiticeiros estavam incorporados num boi. Eu passava bem no meio da aldeia quando o boi veio correndo por trás de mim. Me virei, vi o boi e pensei: "O que eu faço agora?". O boi me acertou e me jogou para o alto. Caí no chão e o boi pisou na minha perna, na cabeça. Pensei que tinha rachado minha cabeça, não acreditei. Sentia dores fortes pelo corpo todo. Meu filho Prêjkỳ correu para me socorrer. Tocaram o boi para longe e o mataram com tiros de espingarda.

O Megaron providenciou uma aeronave para me remover e no outro dia bem cedo o avião chegou. Ao pousar na cidade, me levaram direto para o hospital. Um médico começou a fazer uma drenagem no meu joelho e eu adormeci. No meu sonho eu vi o doutor já concluindo o trabalho. Acordei e ele me perguntou:

— Como você está se sentindo?
— Um pouco melhor...

E me mostrou um pus verde que ele tirou do meu joelho, onde estava o feitiço.

À noite, ao dormir, sonhei que Jesus estava descendo do céu até mim. O telhado do hospital não foi uma dificuldade para ele. O teto se abriu, ele desceu e ficou de pé na minha frente.

— Meu filho, o que aconteceu com você?

Contei a ele sobre o acidente com o boi e ele me disse:

— Filho, você é pajé, você mesmo pode se curar. Você acha que está morrendo, mas não está! Está se fortalecendo como pajé. É somente isso que eu vim te dizer. Já me vou.

E retornou para o céu.

O outro espírito que viera com ele me falou para ir junto com Jesus. Eu achei que ele já tinha ido muito longe, mesmo assim resolvi ir atrás. Minha perna estava doendo, estralando, mas consegui pular e me afastei um pouco da terra. Já estava perto de Jesus quando o espírito-chuva veio falar comigo preocupado, dizendo que era melhor eu voltar. Concordei.

Ao retornar meio de qualquer jeito, acabei descendo pelo lado errado do rio. Encontrei com um jacaré que me perguntou:

— Tio, é você mesmo?

— Sim, sou eu.

— A sua casa fica do outro lado do rio... E agora, como você vai fazer para atravessar?

— Ainda não sei...

— Você pode subir em mim. Sente-se sobre o meu pescoço que eu te atravesso.

— Está bem!

Eu me sentei no pescoço do jacaré e ele me atravessou. Subi o barranco e uma paca veio em minha direção, parou bem na minha frente e perguntou:

— Meu tio, é você?

— Sim, sou eu!

— Você está indo nesta direção?

— Sim!

— A sua casa fica praquele lado!

E foi comigo me mostrar o rumo. Pulei de volta e entrei no meu corpo.

Acordei e fiquei pensando no que eu tinha visto.

O médico fez curativo e colocou gesso na minha perna. Fiquei deitado até anoitecer e vi quando os pajés entraram no meu quarto. Eles diziam para eu confiar em mim mesmo, que eu mesmo poderia me curar. Todos me encorajavam para que eu fosse firme nesse desafio. Tinha um sobrinho meu comigo e ele ficou desesperado:

— Tem algo brilhando em cima da gente! — E acendeu a luz. — Estou ouvindo vozes de pessoas!

E eu disse a ele:

— Você pode ficar tranquilo, eles já estão indo embora.

Voltei para a minha aldeia com o gesso na perna.

EU MESMO DEVERIA TIRAR MEU SANGUE

Passado um tempo me disseram que viria um avião para me remover para Brasília. Dessa vez quem me acompanhou foi o Bepkrã-ô. Ficamos hospedados na casa de um servidor da Funai, Nelson César Destro Júnior. Sua esposa preparou um almoço, eu comi e me deitei. O filho deles estava brincando perto de mim, depois ele se deitou e dormiu. Eu pensei: "Espero que você continue dormindo!". Fiquei acordado e vi quando uma cobra-verde veio em minha direção. Ela me disse:

— Meu tio!

— Sim.

— Eu vou aí tirar seu sangue.

— Pode vir.

Eu fiquei impressionado ao ver a cobra tirando o meu sangue. Era muito sangue! Depois ela disse:

— Eu já vou embora!

— Sim, pode ir.

A cobra foi descendo, passou pelo filho do César e se encostou em seu peito. Ele acordou, viu a cobra e gritou espantado. Os pais dele chegaram correndo.

— O que aconteceu?

— Tem uma cobra ali! — o filho disse.

E eu, querendo acalmar a todos, falei:

— Acho que não era cobra não. Era um calango-verde *ngrãngrãti*.

Na noite seguinte, outra situação. Dois feiticeiros transformados em cobras chegaram até mim. Eles carregavam uma pedra enorme, que tinham a intenção de colocar sobre mim para me esmagar. Fiquei só olhando enquanto eles vinham em minha direção, mas consegui me livrar. Um dos feiticeiros eu consegui pegar e o outro estava escapando. Fiquei gritando pelo Bepkrã-ô para ele me ajudar, para matar aquele outro que estava fugindo, mas ele não apareceu e o feiticeiro escapou. Consegui matar somente um. Fiquei tremendo. Quando encontrei com o Bepkrã-ô, falei bravo com ele:

— Onde você estava quando precisei da sua ajuda?

— Eu estava procurando um pedaço de pau.

Mas eu duvidei, acho que ele estava era com medo.

Outro dia depois do almoço, eu me deitei e dois pássaros pousaram em meus ombros. Era um *kwêjrerekre* e um beija-flor *nhujtire*. Eles conversaram comigo.

— Meu tio!

— Sim!

— Você mesmo tem que se curar, tirar o sangue do seu corpo. Você pode chupar o sangue forçando suas bochechas.

— Está bem, vou fazer isso!

Abri a boca, forcei minhas bochechas e meu sangue começou a se derramar por cima de mim.

Outra noite, quando adormeci, o meu tio Kruwapreti me visitou com outros dois pajés. Fiquei olhando enquanto eles se aproximavam de mim.

— O que os bois fizeram com você?

— Eles quebraram minha perna.

— A gente ouviu falar do seu caso e por isso a gente veio te visitar.

O Kruwapreti falou comigo me incentivando, dizia que eu precisava confiar em mim mesmo para superar aquele desafio. Que eu mesmo deveria tirar meu sangue. Eu disse a ele que sim, que eu mesmo estava fazendo esse trabalho, mas realmente não estava conseguindo, e perguntei se ele poderia me ajudar. Ele se sentou sobre mim e tirou um pouco do meu sangue. Depois os outros pajés também tiraram meu sangue e ficaram me encorajando. Eu dizia:

— Meus tios, os espíritos-boi ainda estão me atacando!

— Você mesmo pode espantar esses espíritos para longe de você.

— Eu tenho tentado, mas não estou conseguindo...

— Sobrinho, deixe que eles venham atrás de você novamente, que eu vou atacar os bois. Eu ando com minha borduna comigo, veja! — disse Kruwapreti, e me mostrou. — Esta é minha borduna! Assim que eu matar esses espíritos, vou entregar a borduna a você.

— Está bem!

Então chegou o momento em que os espíritos-boi vieram correndo.

— Vai, meu tio! Acerte neles! — eu disse.

— Deixe que se aproximem mais!

Quando eles já estavam perto da casa do César, prestes a entrar, Kruwapreti saiu e atacou os bois com sua borduna. Os que estavam na frente caíram e aqueles que estavam atrás conseguiram se levantar e fugir. Ele disse:

— Viu! É assim que eu faço com minha borduna! Agora eu vou te entregar e espero que você faça um bom uso dela!

Fiquei animado com o presente.

— Olha, Ropni, tem mais gente vindo te ver. Vamos esperar por eles?

— Sim, vamos!

Logo em seguida ouvimos os outros espíritos chegando com o ritual do *mẽ uwê môrô*. Eles me convidaram para participar da dança, mas respondi que eu não tinha condições. Concluíram o ritual e foram embora.

Numa outra noite, assim que me deitei e dormi, uma cobra cascavel veio me visitar.

— Meu tio! Você está dormindo?

— Sim!

— Olha, há uma doença ainda dentro de você. Eles não conseguiram tirar tudo. Os velhos não conseguiram, mas eu vou tirar!

E ela tirou a doença de mim.

— Veja, aqui está! Quem colocou isso em você foram os feiticeiros! Colocaram este feitiço para acabar com você! Eu já tirei o feitiço e agora você vai se recuperar!

— Está bem. Agradeço o que você fez por mim!

E ela disse ainda que muita gente queria ter ido com ela me visitar, mas que pediu que esperassem até que eu ficasse bom.

— Um dia eles virão.

Foi isso que a cascavel me falou. Depois se despediu de mim e partiu.

Eu não conseguia mais dormir direito, em todos os meus sonhos os espíritos vinham me visitar. Um dia o César chegou e disse que já era tempo de eu voltar para a aldeia.

— Está bem!

Peguei o avião e retornei. Já na aldeia eu vi que os espíritos-cobra tinham ido me procurar na casa do César. Consegui ver de longe e fiquei preocupado. Passei este recado ao César, para tomarem cuidado:

— Tem muita cobra indo me procurar aí na casa de vocês!

Mais tarde o César me contou que realmente aquilo tinha acontecido.

— Raoni, depois que você partiu, encontramos uma cobra bem na cama onde você estava dormindo! Depois ela foi embora.

— Sim, elas estavam me procurando.

O que estava me incomodando eram os espíritos-boi querendo acabar comigo.

Certa vez eu desci, comecei a caminhar, os bois vieram correndo atrás de mim e me cercaram. Eu consegui pular e do alto fiquei olhando para eles. Os bois não conseguiram me achar. Tentei retomar a caminhada, mas eles voltaram a correr atrás de mim. Dessa vez me transformei em cupim e eles não me acharam. Voltei a caminhar, logo os bois vieram e eu me transformei numa árvore.

Eu fugia deles, me escondia, mas eles sempre voltavam a me perseguir. Eu via os bois correndo debaixo de mim, me procurando, e ficava parado, só olhando. Os bois são insistentes. Até que um dia um boi me disse:

— Nós somos amigos, só estamos querendo conversar contigo e por isso estamos indo atrás de você.

Assim o boi falou para mim, e comecei a gostar deles.

— Sim, eu estava fugindo de vocês, mas agora que vocês estão conversando direito comigo, nossos espíritos podem se entender.

E foi assim que eu me entendi com os espíritos-boi.

Um dia um genro meu chegou no Piaraçu me dizendo que estava sendo atacado por alguma coisa. Fui verificar e percebi que eram os poderes de pajé. Os antigos pajés estavam transformando esse meu genro em pajé. Eu disse a ele:

— São os pajés que estão te passando poderes. Por isso você fica se sentindo mal. É assim mesmo, parece uma febre comum.

Ele duvidou de mim e eu fui contando a ele sobre as minhas visões.

Depois de um tempo nos encontramos outra vez e ele me disse:

— Meu sogro, você realmente estava falando a verdade sobre suas visões e o processo para se tornar um pajé. Hoje só eu sei o que estou passando... Eu falo para os meus filhos que você realmente é um grande pajé! Os processos que você viveu, eu também estou vivendo.

* * *

Estou planejando fazer uma casa para os pajés, onde eles possam se encontrar, debater sobre as doenças, fazer diagnósticos juntos, conversar quando aparecerem doenças novas. É isso que eu estou pensando. Nossos antepassados faziam isso, e quando os antigos pajés se juntavam, eles ficavam ainda mais poderosos. Tiravam a doença das pessoas e eram bem recompensados por isso, geralmente com pena de arara e linha de algodão.

7. Iprẽre e Ôjropre: A criação

ANTES, NÃO EXISTIA NADA

Antigamente não existiam os alimentos e os animais que existem hoje. Não existia mandioca, não existia batata, não existia banana. Não existia o porco queixada, o tatu, o jabuti. Nenhuma caça, nada!

Iprẽre era casado e tinha filhos. Ôjropre era o irmão mais novo de sua mulher. Um dia Ôjropre estava em sua casa na aldeia quando Iprẽre chegou para conversar com ele.

— Cunhado, combinei com a sua irmã o seguinte: a gente vai sair da aldeia. Vamos para um lugar bem longe e vou matar bastante caça para que nossos filhos possam comer bem e crescer rápido. — Ele queria que seus filhos crescessem rápido porque estava pressentindo que alguma coisa ruim estava para acontecer.

O cunhado, animado, já se adiantou:

— Eu quero ir com vocês! Amanhã a gente vai. Eu nunca vi nenhuma caça, eu quero ir! Eu vou contigo, sua esposa e seus filhos pra longe da aldeia, e eu também vou caçar pra eles se alimentarem e crescerem rápido!

— Tudo bem. Assim que o sol raiar, a gente sai.

Partiram ao amanhecer. Passaram por um cerrado, atravessaram um trecho longo de floresta, depois seguiram por um campo aberto e entraram em outro trecho de floresta. Pararam, arriaram suas coisas, se sentaram e Ôjropre perguntou:

— E aí, vamos matar alguma caça?

No mesmo instante Iprẽre criou o tatu-de-quinze-quilos e disse:

— Olha ali um tatu!

— Nossa! Cunhado, pega alguma coisa com ponta pra eu matar essa caça!

Iprẽre criou uma lança e entregou ao cunhado. Em seguida criou o jabuti. Ele criava as coisas sem que Ôjropre percebesse. Ôjropre gritou:

— Cunhado, já matei o tatu!

— Tá bom. Eu também já juntei uns jabutis, te espero aqui!

— Estou indo! Quero ver esses jabutis com meus próprios olhos!

Chegou correndo, olhou para os jabutis e perguntou:

— Cunhado, de onde eles vieram? Como você conseguiu juntar esses jabutis?

— Eles estavam por aqui, em volta desses cogumelos orelhas-de-pau.

— Cunhado, me espere aqui que eu também quero pegar jabuti!

— Não precisa, eu já juntei tudo o que a gente vai comer. Pegue somente a embira para amarrar.

— Tá bom.

Tirou a embira, dividiu os jabutis em dois amarrados e fez as alças para carregar. Colocaram os jabutis nas costas, Ôjropre jogou o tatu por cima, e voltaram para o acampamento.

Chegaram com as caças, assaram e dormiram. No outro dia seguiram caminhando. Passaram por um trecho de floresta, um trecho de cerrado, até que chegaram numa grande floresta de buritis. Entraram. Iprẽre falou para os filhos:

— Peçam pro seu tio procurar um local bom pra gente acampar. A gente vai ficar por aqui mesmo. Daqui a gente não vai mais sair.

Assim falou. E Ôjropre, que tinha escutado, já saiu abrindo caminho e quebrando galhos com as mãos para indicar a trilha. Até que chegou num local que achou bom e ficou esperando os outros.

Quando eles chegaram, Ôjropre perguntou:

— Cunhado, veja. Este local serve pra gente?

— Aqui está bom sim. Nessa casa de cupim aí ao lado sua irmã já vai preparar o forno para assar a caça.

— Cunhado, então vamos logo matar mais alguma caça!

Saíram para caçar, logo encontraram um bando de caititu e mataram quatro. O porco caititu, ao contrário do porco queixada, já existia desde muito antes, mas só naquele momento Iprĕre fez com que Ôjropre o conhecesse. E Iprĕre juntou mais jabutis. Ele tinha criado muitos, mas só pegava o necessário. Novamente dividiu e amarrou os jabutis e os caititus, dois para cada, e botaram nas costas. Por ser o criador, para Iprĕre não havia nada pesado, nem para ele nem para Ôjropre. Aprontaram o forno, assaram a caça e comeram. Já era noite.

ASSIM AS ARARAS FICARAM ARISCAS

Quando amanheceu, Ôjropre disse:

— Cunhado, vamos lá caçar de novo pra sua esposa assar carne pros seus filhos.

— Vá você, eu vou ver uma parede de pedra onde as araras estão fazendo ninho. Vou montar uma tocaia de palha no alto do paredão.

— Tá bom, cunhado, vai lá na parede de pedra ver as araras, que eu vou caçar. A gente se divide. Depois eu também quero ir lá matar arara!

Só de falar e pensar nas araras, Iprĕre já as estava criando. Ao chegar, pôde ver muitas delas. Pegou palha e subiu para fazer a tocaia. Quando terminou, voltou ao acampamento.

Logo Ôjropre chegou trazendo dois caititus, arriou a caça no chão e falou para a irmã:

— Prepare o forno e asse esta caça pros seus filhos comerem.

Ela serviu a ele berarubu de banana-brava, e enquanto ele comia, foi preparar o forno. Ôjropre perguntou:

— Cunhado, você já aprontou a tocaia lá onde estão as araras?

— Sim, está pronta. Amanhã vou lá matar algumas.

— Eu também quero caçar arara!

— Eu vou primeiro, depois você vai.

No dia seguinte, Iprĕre foi à parede de pedra e viu muitas araras. Entrou na tocaia, atirou todas as suas flechas e desceu com as araras que tinha matado. Retirou delas as flechas, forrou o chão, colocou as araras por cima e cobriu com palha. Tornou a subir, atirou novamente todas as suas flechas, desceu com as araras, juntou com as outras e cobriu. Fez a mesma coisa mais duas vezes, depois amarrou tudo e voltou para o acampamento.

Montou um jirau para assar a carne e foi tirar as penas das araras. Era muita pena!

Ôjropre chegou com caça nas costas e arriou no chão.

— E aí, cunhado, você matou alguma arara?

— Sim, já estou até trançando as penas, veja.

— Nossa, cunhado, você matou muita arara mesmo! Eu vou lá matar também!

— Me espere terminar de trançar estas penas, depois você vai e poderá matar arara também.

Iprĕre sempre indicava o caminho certo para seu cunhado, mas ele contornava sua palavra e fazia tudo diferente.

— Eu quero ir agora! Vou acertar muita arara e trazer pra você ver. Só você que vai matar arara, é? Eu vou é agora!

Ele se levantou, pegou as flechas e foi até a parede de pedra. A partir desse momento, Ôjropre estragaria muita coisa criada por Iprĕre.

Entrou na tocaia, as araras pousaram e ele atirou a primeira flecha. Errou. Acertou a pedra e as araras revoaram assustadas, fazendo aquela zoada, *arrr, arrrr, arrrr*, e pousaram numa parte mais alta do paredão. Depois voaram em círculos e foram pousar em cima de uma árvore. Nesse vaivém das araras começou a ficar tarde e ele pensou: "Eu vou é me embora!". Buscou a flecha que tinha errado e voltou sem nada para o acampamento. Iprĕre perguntou com alguma ironia:

— Ué, cadê as araras? Achei que você tinha matado!

— Elas se assustaram, revoaram, pousaram num lugar alto, se assustaram de novo e foram embora. Eu fiquei lá esperando, mas nenhuma desceu, ficaram só lá em cima.

— Você fez errado, você não poderia errar a flechada. Você assustou as araras e a partir de agora elas se tornaram ariscas.

A CRIAÇÃO DA BANANA

Ôjropre falou:
— Cunhado, vamos caçar?
— Você pode ir, eu vou com sua irmã procurar uma banana-brava com a semente dura pra preparar o fruto pros nossos filhos comerem junto com a carne.
— Tá bom, e eu vou caçar.
Iprẽre saiu com a esposa e logo acharam um bananal de banana-brava.
— Veja aquela ali. Derrube pra ver se a semente já está dura — ele disse à mulher, que derrubou a bananeira-brava, pegou seu fruto e abriu.
— Acho que já está boa.
— Está bem. Venha ver! Aquilo ali está parecendo folha de banana mesmo!
Ela olhou e disse:
— Sim, é banana!
— Deixe as sementes da banana-brava aí no chão e vamos lá ver as bananas.
Eram muitas bananas. Iprẽre falou:
— Vamos levar só as maduras e não vamos contar pro seu irmão. Se a gente falar alguma coisa, ele vai destruir isso também.
Então eles juntaram um monte de banana e levaram para os filhos. Comeram algumas e cobriram o resto com palha.
Ôjropre chegou com a caça e Iprẽre disse para a esposa:
— Leve umas bananas pro seu irmão comer, depois você faz o forno pra assar a carne.
Ela entregou um tanto de banana para Ôjropre, que olhou aquilo e disse:
— O quê?! Isso é banana! Cunhado, onde vocês acharam isso? Quero ir pegar também!
— Só tinha uma bananeira. Sua irmã pegou umas bananas, a gente trouxe e seus sobrinhos comeram algumas. Sobrou apenas esse pouco aí que ela te deu.
— E por acaso as bananeiras não gostam de estar juntas umas das outras? Onde há uma bananeira sempre há muitas!
— Só tinha uma — disse Iprẽre.
— Vocês procuraram atrás dela pra ver se não tinha mais nenhuma?
— Sim, procuramos.
— Não acredito, sempre há muitas! Eu vou até lá. Por onde vocês foram?

— Fomos por aquele caminho ali — disse Iprẽre, apontando o rumo do bananal. — Você vai ver onde sua irmã pegou banana-brava. Para naquele ponto e olha em volta procurando a folha da bananeira, que você vai ver.

Já era tarde da noite quando Ôjropre voltou.

— Cunhado, você já está dormindo?

— Não, estou somente deitado, estava te esperando chegar.

— Eu procurei por toda parte no local onde minha irmã pegou a banana-brava.

— E não achou nada?

— Não achei.

— Então durma. Amanhã eu e sua irmã vamos te levar até lá.

— Não, cunhado, me levem logo! Vou pegar banana no escuro mesmo!

— Não, deite e durma. Amanhã a gente vai.

— Eu quero ir logo! Quero tirar umas pencas e pendurar aqui pra comer quando amadurecerem.

— Durma, amanhã a gente te leva.

— Então tá bom.

Ôjropre se conformou e foi se deitar.

No outro dia bem cedo ele disse:

— Cunhado, você já acordou? Vamos logo!

— Espere o sol sair, depois a gente vai. É perto.

Ele sempre enrolava Ôjropre desse jeito.

— Não, cunhado. Vamos indo, assim quando o sol sair, a gente já vai estar lá!

E insistiu tanto que Iprẽre disse para a esposa:

— Vamos logo levar seu irmão pra ele ver a banana.

Quando chegaram onde a mulher tinha derrubado a bananeira-brava, Iprẽre falou:

— Por onde você foi? Olha lá, veja a folha da bananeira!

Ôjropre esticou o pescoço e viu a banana.

— Eita, será que eu não estou enxergando direito? Eu andei por aqui. Olha, até quebrei uns galhos... Como não enxerguei?

— Pois é, você não enxerga? Agora vamos pegar só as bananas maduras. As verdes e as que ainda estão pequenas a gente deixa aqui e vai tirando conforme elas forem amadurecendo.

— Não. Vou tirar tudo e levar pra comer quando amadurecerem.

Então ele foi cortando, foi cortando, foi cortando... e foi embrulhando as bananas. Voltava, pegava mais e embrulhava, voltava, pegava mais e embrulhava, até que acabou com tudo.

— Pronto, seu irmão já destruiu tudo... Vamos embora — disse Iprẽre à esposa. — Ele poderia ter pensado direito e ter tirado só as bananas maduras e grandes, mas ele acabou com tudo...

Voltaram para o acampamento carregando parte das bananas, e depois foram pegar o resto.

ASSIM A CASTANHEIRA SE TORNOU UMA DAS ÁRVORES MAIS ALTAS DA FLORESTA

No outro dia Ôjropre falou:

— Cunhado, vamos caçar?

— Pode ir você. Eu vou com sua irmã procurar sapucaia. Depois ela vai fazer um forno de pedra e a gente vai comer castanha de sapucaia com carne.

Iprẽre saiu com sua mulher e de repente viu uma folha diferente.

— Olha, parece folha de castanheira! Venha ver.

— É castanha sim!

Assim ele criou a castanheira, que naquele tempo ainda não era uma árvore muito alta. Iprẽre falou:

— Fique aqui embaixo, eu vou lá ver se as castanhas já estão boas.

E ele simplesmente subiu, como que voando, com seus poderes, e parou num galho. Quebrou um ouriço e jogou as castanhas para a esposa.

— Tire a casca e experimente.

Ela tirou a casca.

— Sim, já estão boas!

— Então vá procurar lenha.

E ficou lá em cima coletando os ouriços, depois desceu. Dividiu os ouriços em quatro partes e pôs lado a lado para assar. Quando ficaram brancos, tirou do fogo, esperou esfriar e colocou nos cestos, enchendo até ultrapassar a linha da boca. A esposa, que ia carregar um cesto, falou:

— Por acaso castanha é leve para eu carregar tanto ouriço nas minhas costas?

— Sim, é leve, experimente.

Ela pegou um cesto e, vendo que de fato era leve, colocou ainda mais ouriços por cima. Não havia o pesado para eles. Levaram de volta para o acampamento e ficaram comendo castanha. Iprẽre falou para os filhos:

— Comam um pouco que depois eu e a mãe de vocês vamos esconder as castanhas do seu tio. Se a gente contar pra ele, ele vai destruir isso também. Digam que isso é castanha de sapucaia.

Ôjropre chegou trazendo caititu, arriou a caça no chão e disse para a irmã preparar o forno de pedra. Iprẽre falou para a esposa:

— Dê um pouco da sapucaia pro seu irmão comer, depois você prepara o forno.

Ela levou a castanha, Ôjropre olhou e falou:

— O que é isso? É castanha! É castanha mesmo! Cunhado, onde você e minha irmã andaram que acharam essas castanhas?

— Não é castanha, é sapucaia. A gente achou um pé de sapucaia nova e pegou algumas. Sua irmã fez um forno, a gente assou e trouxe.

— Nada disso! Sapucaia tem a amêndoa pequena. Olha como essa aqui é comprida! Cunhado, onde você e minha irmã pegaram isso?

Iprẽre apontou no rumo da castanheira.

— Foi seguindo essa trilha aqui. Vá por ela que você vai ver a sapucaia.

— Não é sapucaia, é castanha!

Ôjropre pegou suas flechas e partiu. Os outros ficaram esperando, até que no meio da tarde ele voltou:

— Cunhado, fiquei procurando e não vi nada.

— Vou te falar: você vai até o lugar onde sua irmã tirou embira, então vai olhar em volta e vai ver a sapucaia.

Nisso uma arara cantou. Iprẽre continuou:

— É bem naquele rumo onde a arara cantou.

— Tá bom, vou lá.

E foi seguindo o canto da arara até anoitecer. Os outros ficaram esperando e acabaram dormindo. Já estava clareando o dia quando Ôjropre chegou de volta.

— Cunhado, você e minha irmã já acordaram?

— Sim, já acordamos.

— Então venham me mostrar o local da castanheira, que eu quero tirar castanha também!

— Foi sapucaia que a gente tirou, mas parece castanha de verdade.

— É castanha de verdade mesmo! Vamos até lá!

— Espera, deixa o sol sair e a gente vai. É perto.

— Não. Vamos logo, assim quando o sol sair, a gente já vai estar lá.

— Não, espere.

Quando o sol já estava ficando alto, Iprẽre falou para a esposa:

— Pronto, vamos lá, vamos levar seu irmão.

Eles foram, e no caminho Iprẽre disse:

— Veja, aqui foi onde sua irmã tirou embira. — E apontou para a castanheira: — Olha ali aquela folha.

Ôjropre falou:

— Será que sou cego? Eu andei aqui! Veja os galhos quebrados.

— Você não enxerga? Lá estão as folhas da castanheira.

Foram até a árvore e Iprẽre disse:

— Suba antes de mim, que eu e sua irmã vamos cortar lenha pra fazer o fogo.

Ôjropre subiu até o topo da árvore usando um cipó e ficou tirando os ouriços. Enquanto isso, os outros partiram lenha até juntar uma grande quantidade. Iprẽre falou para a esposa:

— Pronto, acenda o fogo que eu vou atrás do seu irmão.

E ele simplesmente subiu, como que voando, com seus poderes, até o topo da árvore. Ôjropre se virou e viu Iprẽre.

— Cunhado, você já subiu?

— Sim.

— Cunhado, por onde você subiu? Me conta!

— Subi usando o cipó.

— Mas, cunhado, agora há pouco você estava lá embaixo falando com minha irmã enquanto eu tirava os ouriços, e de repente já está aqui em cima... Como você fez isso?

— Eu subi pelo mesmo lugar que você.

Ôjropre continuou perguntando, e de repente Iprẽre já estava no chão novamente, conversando com sua esposa. Ôjropre quis saber:

— Cunhado, como você fez isso? Me conta como você fez pra eu poder fazer também!

— Eu desci pelo mesmo cipó que a gente usou pra subir.

Iprẽre ficava tentando esconder e Ôjropre teimava em perguntar. Até que Iprẽre falou:

— Vou te contar. Eu peguei uma folha de castanha, uma folha nova, com broto, coloquei entre os dedos do meu pé e desci devagar, girando como uma folha que cai, até chegar no solo.

— Tá bom, já que me contou vou fazer igual a você — disse Ôjropre.

Mas ele quebrou um galho inteiro, colocou entre os dedos e foi direto para o chão. Caiu e morreu. A mulher deu um grito:

— Meu irmão se matou!

E Iprẽre disse:

— Veja, seu irmão não pensa direito. Ele caiu da castanheira e morreu, agora vai ficar aí. Vou limpar um local e colocar o corpo dele para os urubus comerem sua carne. Depois a gente volta e pega os ossos para enterrar perto da gente.

Assim ele falou.

Acenderam o fogo e assaram as castanhas. Iprẽre ajeitou um local, limpou bem o chão, colocou o corpo de Ôjropre com o rosto virado para cima e fez um aviso aos urubus:

— Tenham cuidado com as veias do sobrinho de vocês. Não toquem nas veias dele!

Ele lhes pediu isso para ter menos trabalho na hora de ressuscitar Ôjropre.

Depois de três dias os urubus começaram a sobrevoar o corpo fazendo seu som característico — *uuu ne ne uuu* — e agiram como Iprẽre recomendou. E as aves comeram a carne do seu cunhado.

No outro dia Iprẽre disse à esposa:

— Vamos juntar os ossos do seu irmão e trazer para cá, vamos enterrar perto da gente.

Quando chegaram lá, a mulher falou:

— Deixa eu te falar uma coisa: meu irmão já não está mais aqui e a gente está muito triste com isso. Você tem que trazer Ôjropre de volta pra gente não chorar mais de saudade.

— Tá bom, se você está pedindo...

Forrou o chão com folhas de *kudjỳti*, colocou os ossos em cima, assoprou, e de repente Ôjropre ficou em pé.

— Cunhado, cunhado, o que foi, o que houve?!

— Você caiu da castanheira e morreu. Sua irmã e seus sobrinhos ficaram chorando de saudades suas e por isso eu te trouxe de volta.

Ôjropre ficou com raiva e disse:

— Vou bater nessa castanheira! — E já tirou um pé de bacaba para usar como arma.

Iprẽre gritou:

— Não faça isso! Assim a árvore vai ficar alta!

Naquele tempo a castanheira era baixa, da altura de um pequeno pé de açaí. Mas Ôjropre não deu ouvidos ao cunhado, e conforme ele batia na castanheira, ela ia crescendo, crescendo... Iprẽre gritava:

— Tá bom, chega! Tá bom!

E foi assim que a castanheira rompeu a copa das outras árvores e se tornou a árvore mais alta da floresta.

A ORIGEM DO RIFLE .44

No outro dia Ôjropre falou:

— Cunhado, você está sempre criando coisas. Faça agora outro tipo de arco pra eu caçar animais grandes pra alimentar seus filhos. Eu flechei quatro antas, mas elas escaparam com vida. Faça um arco diferente pra mim.

Iprẽre disse:

— Tá bom, vou fazer. Pega pra mim umas folhas compridas de banana-brava.

Ôjropre trouxe as folhas, Iprẽre começou a fabricar a arma. Pegou as folhas, umas pedras, esfregou umas nas outras e rapidamente terminou seu serviço. Em seguida ele fez a munição. Fez os projéteis, colocando pedras num pote de barro que esquentou até elas ficarem brancas. Criou também a cápsula e o propelente. Fez dez balas. Então sua esposa falou:

— Você tem que dar apenas uma pro seu cunhado. Por acaso ele tem a cabeça boa pra você dar esse arco diferente pra ele com tanta munição? Ele vai matar alguém com isso!

— Foi ele que me pediu, então eu fiz. E é pra caçar.

Ôjropre olhou a arma e disse:

— E como eu uso isso, cunhado? Onde está a munição?

— Está aqui.

Ôjropre olhou o tamanho da bala e falou:

— É pequena! Não dá, eu vou atirar na anta e ela vai sair viva.

— Pode confiar que com essa munição aí você vai matar a anta.

— Por acaso você fez munição grande também?

— Não precisa, é assim mesmo. Com essa aí você consegue matar.

Ficaram discutindo até que Iprẽre falou:

— Fica ali então, vamos testar. Vou te matar com isso.

— Tá bom. Onde você vai atirar?

— Vou atirar no seu peito.

Iprẽre deu um tiro e Ôjropre caiu. A esposa veio gritando:

— Por que você matou meu irmão?

— Fique tranquila. Ele mesmo vai se levantar. Vamos ficar observando, que ele vai se levantar.

E ficaram olhando. O buraco da bala foi se fechando até se fechar por completo. Ôjropre se levantou.

— Cunhado, o que aconteceu?!

— Eu te matei.

— Como?

— Com este arco diferente aqui, ora.

Ôjropre ficou observando a arma.

— Cunhado, agora você vai lá e eu vou testar em você.

— Tudo bem.

— E onde é pra eu acertar?

— No meu peito.

Ôjropre atirou e Iprẽre caiu. Sua esposa veio gritando:

— Por que vocês estão se matando?

Ôjropre falou:

— Fica tranquila, seu marido vai se levantar. Fica olhando, que ele vai se levantar.

O buraco da bala foi se fechando. Iprẽre se levantou e disse:

— Viu? É assim que você vai fazer com a caça.

— Amanhã eu vou matar aquelas duas antas que ficaram com minhas flechas fincadas nelas.

Logo que amanheceu, Ôjropre saiu para caçar e Iprẽre falou para a esposa:

— Vamos partir lenha, seu irmão já vai trazer caça.

Dali a pouco escutaram um tiro.

— Escuta: seu irmão já matou uma anta.

Outro tiro.

— Já matou as duas. Prepare o forno.

Pois é, foi assim que Iprẽre criou o rifle calibre .44. Foi o Mẽbêngôkre que criou a primeira arma de fogo, muito antes dos brancos. Depois os antepassados dos brancos levaram a arma, e quando voltaram, já diziam que era criação deles.

AS QUEIXADAS E A ORIGEM DAS SERRAS E DO MAR

Certo dia, Iprẽre chamou seu filho para caçar queixada. Naquele tempo ele já tinha transformado suas irmãs em queixadas, porque elas não dividiam o alimento com ele. Esta é a história: elas saíam para buscar comida, e quando voltavam para a aldeia com seus cestos, Iprẽre pedia aos filhos:

— Vão buscar um pouco de alimento com suas tias pra gente comer.

As crianças iam, mas as tias davam sempre a mesma resposta:

— A comida era pouca e a gente já comeu tudo.

Então Iprẽre prendeu suas irmãs na casa e preparou uma receita com folhas de tucum. Queimou as folhas e foi assoprando a fumaça na direção da casa. Quando o sol se pôs, já se podia ouvir o barulho do porco queixada, *weer, weer, weer*, desse jeito. Tocou as irmãs-queixada para dentro de um buraco, que fechou com uma pedra. Elas passaram muito tempo no buraco e lá se reproduziram.

Foi nesse buraco que, muito tempo depois, Iprẽre levou o filho para caçar queixada naquele dia. No caminho ele pegou dois frutos de tucum. Só dois. Chegou no buraco, tirou a pedra que fechava a entrada, bateu um tucum no outro e colocou os dois no lugar da pedra. Uma queixada saiu, ficou comendo o tucum, Iprẽre atirou sua flecha e matou. Fechou novamente o buraco, amarrou a queixada com embira e falou para o filho:

— Se seu tio perguntar alguma coisa, não conte nada a ele. Vamos proteger isto aqui. Se ele souber e vier até este buraco, ele vai pegar muito tucum e colocar na entrada, vão sair todas as queixadas e elas vão atacar vocês e fugir. Não vamos contar nada a ele.

Voltaram para o acampamento e Iprẽre disse à esposa:

— Prepare um forno e asse esta carne rápido pro seu irmão não ver o que é. Assim ela fez.

Ôjropre chegou trazendo um caititu. Iprẽre falou para a esposa:

— Sirva comida ao seu irmão.

Ela havia preparado a queixada com o fruto da banana-brava. Serviu Ôjropre, que começou a cheirar a carne.

— Isso é queixada! Queixada mesmo! Esse cheiro... Cunhado, onde você matou essa queixada?

— Não é queixada não. É um caititu *kamrãjre* que eu matei. Sua irmã assou e comemos antes de você chegar. Ela guardou esse pedaço pra você.

— Não, isso é queixada mesmo! Me deixa ver a cabeça. Meus sobrinhos, peguem a cabeça e tragam pra mim.

Eles pegaram a cabeça da queixada.

— Tá vendo, queixada tem a cabeça comprida. Pega a cabeça do caititu pra eu comparar. Veja, a cabeça do caititu é pequena. Cabeça de queixada é que é grande e comprida assim. Cunhado, onde você matou isso? Me conta pra eu matar também! Por acaso eu sou qualquer um pra você ficar escondendo isso de mim? Se fosse eu que tivesse matado queixada, eu te falava! Por onde vocês foram?

E Iprẽre acabou contando:

— Fomos por ali. Seu sobrinho poderá te mostrar o caminho, vá com ele. Elas estão presas num buraco. Você deve levar apenas dois frutos de tucum pra que apenas uma queixada saia do buraco. Se levar muito tucum, elas vão sair todas e atacar vocês.

— Eu vou lá matar queixada! Quero sentir o cheiro da queixada como você sentiu!

O sobrinho foi indicando o caminho.

— Eu e papai fomos por aqui, fomos por ali... Aqui o papai pegou os tucuns. Vamos levar apenas dois.

— Não, sobrinho, vou te falar: eu vou levar muitos tucuns pra matar muitas queixadas!

Pois é, ele era muito teimoso.

— E seu pai não queria me contar... Eu por acaso sou qualquer um pra ele ficar escondendo esses animais de mim?

Ôjropre derramou muito tucum na entrada do buraco e tirou a pedra. As queixadas começaram a gritar e saíram lá de dentro correndo. Atacaram os dois e fugiram.

Quando Iprẽre soube, ele tentou conter as queixadas. Foi criando serras na frente delas, mas elas subiam e atravessavam as serras. Ele criou rios, mas elas atravessavam nadando. Então ele criou o mar e assim conseguiu conter aqueles animais.

Antigamente não era assim, foi Iprẽre que criou essa grande água para cercar as queixadas.

O GRANDE FOGO

Um dia Iprẽre anunciou o grande incêndio:

— A terra vai queimar. A terra toda. Esse dia já está próximo.

Então ele criou o jacamim, tirou suas penas e orientou o cunhado:

— Pegue as penas desta ave e finque na terra formando um círculo. Circunde com elas este local aqui, onde a gente está, e quando a terra vier queimando, o fogo não vai entrar aqui, dentro deste círculo. A gente vai estar seguro.

Mas Ôjropre desconfiou, e perguntou aos sobrinhos:

— Por que o pai de vocês está achando que a terra vai queimar? Será que é verdade isso?

Iprẽre ele mesmo respondeu:

— A terra toda vai queimar e esse dia já está próximo: será daqui a quatro dias.

— Cunhado, se eu for até lá fincar estas penas como você está falando e nada acontecer, eu vou te chamar de mentiroso.

Mas, mesmo desconfiado, Ôjropre foi fincar as penas de jacamim conforme a orientação.

Enquanto isso, Iprẽre preparou uma receita macerando o caldo da batata-doce roxa com os frutos de uma palmeirinha de espinhos.

— Cunhado, agora pegue esta receita e vá derramando no mesmo círculo onde você fincou as penas. No centro você coloca umas folhas de banana-brava.

Ôjropre continuava desconfiado, e falava para os sobrinhos:

— Não sei de onde o pai de vocês tirou que a terra vai pegar fogo... Estou achando que tratei essa terra à toa!

Mas, de fato, passados os quatro dias o fogo veio queimando a terra, consumindo as árvores. Quando chegou no círculo onde eles estavam, o fogo se dividiu e as chamas se encontraram de novo do outro lado. E o fogo seguiu queimando a terra, queimando a floresta. Queimou tudo. É por isso que hoje, quando cavamos um buraco para pegar tatu, às vezes encontramos carvão e cinzas embaixo da terra. Essas árvores que queimaram eram enormes, e seus restos formaram os minérios que hoje os brancos querem tirar de debaixo da terra.

Eles ficaram a salvo dentro do círculo. No outro dia Iprẽre chamou todos para irem caçar. Então Ôjropre falou:

— Cunhado, que animais vamos caçar se todos morreram queimados? Vamos ficar por aqui mesmo!

— Não. Por ali, naquele rumo, se salvaram alguns animais que entraram na terra com medo do fogo. Vamos até lá.

Foram caminhando e Iprẽre criou o tatu-canastra.

— Veja, um canastra cavou aqui.

E Ôjropre disse:

— Uai... Acho que todos os animais morreram queimados e só sobrou um!

— Não foi só um, outros animais também se enterraram e escaparam do fogo.

Enquanto Ôjropre caçava o canastra, Iprẽre recriou alguns jabutis e pediu para seus filhos juntarem. Disse a eles:

— Amanhã o tio de vocês vai ao encontro dos nossos parentes e depois a gente vai levar vocês até eles.

E Ôjropre falou:

— E que parentes eu vou encontrar pra depois a gente levar seus filhos até eles se todos morreram queimados?

— Eles estão todos bem. Amanhã você vai até a aldeia e você mesmo vai ver.

Ôjropre seguia desconfiado.

— Então tá, amanhã eu vou lá encontrar apenas os ossos.

No outro dia ele foi. Passou por árvores ainda em chamas, atravessou a terra queimada, margeou rios que também estavam em chamas, até chegar numa trilha aberta que levava à aldeia. Procurou por seus parentes, mas apenas os ossos deles, bem brancos, estavam lá. Chegou perto dos ossos para ver melhor. Ficou muito triste e voltou.

— Cunhado, que parentes eu poderia ter encontrado? Estão todos queimados! Eu cheguei e vi apenas os ossos, fiquei muito triste. Não há ninguém vivo que possamos mostrar pros seus filhos.

— Nossos parentes estão lá. Eu ouvi quando cantaram na casa dos homens. Amanhã eu vou até lá. Vou comer com eles e volto.

— Cunhado, com quem você vai comer? Não tem ninguém vivo! Mas tudo bem, se você quer mesmo ir, amanhã você vai lá e vê os ossos.

No outro dia Iprẽre foi. Conforme ele ia andando pela terra queimada, já ia crescendo floresta. Entrou numa mata, tirou um pouco do cipó *kropoti adjêk* e levou consigo. Em outro trecho de mata ele pegou a planta *kudjỳti*, e depois tirou uns brotos de folha de bacaba. Juntou tudo, amarrou e seguiu para a aldeia. Também levou algumas palhas de ouricuri, e ao chegar forrou com elas a casa dos homens. Depois passou de casa em casa juntando os ossos das pessoas e acomodou tudo em cima das palhas. Pôs fogo nas plantas que trouxera e foi abanando e assoprando a fumaça no rumo dos ossos. Até que todos se levantaram de uma só vez. Ele se virou para as pessoas e começou a cantar:

Jàri jàri mõ
Jyri jyri mõ, jyri jyri mõ
Pyka rũmũ ba mẽ wa to ikato
Jyri jyri mõ, jàri jàri mõ

Andando, andando
Faço ressurgir da terra
Andando, andando

No final desse canto ele retornou para o acampamento e disse para Ôjropre:
— Fui até lá, e as pessoas estão muito bem. Fiquei um pouco com elas e voltei.

— Cunhado, como assim? Eu vi com meus olhos: só havia ossos!

E ficaram assim discutindo até que Iprẽre falou:

— Bom, vou comer. Amanhã você vai até lá e você mesmo vai ver. Depois que passar pelo lago, já vai escutar o pessoal cantando na casa dos homens.

— Então vou lá novamente. Vou ver os ossos das pessoas e volto.

Ele foi, e assim que passou o lago, já começou a escutar o pessoal cantando na casa dos homens.

— Como assim? Como estão cantando na casa dos homens se todos morreram queimados? Como meu cunhado fez isso com as pessoas?

Foi chegando à aldeia e topou com um pessoal subindo palha para cobrir casa. Quando os parentes viram que ele se aproximava, aqueles que cresceram junto com ele gritaram:

— Ôjropre chegou! — E chamaram: — Venha pra cá, Wakõjapê, Tàkàkỳre! — que eram seus outros nomes. — Estamos aqui! (Era assim que nossos antepassados faziam: parentes da mesma idade se sentavam juntos na casa dos homens. Hoje em dia estão esquecendo tudo…)

Ôjropre se sentou junto com eles e disse:

— Então vocês estão aqui?

— E onde estaríamos? Estamos aqui sim!

Comeu com os parentes e partiu. Estava muito feliz de ter encontrado todos vivos.

Ao chegar, foi logo perguntando:

— Cunhado, como você fez aquilo? Me conta pra eu fazer também!

— Eu não fiz nada. Estavam todos bem. Eu fui lá, comemos juntos e voltei.

— Cunhado, eu vi com meus olhos, lá só havia ossos! Fiquei muito triste. Depois você foi até lá, fez alguma coisa e as pessoas voltaram a viver. Me conta pra eu fazer também!

— Não. Agora que você já encontrou os parentes bem, podemos levar seus sobrinhos.

— Tá bom. Vamos caçar pra levar carne assada pros nossos parentes!

Flecharam duas antas, um tatu-canastra e um tatu-de-quinze-quilos. Juntaram jabutis também. Ôjropre tirou embira, amarrou a caça e fez a alça para carregar. Botou uma anta nas costas, o canastra por cima, e por cima dele ainda colocou o tatu e alguns jabutis. Iprẽre carregou a outra anta e os outros jabutis. Voltaram para o acampamento, fizeram um forno de pedra e puseram tudo para assar; dividiram a carne e partiram. Quando as pessoas viram que chegavam com as caças, já foram correndo na direção deles. Ôjropre falou para a irmã:

— A caça do seu marido você vai guardar pros seus filhos. A minha parte você pode distribuir pro pessoal.

Então, primeiro ela abriu um embrulho para um grupo, depois abriu mais um para outro grupo, e foi distribuindo. Em todas as casas as pessoas comeram a carne trazida por eles.

Pois é, assim eles reencontraram seus parentes e voltaram a morar na aldeia. Foi o que aconteceu quando a terra toda queimou. Algumas pessoas se transformaram em borboletas. Umas voltaram a ser Mẽbêngôkre, mas outras permaneceram sendo borboletas.

O FIM DE ÔJROPRE

Ôjropre era muito teimoso. Um dia estavam caminhando quando Iprẽre, com seus poderes, criou um tatu-canastra e mostrou para Ôjropre. Ele ficou muito animado:

— Cunhado, eu vou matar esse tatu!

E Iprẽre falou com sua esposa:

— Podem seguir por esta trilha. Depois que ele matar o tatu nós encontramos vocês.

Essa é a parte da história em que o tatu leva Ôjropre definitivamente para debaixo da terra.

Ôjropre foi abrindo o buraco e logo avistou o animal. Iprẽre falou:

— Acerta ele. Não demora, vamos logo atrás da sua irmã e seus sobrinhos.

— Cunhado, vou tirar direito, vou puxar ele pelo rabo. — Ele queria matar o tatu com todos os cuidados, para não estragar sua carapaça.

— Assim você não vai conseguir. Fura logo ele. Já está ficando tarde.

— Vou tirar ele vivo e quebrar seu pescoço. Já peguei no rabo dele!

Mas quando Ôjropre tentava puxar o tatu, o animal se enfiava mais fundo no buraco, levando Ôjropre junto. Ele gritou:

— Cunhado, cunhado! Segure minha perna, o tatu vai me levar para dentro do buraco!

— Pois é, o que é eu te falei?

Então o tatu puxou Ôjropre de vez para dentro da terra.

A tarde caía quando Iprẽre seguiu sozinho atrás de sua família. Quando encontrou a esposa, ela perguntou:

— Onde está meu irmão?

— Você sabe como ele é teimoso. Eu falei para ele acertar o tatu, mas ele insistiu que queria puxar ele do buraco pelo rabo. Até que o tatu o levou para dentro da terra. Ele está enterrado lá.

A mulher e as crianças choraram muito. A esposa de Iprẽre ainda pediu a ele que trouxesse o irmão de volta, mas ele negou:

— Deixe o seu irmão viver embaixo da terra. Ele estará junto com os tatus-canastras.

No outro dia foram visitar o buraco onde estava Ôjropre, e ao se aproximarem já escutaram ele cantando. De dentro da terra Ôjropre fazia um *bẽn* sobre si mesmo.

— Olha aí, o tatu o levou para sempre. Vamos limpar esse lugar — disse Iprẽre.

E, com Ôjropre ainda cantando, tiraram todas as folhas secas de cima do buraco. Depois voltaram para o acampamento e no outro dia tomaram a trilha grande que levava à aldeia.

O DILÚVIO

Houve então o grande dilúvio, quando a terra toda se alagou. Por ser o criador, somente Iprẽre se salvou. Ele e sua família. Quando as chuvas cessaram e as águas começaram a baixar, ele pediu aos filhos:

— Vão até a aldeia ver como estão as coisas. Eu vou caçar e a mãe de vocês vai assar a carne pra vocês comerem na volta.

Eles foram seguindo pela trilha e vendo toda a destruição causada pela água. Não havia nenhum rastro, de nada. Foram chegando perto da aldeia e viram as palhas todas espalhadas. Procuraram pelos parentes, mas só encontraram os ossos deles. Dava para escutar o zunido das moscas voando por cima dos ossos.

— Vamos voltar logo, vamos contar pro nosso pai.

No acampamento Iprẽre tinha matado duas antas e a mãe já tinha assado.

— Pai, que parentes a gente deveria encontrar? Estão todos mortos! Há apenas moscas sobre os ossos. A gente ficou muito triste!

E Iprẽre falou:

— Amanhã eu vou lá encontrar os parentes e ouvi-los cantar na casa dos homens. Vou encontrar as avós de vocês.

No outro dia, no caminho, Iprẽre já foi juntando algumas plantas para usar na receita. Primeiro foi até a casa dos homens, forrou a casa com palha de ouricuri e colocou os ossos por cima. Depois fez o mesmo na frente das casas da aldeia. Fez um fogo, queimou a receita e foi soprando fumaça sobre os ossos. Todos se levantaram de uma vez e ele entoou este canto:

Jàri jàri mõ
Jàri jàri mõ
Pyka rũmũ ba mẽ wa to ikato
Jàri jàri mõ
Jàri jàri mõ

Vocês virão
Vocês virão
Da terra eu trago as pessoas
Vocês virão
Vocês virão

Voltou para o acampamento, encontrou seus filhos e contou a eles:

— Nossos parentes estão lá e estão todos muito bem. Amanhã eu vou caçar pra mãe de vocês assar a carne, e depois vamos todos juntos pra aldeia.

Essa é a história do dilúvio. Foi uma grande enchente que alagou tudo. Algumas pessoas se transformaram em sapos. Quando a água baixou, umas voltaram a ser Mẽbêngôkre, mas outras continuaram sendo sapos para sempre. Outras pessoas se refugiaram numa árvore. Quando a água baixou, os que estavam no topo da árvore viraram abelhas-cachorro, os que estavam no meio da árvore viraram abelhas xupés, e os que estavam na base viraram cupins, desses que ficam na terra, o cupim preto.

8. *Itàpdjwỳ*: Aos meus netos

MEUS FILHOS

Era tempo da seca quando nasceu meu primeiro filho. Meu pai, quando já estava prestes a morrer, me disse que quando eu tivesse meu primeiro filho, era para eu dar a ele um de seus nomes: Bepangàtire, Bepkurwỳk, Kubẽdjàkrê ou Ymôrô. E preparou para o futuro neto seus *nêkrêj*: pulseira de alumínio, flecha de pena de arara e a touca vermelha.

— Assim ele deverá sempre se apresentar nas festas. Somos sempre os primeiros a acender o fogo pro pessoal durante os rituais.

Quando meu filho nasceu, minha mãe ainda estava viva, e ela reforçou esse pedido do meu pai: eu deveria passar um de seus nomes para o meu primeiro filho. E assim ele se chamou Ymôrô.

Depois nós tivemos a Bekwyjràj, e depois dela nasceu o Atorogêt, que também tinha o nome de Bepkàrũjti. E depois o Noôktire, que tinha também o nome Rõn-yti. Em seguida veio a Kôkôtô. Depois dela um faleceu antes de nascer. Então vieram o Ôjpôj, que tinha também os nomes de Tàkàknhõkà e Tedjê. Depois uma faleceu antes de nascer. Depois, vieram a Txyja, a Kôkônã e enfim o Prêjkỳ, que é o caçula de todos. Esses são os meus filhos, estou apresentando o nome deles para vocês. Então pedi para a minha mulher para pararmos. Meu pai tinha me ensinado a receita. Misturamos com jenipapo e nos pintamos com essa mistura para não termos mais filhos. Ainda tive mais dois filhos fora do casamento, que são o Bepkra e o Pàtkôre.

O Noôktire morreu atingido por um raio, devido a um feitiço feito do pedaço de uma árvore. Quando ele nasceu, eu passei remédio nele, e se ele não tivesse morrido, teria ficado muito alto. Depois dele faleceu a Txyja. O Ymôrô foi morto pelo povo do Alto Xingu. Depois deles o Tedjê foi junto com o pessoal numa agenda em Brasília, e no retorno faleceu num acidente com a van. Então faleceram esses meus cinco filhos.

Meus filhos, e também meus irmãos, tiveram muitos filhos. Tenho muitos *tàpdjwy*. E sobre meus filhos e meus netos eu termino dizendo tudo que sempre falei para eles:

— Eu realmente venho lutando muito pra defender vocês. Lutando contra os *kubẽ* pra que vocês possam viver em paz, com seu território demarcado. Vocês têm que seguir essa luta.

Isso eu falo também para os caciques de hoje:

— Eu, tio, avô, sogro de vocês, nós crescemos longe uns dos outros, mas somos caciques e devemos perseguir a mesma ideia: estar unidos pra lutar contra o *kubẽ* por nossos direitos e nossas terras. Nisso nós nunca tivemos discordância.

Eu digo isso a todos eles.

NOSSAS DIFERENÇAS

A cultura dos *kubẽ* e a dos indígenas são diferentes. Antigamente, desde a descida do pessoal que vivia no céu, éramos somente um povo e falávamos uma única língua. Mas quando dividiram as ferramentas, as facas, os machados... aqueles que ficaram com essas coisas se tornaram os brancos e nós seguimos vivendo como indígenas. Passamos a falar línguas diferentes. De acordo com a história contada pelos avós do meu pai, foi assim que brancos e Mẽbêngôkre se separaram.

Acho que nenhum de vocês sabe sobre isso. Antigamente os povos viviam em paz. O *kubẽ* mergulhou no rio com nossos antepassados, e nesse mergulho eles foram conhecendo os animais e caçavam com suas bordunas. Naquele tempo os animais falavam. Ao ver, por exemplo, o rastro de um tamanduá, chamavam o animal. Quando ele atendia, era caçado. O mesmo acontecia com as antas.

— O que é? Estou aqui deitada.

— Venha aqui onde eu estou.

Elas iam e eram caçadas. Foram os nossos antigos que descobriram os nossos alimentos. E criaram muitas coisas.

Quando eu era jovem e meus tios ainda eram vivos, eu falava para eles que devemos parar com as guerras entre nós, parar de matar nossos próprios parentes. Chegava nos caciques e falava com eles sobre esse assunto. Fui a Kôkrajmôrô e disse o mesmo para eles. Cheguei no Bepgogoti com a mesma conversa. Ele era uma pessoa bondosa e me disse que eu estava certo.

Muitos dos que hoje são adultos já aprenderam a falar português, conheceram a cultura do branco e querem viver nela. Aos meus netos eu digo para nunca deixarem de seguir as tradições dos nossos antigos. Que devem sempre realizar os nossos rituais, nossas cerimônias. Digo para deixarem um pouco de lado a cultura do branco, que tem muita coisa que não presta. Que devem parar de cortar os cabelos igual aos dos brancos e de beber bebida alcoólica. Espero que eles não se esqueçam do que estou dizendo a eles.

CONSEGUIRAM ENGANAR OS PARENTES E FIZERAM BELO MONTE

Na primeira vez que o Lula foi eleito, eu já fui me encontrar com ele. Eu disse:

— Lula, você vai assumir a Presidência. Quero que você se comprometa com a defesa das terras indígenas. Os brancos precisam respeitar a gente. Brancos e indígenas precisam viver em paz.

Naquela ocasião ele fez um bom governo. Mas quando ele se tornou presidente pela segunda vez, foi aí que ele retomou o projeto da barragem no Bytire para construir Belo Monte. Eu e o Sting já tínhamos conseguido impedir a construção dessa barragem.

Então fui falar com o Lula, disse que eu e os povos indígenas não aceitávamos a construção da barragem. Naquele momento ele concordou comigo.

— Raoni, você está certo.

Mas deu seguimento ao projeto.

Alguns de nossos próprios parentes recuaram da luta e concordaram com a construção da barragem em troca de muita coisa prometida. Foi isso que nos enfraqueceu. Os brancos diziam:

— Nós vamos fazer a barragem e vocês vão ganhar carros, barcos, aviões, haverá muito dinheiro!

E com as promessas de dinheiro e mercadoria eles conseguiram fechar os olhos dos parentes. Nesses acordos ninguém me contava nada... Se fosse somente por mim, a barragem nunca teria sido construída.

Havia ameaças também, disseram que aqueles que continuassem se manifestando contra a construção da barragem iriam sofrer consequências. Os brancos são mentirosos, gananciosos, manipuladores. Eu sou testemunha disso.

Conversei muito com os parentes Xikrin do Bacajá. Eu fui ao Potikrô e falei para eles:

— Os *kubẽ* estão enganando vocês, dizendo que depois que a barragem ficar pronta, vocês vão ganhar avião, carro e outras coisas. Mas é tudo mentira! Meus sobrinhos, meus primos, a nossa riqueza é o rio, é a floresta.

Falei tudo o que tinha que falar para eles. Em seguida fui até a aldeia Mrôtidjam. Quando encostamos o barco, eu puxei um canto de paz que os antigos caciques faziam:

Djàj tyky kamã ipuma kete na ba mõ
Djàj be inhikra japrãrã kete na ba mõ
Uê, uê

Eu chego pintado de preto sem causar medo em vocês
Chego com minhas mãos calmas e em paz
Uê, uê

Fui cumprimentado pelas lideranças. A comunidade ainda era pequena, mas hoje a população deles aumentou muito. Me convidaram para falar:

— Agora vamos ouvir o que o Ropni tem a dizer.

Eu me levantei e comecei minha fala:

— Meus sobrinhos, meus filhos, meus genros, meus netos, eu quero que vocês me escutem. Estou preocupado com essa barragem, preocupado com vocês, com o peixe que vocês comem. Eu não quero dinheiro de barragem, quero continuar pescando em nosso rio. Hoje aconteceu um fato triste, o pessoal do nosso povo quase teve conflito com os parentes de outro povo devido a uma discussão sobre a construção da barragem. A gente tem a mesma origem. Eu falo a mesma língua que vocês. Vocês cresceram, formaram suas famílias pro lado de cá, então que vocês possam viver em paz! Eu passei minha infância numa época de muito conflito entre meu próprio povo. Não sei se vocês também vivenciaram isso. Eu testemunhei muitas mortes; meu próprio parente caído no chão, eu ia ver e ele estava morto. Eu perguntava: "Por que vocês mataram nosso próprio parente? Coitado!". Era isso que acontecia. Eu comecei a vivenciar isso na minha infância. Eu pensava: "Quando eu tiver mais idade, eu vou defender a vida de todos os Mẽbêngôkre". Depois que me tornei um rapaz, eu voltei a viver numa aldeia grande e vi novamente os conflitos acontecendo, os grupos se dividindo. Eles me contavam o que estava acontecendo e eu dizia que não ia tomar parte na briga. Comecei a defender que não houvesse mais confronto entre os parentes. Que não houvesse mais assassinatos, nem brigas com borduna e nem rapto de mulheres. A gente precisa estar unido pra lutar contra os *kubẽ*. São eles os nossos inimigos. A luta é pela nossa terra, pelos nossos rios. Só assim poderemos viver em paz. Só com a paz a gente consegue dormir bem, ter saúde e se alegrar com a vida.

À noite, um jovem que eu considero como meu genro me pediu para contar histórias para ele. Contei um pouco e ele disse:

— Meu sogro, eu já estou com sono!

— Tudo bem! Vamos dormir.

Acordei de madrugada, me levantei e comecei a entoar os cantos que os antigos caciques praticavam nas madrugadas para animar os outros. Cantei até o amanhecer.

SUBINDO A RAMPA DO PLANALTO

Foi assim que no governo Lula eles conseguiram enganar os parentes e fazer a barragem no Bytire. Depois, no governo Bolsonaro, as coisas pioraram muito. Nossas terras e nossas lideranças foram muito ameaçadas. Ele realmente queria nos exterminar. Incentivava as invasões, o garimpo, o desmatamento, queria entregar nossas terras para os *kubẽ*. Mas os povos indígenas do Brasil inteiro se uniram para lutar contra o governo dele. É isso que precisamos fazer, lutar juntos.

Nesta disputa recente, entre Lula e Bolsonaro, eu estava hospedado num hotel em Matupá, assistindo as falas dos candidatos na televisão, quando uns apoiadores do Bolsonaro vieram conversar comigo. Perguntaram minha opinião sobre as falas dele, e eu respondi:

— As falas dele são muito ruins. Ele quer acabar com os povos indígenas. Ele não respeita a gente. Não respeita nossas lideranças. Disse que não me reconhece como liderança. Como eu poderia gostar dessas palavras? Mas ele vai sair da Presidência. Eu vou tirar o Bolsonaro. Podem avisar a ele pra que fique ciente. Quando chegar o dia, eu vou até Brasília e tiro Bolsonaro de lá. Eu vou apoiar o Lula e é ele que será presidente.

Assim eu falei.

Então eu comecei a encontrar com o Bolsonaro nos meus sonhos. Eu disse a ele:

— Bolsonaro, você está falando muita besteira. Suas ameaças, seus projetos... isso está errado.

— Pois eu vou continuar com este meu trabalho e realizar tudo o que eu tenho dito.

— Não vai não. Pode aguardar que você vai sair da Presidência. Eu vou te tirar.

No outro mês eu sonhei com ele novamente e tivemos a mesma conversa. Comecei a assoprar o Bolsonaro.

Então o Lula realmente foi eleito e me mandou o convite:

— Raoni, quero que você venha participar da minha posse.

— Tá bom, eu vou.

O Puiu veio falar comigo preocupado.

— O pessoal está falando muitas coisas, fazendo ameaças... Acho perigoso você ir nessa posse...

— Eu vou. Não tenho medo. — Assim respondi a ele.

Antes de ir a Brasília, eu passei por Matupá e lá eu sonhei com o Bolsonaro pela última vez. Ele veio em minha direção e perguntou:

— Raoni, você já chegou?

— Sim.

— Raoni, você estava certo, agora eu vou sair e o Lula vai entrar no meu lugar.

— Pois é. Eu te falei. Agora você precisa ir embora.

Eu assoprei o Bolsonaro, ele se virou e se foi.

Embarquei para Brasília junto com meu neto Patxon. Chegamos dois dias antes da posse.

— Vovô, o Lula marcou um horário pra vocês se encontrarem amanhã. Vai ser às duas horas.

No outro dia um carro chegou para nos levar. Na entrada encontramos com a Sônia Guajajara, ela estava nos esperando. Estávamos num grupo grande, e um assessor do Lula veio me perguntar:

— Quantas pessoas vão entrar?

— Quero que todos nós entremos juntos.

— Não, só sete pessoas podem entrar. Os outros esperam aqui fora.

Eu concordei, e entrei com mais seis pessoas. Eu e o Lula nos abraçamos, ele pediu para eu me sentar e disse:

— Raoni, você pode começar a falar. Eu quero te ouvir.

— Tá bom, eu vou falar. Há muito tempo eu venho conversando contigo. Eu decidi te apoiar, ajudei a tirar o Bolsonaro e agora você será nosso presidente. Você não pode repetir os erros do passado. Você precisa fazer um novo trabalho. Vamos cuidar das florestas e dos rios. Você precisa demarcar todas as terras indígenas que ainda não foram demarcadas. De uma vez por todas. Eu, pessoalmente, vou cobrar isso de você. Vamos acabar com o garimpo nas terras indígenas. Só assim os indígenas terão paz pra seguir suas vidas. A gente vai te ajudar. Você agora será o nosso presidente e eu vou te apoiar com muita firmeza.

Assim eu falei, e o Lula disse que eu estava certo e firmou este compromisso comigo:

— É isso mesmo, Raoni. A partir de agora os próprios indígenas vão fazer parte do meu governo. São vocês que vão pensar e trabalhar nas políticas para os povos indígenas. Agora é o povo que irá assumir os trabalhos. Vou trabalhar para o povo brasileiro respeitar vocês. Respeitar suas culturas e preservar as terras de vocês. Quero contar com seu apoio pra juntos fazermos um bom trabalho para os povos indígenas.

Assim o Lula me falou, e disse por fim:

— Amanhã eu quero que você suba a rampa do Planalto comigo!

— Sim. Eu vou passar a faixa pra você.

No outro dia telefonaram para o Patxon informando o horário certo em que eu deveria chegar para a cerimônia. Ao chegar, eu vi a multidão que lotava aquele gramado em frente ao Congresso. Andamos no meio do povo, um assessor nos encontrou e disse:

— Vamos por aqui.

E ficamos lá aguardando. O Lula estava vindo num carro, cumprimentando a multidão. Tinha muita gente acompanhando o Lula. Nós nos encontramos e nos cumprimentamos. Um dos assessores me perguntou:

— Você consegue subir a rampa sozinho?

— Sim, eu consigo subir. Eu vou subir com o Lula.

Segurei no braço dele e começamos a subir. Quando chegamos lá em cima, nos viramos e ouvimos um grande aplauso do povo. Havia outras pessoas comigo e cada um de nós ficou em um ponto marcado. Então trouxeram a faixa e entregaram para uma pessoa, depois esta passou para outra, e depois passou para outra, depois me entregaram e eu também passei para a frente. Era a vez de uma mulher. Ela estava tremendo, muito emocionada, e eu falei com ela:

— Suas mãos têm que estar firmes pra você ajeitar a faixa e colocar nele.

Ela ficou na frente dele e eu um pouco atrás. Colocamos a faixa nele e houve um aplauso geral da multidão.

Então o Lula fez seu discurso. Ele falou bem, eu gostei da fala dele.

O Lula agora é presidente. Quando ele sair e outro for assumir no lugar dele, eu quero, desde a campanha, encontrar com os candidatos para conversar. Aqueles que, daqui em diante, forem eleitos presidentes do Brasil precisam respeitar os povos indígenas. Precisam impedir a ação de garimpeiros, madeireiros, proteger a floresta, parar de fazer buracos na terra e barragens nos rios.

É por isso que os jovens indígenas de hoje precisam estudar, entender e falar a língua do *kubẽ*, para lutar por nossos direitos. Eu digo isso aos meus netos. Quando eu vejo a imagem das manifestações indígenas na televisão, eu percebo que nossas populações estão aumentando e que a luta tem mobilizado muitos parentes; a juventude, as mulheres. Não podemos parar. Nossa luta é somente contra o *kubẽ*, e nunca contra os próprios parentes.

Luto para defender as terras onde sempre vivemos. As terras do povo Mẽbêngôkre que eu consegui demarcar estão preservadas até hoje, e meus netos podem caçar e pescar nelas livremente. Falta demarcar o Kapôtnhĩnore. Essa é minha luta, que venho travando desde jovem, e já estou ficando cansado. Aos meus netos eu digo que eles precisam continuar lutando e não podem se deixar manipular pelos *kubẽ*. É isso que venho dizendo a eles. Os brancos chegaram aqui no Brasil massacrando nossos antepassados. No tempo dos nossos avós, o filho de um Bororo chamado Rondon começou a defender os indígenas. Era apenas ele. Hoje alguns brancos estão do nosso lado e lutam conosco pela demarcação de terras, pela proteção das florestas e pelas nossas vidas. Mas muitos *kubẽ* vão seguir tentando tomar nossas terras. Essa luta não vai acabar.

Recentemente eu fui atingido por um feitiço feito de ossos de animais e isso quase me levou à morte. Mas chamei um bom pajé e ele tirou esse feitiço de mim. Por isso pude me pintar de jenipapo e contar as minhas histórias para vocês. Ainda me sinto forte para continuar lutando, mas meus netos devem assumir essa luta.

A ÁRVORE QUE SEGURA A TERRA

Da primeira vez que subi ao céu, eu estava com sede. Quando entrei, eu vi que a casa era limpa, não tinha nada sujo, nem bagunça pendurada, nada disso. Era uma casa muito bonita! Me disseram:

— Aquele é o nosso chefe.

E o chefe falou comigo:

— Venha, sente-se aqui.

Eu me sentei na frente dele e disse que estava com sede.

— Aqui está a água, vamos tomar juntos.

Então ele pegou um copo, eu peguei outro, e bebemos. Depois ele me disse:

— Este remédio aqui é bom. Coma, eu também vou comer.

Ele me deu um pedaço, eu comi e ele também comeu. E estávamos assim, sentados frente a frente, quando ele me disse:

— Eu quero te falar uma coisa: aquela é sua casa. Quando você estiver bem velho e deixar seu corpo, você vai morar naquela casa. Ela é sua. Estou te mostrando a sua casa.

— Tá bom, já que você está me dizendo, quando eu ficar bem velho e deixar meu corpo, eu vou vir morar aqui.

E como eu estava lá, o pessoal quis fazer festa. Eles tinham muitos cocares! E feitos com penas enormes, de aves gigantes, penas do tamanho de uma folha da banana-brava. Pensei: "Vou lá olhar de perto!". Levantei-me, peguei uma pena e disse:

— Eu quero levar esta pena lá pra baixo, pro meu pessoal ver.

— Não. Se você levar e eles virem, vão morrer todos.

— Ah... eu queria tanto levar pra eles verem, mas tudo bem.

E vi outro cocar que o pessoal de lá também usa nas festas deles. Também quis pegar um para trazer, mas ele não deixou. E eu perguntei:

— Onde está esta ave tão grande?

— Olha lá: aquele é o ninho dela.

E lá estava a ave, com seu bico enorme, no alto de uma árvore imensa. E eu pensei: "Esta é a ave que o nosso bisavô Ngôkõnkry matou. Ela reencarnou e agora está aqui".

A árvore que segura a terra termina lá em cima. Os galhos dela são imensos e lá no alto mora essa ave enorme. Eu vi o ninho.

Glossário

A

Aĩ: tipoia feita do olho do buriti (folhas novas ainda fechadas), comumente enfeitada com penas e contas. É usada para carregar o bebê e em situações rituais. Determinados tipos de *aĩ* são *nêkrêj*.

Akàkakô [*akà* = lábio inferior; *kakô* = armação]: botoque labial de madeira em forma de disco. Seu uso, característico dos guerreiros Mẽbêngôkre, se associa ao domínio da oratória e do canto, além de botar medo nos inimigos. A partir do contato foi gradualmente deixando de ser utilizado, e hoje Raoni é dos raros Mẽbêngôkre que ainda o usam.

Akrôtijêt: "cipó grande pendurado". Local na beira do Xingu onde havia muito cipó, exatamente onde hoje existe a balsa da MT-322 (antiga BR-080), que faz a travessia do rio Xingu.

Apinajé: povo Timbira originário da região do Bico do Papagaio, entre os rios Araguaia e Tocantins. Atualmente habitam a Terra Indígena (TI) homônima compartilhando a ancestralidade Jê Setentrional com seus vizinhos Mẽbêngôkre. São considerados, em termos linguísticos, os Timbira mais próximos dos Mẽbêngôkre.

Atorokõn: remédio tradicional Mẽbêngôkre feito com a raiz da erva de mesmo nome.

De acordo com Raoni, o remédio é utilizado para tratar doenças associadas ao feitiço do sapo.

B

Bang Bang: apelido da localidade que hoje corresponde à cidade de São José do Xingu. Situada à beira da MT-322 (antiga BR-080), dista cerca de 30 km dos atuais limites da TI Capoto/Jarina e 45 km da aldeia Piaraçu, na beira do Xingu.

Bẽmp: peixe de água doce conhecido como bicuda (*Boulengerella cuvieri*). *Bẽmp* é também o nome de um dos principais rituais de nominação entre os Mẽbêngôkre. Cerimônia masculina, acontece sazonalmente de agosto a novembro, e determina o fim da estação seca e o começo da chuvosa, que coincide com o da reprodução dos peixes. Envolve uma complexa rede de significados simbólicos e de parentesco, demarcando a passagem para o ano novo. Deriva de *bẽmp* um prefixo onomástico especial — Bep — que dá origem a nomes belos (*idi mej*). Esse prefixo integra as prerrogativas onomásticas da Casa de Raoni, assim o cacique ganhou nomes "belos" derivados de *bẽmp*: Bepnhirerekti, Bepnhibum e Bepkrãka-êk.

Bẽn: são cânticos realizados pelos chefes conforme padrões específicos. A própria palavra *bẽnjadjwỳrỳ* ("cacique", "chefe") significa "entoar o cântico". Existe uma variedade grande de cânticos, que são usados para orquestrar tanto a vida cerimonial quanto cotidiana. Por exemplo, um cântico anuncia a realização de uma pescaria com timbó ou a convocação para uma caçada coletiva. A performance de tais cânticos é particularmente importante no decorrer dos grandes rituais de confirmação de nomes pessoais, e hoje em dia pode ser realizada por alguns líderes que os aprenderam, mas não são considerados chefes.

Bẽnjadjwỳrỳ: cacique, chefe, liderança. Palavra relacionada ao domínio da linguagem *bẽn*.

Berarubu: massa de mandioca frequentemente enriquecida com pedaços de carne de caça ou peixe, assada em folhas de bananeira no forno de pedras (*ki*). Em mẽbêngôkre, *djwỳ kupu*, "comida embrulhada".

Bero: farinha de mandioca puba seca ao sol.

Bô: palha da palmeira. Denomina ainda um ritual onde se apresentam personagens vestidos com máscaras confeccionadas de palha. Uma dessas máscaras-personagens também é chamada pelo nome Bô, entidade que Raoni associa ao espírito-peixe-elétrico *mrykaàk*.

Bytikrengri: para os brancos, rio Comandante Fontoura, afluente da margem direita do Xingu. Corre no sentido sul-norte e suas cabeceiras estão próximas das cabeceiras de rios que correm para a bacia do Araguaia, uma região muito frequentada por Raoni, em especial na sua transição para a adolescência. Parte do curso desse rio delimita a fronteira oriental da TI Kapôtnhĩnore.

Bytire: rio Xingu, afluente da margem direita do Amazonas cuja bacia abriga a maior parte das TI do povo Mẽbêngôkre (seis) e o Território Indígena do Xingu (TIX), em Mato Grosso, entre outras TI no seu curso médio e baixo, no estado do Pará. Desde o século XIX, os Mẽbêngôkre habitam a bacia do Bytire. A Usina Hidrelétrica (UHE) de Belo Monte se situa no baixo curso desse rio.

C

Canela: etnônimo que designa dois povos Timbira, os Ramkokamekrá e os Apanyekrá, que vivem no cerrado e na mata maranhense. Os Timbira são parentes dos Mẽbêngôkre, provenientes da mesma ancestralidade Jê Setentrional.

Casa: com inicial maiúscula, designa uma unidade exogâmica matrilinear detentora de riquezas imateriais e prerrogativas rituais, como nomes belos (*idj mej*) e *nêkrêj*, que se perpetuam através da linha de descendência materna.

Casai (Casa de Apoio à Saúde Indígena): entidade criada para disponibilizar alojamento, alimentação, transporte e acompanhamento aos indígenas que necessitam se deslocar de suas comunidades a fim de receber atendimento médico em outras localidades. Hoje faz parte da estrutura do Sistema Único de Saúde (SUS).

Choro cerimonial: é realizado por homens e mulheres para se despedirem de parentes que partem em longas viagens e para os receberem de volta. A forma mais dramática é executada após a morte de um parente. Segue padrões específicos de acordo com a situação, empregando itens lexicais distintos da linguagem cotidiana. A versão masculina é mais contida do que a versão feminina — as mulheres choram em tons estridentes e podem se jogar no chão para manifestarem sua tristeza. Tradicionalmente as mulheres também batiam no topo da cabeça com pedras ou machetes enquanto choravam para extravasar seu desespero.

Cuiabá-Santarém: trecho da estrada BR-163, que cruza o Brasil no sentido norte-sul. Foco de inúmeros conflitos com os Mẽkrãgnõti, os Panará e outros povos da região do interflúvio Tapajós-Xingu.

D

Djore: etnônimo Mẽbêngôkre que designa o povo Xikrin.

G

Gavião: povo Jê Setentrional originário do médio Tocantins, fixado atualmente na confluência com o rio Araguaia (PA), na TI Mãe Maria. Compõe-se dos subgrupos Parkatêjê, Kyikatêjê e Akrãtikatêjê, e fala um dialeto oriental da língua timbira.

Goroti Kumrẽj: "verdadeiro grande grupo". Trata-se do grupo ancestral dos Mẽbêngôkre, que habitava tradicionalmente o vale do médio Tocantins, mas emigrou para o Araguaia no final do século XVIII ou no começo do XIX a fim de fugir das agressões e epidemias dos brancos. Uma primeira cisão separou os Xikrin dos Goroti Kumrẽj. Mais tarde, outra cisão originou os grupos Irã̃amrãjre e Gorotire (Verswijver, 1992).

Gorotire: autodenominação do grupo que se separou dos Irã̃amrãjre e migrou para a bacia do rio Xingu na segunda metade do século XIX. Por volta de 1905, uma nova cisão entre os Gorotire deu origem ao subgrupo Mẽkrãgnõtire. Nesse tempo os Gorotire passaram a ser conhecidos também como Kubẽkrãkêj, em referência à região onde viviam, ou Krĩkati, "aldeia grande". Foi o primeiro subgrupo Mẽbêngôkre a estabelecer contato "pacífico" com os brancos, às margens do rio Fresco (PA), em 1936. Na segunda metade do século XX, os Gorotire se dividiram mais uma vez, originando três subgrupos, Kôkrajmôrô, Kubẽkrãkêj e Gorotire, que hoje se espalham em cerca de sessenta aldeias nas TI Kayapó e Las Casas (PA). Gorotire é ainda o nome de uma aldeia no limite leste da TI Kayapó, atualmente a maior aldeia do povo Mẽbêngôkre.

I

Ibôkti: ver *Mẽbôkti*.

Igoromãnõrõ: ver *Mẽgoromãnõrõ*.

Iprõ prĩre [*prõ* = esposa; *prĩre* = pequeno]: noiva prometida, quando ainda é uma menina. Em rituais como *bẽmp* (em seu início) ou *memybiôk* (em seu final), as mães escolhem seus genros, que recebem os adornos característicos, como o colar de concha de caramujo (*kre kam ngàp*) e o colar do "noivo".

Irã̃amrãjre: etnônimo que significa algo como "aqueles que andam no claro do dia" — na verdade, uma antífrase Mẽbêngôkre que remete à característica que tem esse grupo de se deslocar à noite, no escuro. Após a separação dos Gorotire, entre 1840 e 1860, permaneceram ao longo do Araguaia, onde acabaram sendo dizimados por doenças e outras mazelas do contato. No início do século XX foram extintos.

J

Jàtarôti: "batata-doce inchada", uma das etapas da cerimônia do *tàkàk*.

Jê: a família linguística Jê faz parte do tronco linguístico Macro-Jê, espalhado por todo o Brasil. Os Mẽbêngôkre-Kayapó são um dos povos Jê Setentrionais do Brasil Central, incluindo os Mẽtyktire (conhecidos também como Txukarramãe, subgrupo de Raoni), os Kararaô, os Mẽbêngôkre e os Xicrin, situados a leste do rio Xingu. Também fazem parte dos Jê Setentrionais os Kĩsêjdê, Tapayúna-Goronã, Apinajé, Parakatêjê, Krĩkati, Pykobjê, Canela e Krahô. Os Jê Centrais incluem os Xavante, os Xerente e os Xacriabá; os Jê Meridionais compreendem os Kaingang e os Laklãnõ (Xokleng). Pesquisas linguísticas mais recentes indicam a exclusão dos Panará (Krenakore) do grupo dos Jê Setentrionais, por serem fruto de uma cisão preliminar.

K

Kamrãjre: especificamente um indivíduo superlativo da espécie, que alguns dizem ser o "chefe".

Kapôt: campo cerrado com vegetação arbórea de pequeno porte, em oposição complementar a mata fechada (*bà*). Os Mẽbêngôkre apreciam se fixar no cerrado, perto das veredas dos buritizais, mas a floresta também é fundamental em sua vida social e ritual. O termo Kapôt passou a designar igualmente uma região específica, uma grande mancha de cerrado na porção noroeste da atual TI Capoto/Jarina (MT), que os Mẽkrãgnõtire começaram a ocupar de forma permanente a partir de meados do século XX.

Kapôtnhĩnore: região de cerrado situada na margem leste do rio Xingu, entre os estados de Mato Grosso e Pará, onde Raoni viveu quando menino e na transição para a adolescência. O nome significa "ponta do cerrado", em referência a sua posição limítrofe com a floresta. Área ocupada pelos Mẽbêngôkre a partir do início do século XX, sua demarcação é uma das lutas atuais de Raoni. A TI Kapôtnhĩnore foi delimitada em 2023, mas sua efetiva demarcação e homologação ainda não foram concluídas.

Kaprẽm: poder maléfico, visível apenas pelos pajés. É capaz de penetrar nos animais e provocar a morte de quem ingerir a carne deles.

Kayapó: etnônimo de origem tupi aplicado aos Mẽbêngôkre, significa algo como "aqueles que se assemelham a macacos". Tornou-se o termo mais difundido pelos brancos para identificar os Mẽbêngôkre, e hoje muitos destes se reconhecem como Kayapó e assim também se chamam.

Kẽnotyryre: botoque labial feito de cristal ou quartzo.

Ki: forno circular feito de pedras, método tradicional de preparo de alimentos dos Mẽbêngôkre compartilhado com diversos outros povos Jê. Prepara-se o forno com pedras quentes, por cima das quais se coloca a comida, embrulhada em folhas de bananeira, e sobre ela outra camada de pedras quentes. Por fim, o forno é coberto com terra.

Kôkati: rio Tocantins. Algumas etnografias descrevem o Kôkati como sendo o Araguaia, mas Raoni é categórico ao afirmar que esse é o nome do Tocantins. *Kô* é o termo timbira para "água" ou "rio" (em mẽbêngôkre é *ngô*). *Kati* é um sufixo aumentativo em ambas as línguas: "rio grande". Local que na mitologia Mẽbêngôkre é a terra primordial, onde todos os povos viviam juntos e onde os ancestrais comuns derrubaram o primeiro pé de milho, episódio a partir do qual os povos se espalharam e se diferenciaram.

Kororoti: rio Iriri, "rio raso". É um dos maiores afluentes do Xingu, em sua margem esquerda. Atravessa as TI Mẽkrãgnõti e Kararaô, entre outras. Suas cabeceiras se localizam na TI Panará e sua foz já é próxima à cidade de Altamira.

Krahô: povo autodenominado Mẽhĩ, fala um dialeto timbira, da família Jê Setentrional, e hoje habitam a TI Kraolândia, entre os rios Manuel Alves Grande e Manuel Alves Pequeno, no estado do Tocantins.

Krãjakàrà: "cabeças raspadas". É como Raoni se refere ao povo que se autodenomina Panará. São falantes de uma língua Jê Setentrional mais distante da língua mẽbêngôkre.

Krãjmopryjakare: "serra dos caminhos brancos", em alusão aos caminhos que podiam ser vistos nessa serra e ligavam a aldeia às roças. Aldeia onde Raoni nasceu, na região do Kapôt.

Kràpdjwỳ: termo sem equivalente em português, traduzido pelos Mẽbêngôkre como "compadre", devido à solidariedade entre *kràpdjwỳ*, e descrito na literatura acadêmica como "amizade formal". É uma relação herdada do pai com grande importância ritual e relacionada com uma forma ideal de casamento, de uma mulher com um *kràpdjwỳ* de sua mãe.

Krĩkati: "aqueles da aldeia grande". Esse nome é empregado por Raoni também como apelido dos Gorotire, grupo Mẽbêngôkre que permaneceu na região de Kubẽkrãkêj na cisão de 1905.

Krôdjamre [*krô* = cipó]: "lugar com muito cipó". Região de floresta a oeste do rio Iriri, próximo à atual aldeia Pykany, na TI Mẽkrãgnõti.

Krôkrôkti: grande cocar ritual confeccionado em dupla face com penas vermelhas, azuis e brancas de arara e de gavião.

Kruwatire [*krwa* = flecha; *tire* = sufixo aumentativo]: "aqueles das flechas grandes". Povo que se autodenomina Kĩsedjê e ficou conhecido entre os brancos também como Suya. Vivem hoje na TI Wawi, no Território Indígena do Xingu. Originários do norte do Tocantins e do oeste do Maranhão, emigraram para o Alto Xingu no fim do século XVIII ou no começo do XIX, antes da chegada dos Mẽbêngôkre à bacia do rio Xingu.

Krwỳjtire: papagaio (*Amazona aestiva*).

Kubẽ: termo que designa os não Mẽbêngôkre; estrangeiros. O termo carrega um sentido pejorativo e de certa apreensão. É empregado por Raoni para se referir a outros povos, especialmente os inimigos ou aqueles que os Mẽbêngôkre não conheciam. Tornou-se também tradução e sinônimo para o homem branco — *kubẽ* por excelência.

Kubẽkàkre: termo que designa povos guerreiros e canibais, cujo território de origem Raoni localiza no Amazonas, em torno da região da cidade de Manaus. Alguns Mẽbêngôkre atribuem o etnônimo aos Munduruku; outros dizem tratar-se de um povo já extinto.

Kubẽkrãkêj: região de cerrado na atual TI Kayapó, foi um dos primeiros locais onde os Mẽbêngôkre se fixaram na bacia do rio Xingu, onde fizeram a grande aldeia do Pykatoti; aí cresceram os pais de Raoni. O nome passou a ser usado para designar o subgrupo que lá se estabeleceu após a cisão dos Mẽkrãgnõtire, por volta de 1905, quando começaram a ser chamados também de Gorotire ou Krĩkati. Neste livro Raoni emprega os três termos para se referir a eles. Outras cisões dos Kubẽkrãkêj deram origem ao subgrupo Gorotire (1937) e Kôkrajmôrô (1949), os três subgrupos que habitam hoje a TI Kayapó.

Kubẽnokà ou Kubẽnokàkyj [*nokà* = sobrancelha]: nome com que Raoni se refere ao povo autodenominado Yny, também conhecido pelo etnônimo tupi Karajá. Falantes de uma língua do tronco Macro-Jê, habitam tradicionalmente as margens do rio Araguaia e a ilha do Bananal, entre Mato Grosso e Tocantins, onde se encontram hoje em dia. Assim chamados por terem a sobrancelha marcada.

Kubẽpoti: nome empregado por Raoni para aludir ao povo que se autodenomina Xavante. *Poti* é a designação de uma flauta feita de bambu-taquara. "Aqueles que tocam flauta."

Kukrytkarôt [*kukryt* = anta; *karôt* = cercar]: "cercadores de antas". Subgrupo Mẽbêngôkre-Xikrin.

Kupip: esteira feita da palha da folha do buriti, usada para forrar, deitar-se, e para enrolar e guardar os *nêkrêj*.

Kurerere: moça sem filhos, assim denominada entre a puberdade e o momento em que dá à luz o primeiro filho.

Kutop: adorno ritual de cabeça, espécie de diadema vertical com uma estrutura de cera de abelha onde se encaixa um pequeno cocar. Representa as camadas sobrepostas do universo. É usado pelos homens, que dançam em duplas com o *kutop* na cabeça, em rituais como a festa do milho (*bày nhõ mẽtoro*) e do *bẽmp*.

Kwỳrỳ kà kamrô: "sangue da casca da mandioca", parte da cerimônia do *kwỳrỳkangô*.

Kwỳrỳkangô [*kwỳrỳ* = mandioca; *kangô* = caldo]: nome de um ritual, traduzido como "festa da mandioca". Originalmente um ritual Yudjá, é provável que tenha sido introduzido entre os Mẽbêngôkre no fim do século XIX, quando estes ocuparam a bacia do Xingu, já habitada pelos Yudjá.

Kwỳrỳ kudjô: "descascar a mandioca", parte da cerimônia do *kwỳrỳkangô*.

Kỳ: cheiro forte e específico. É o mesmo nome que se dá, por exemplo, ao cheiro do peixe, do cachorro e dos espíritos.

M

Mãdjuwapure: enfeite ritual feito com penas de papagaio e usado pelo "noivo".

Mẽ krãj kê: parte da festa da colheita do milho (*bày nhõ mẽtoro*) geralmente realizada no mês de janeiro, onde se corta o cabelo das moças sem filhos.

Mẽkrajtyknyre: categoria de idade das moças novas que acabaram de se tornar adolescentes.

Mẽ kurwỳk: canto ritual da vitória ou da chegada, quando os guerreiros se aproximam da aldeia enunciando o resultado da expedição, como a vitória sobre um inimigo ou a caça que trazem consigo. Nas guerras era comum que esses cantos contivessem palavras na língua dos vencidos, as últimas proferidas por eles antes de serem mortos pelos Mẽbêngôkre.

Mẽ Kute Abẽn Mã Ãm Djà: "local onde as pessoas se encontram", ou ponto de encontro. Nomeia, por exemplo, o lugar de reunião para início de uma caçada coletiva. Passou a nomear também uma área específica, perto da cachoeira Von Martius, onde estava o grupo Mẽtyktire liderado por Kremôrô na ocasião do primeiro contato pacífico com os brancos, em 1953.

Mẽ uwêmôrô [*mẽ uwê* = toco de madeira; *môrô* = som, barulho]: dança ritual em que os homens usam dois tocos de madeira com aproximadamente cinquenta centímetros, batendo um contra o outro no ritmo do canto.

Mẽõkre: "gente pintada". Categoria de idade dos meninos que, por volta dos dez anos, começam a frequentar a casa dos homens (*ngà*) depois de serem pintados por seus padrinhos.

Mẽbêngàdjyre: "aqueles que logo estarão na casa dos homens". Classificação etária dos meninos entre oito e nove anos.

Mẽbêngôkre [*mẽ* = gente; *bê* = estado, ser; *ngô* = água; *kre* = buraco, furo, morada]: autodenominação do povo do cacique Raoni. As interpretações do termo variam mesmo entre os Mẽbêngôkre. Uma tradução possível é "nós do espaço entre as águas", em alusão a sua localização ancestral entre as vertentes dos rios Araguaia e Tocantins. Transferiram-se para a região do médio Xingu (Bytire) no início do século XIX, ou talvez no fim do XVIII, para fugir das calamidades da invasão luso-brasileira. Com idioma pertencente à família Jê Setentrional, do tronco Macro-Jê, atualmente se dividem em dois principais subgrupos, os Mẽbêngôkre-Xikrin e os Mẽbêngôkre-Kayapó, que por sua vez se dividem em seis subgrupos: Gorotire, Kubẽkrãkêj, Kôkraimôrô, Kararaô, Mẽkrãgnõti e Mẽtyktire, sendo este último o subgrupo do cacique Raoni.

Mẽbôkti: categoria de idade dos meninos entre aproximadamente quatro e oito anos. O termo *bôkti*, traduzido como menino, aparece no texto antecedido pelo prefixo *i*, de primeira pessoa (*ibôkti*), ou pela partícula *mẽ*, que indica coletividade, quando se refere a essa categoria de idade no plural. Pode ser usado também com o sufixo diminutivo *re*, em referência a um menino pequeno ou moleque.

Mẽgoromãnõrõ [*mẽ* = gente; *goro* = juntos; *nõrõ* = dormir, deitar]: "aqueles que dormem juntos". Categoria de idade dos meninos entre dez e doze anos, quando passavam a dormir na casa dos homens (*ngà*) e participar das caçadas e pescarias com timbó. O termo pode aparecer antecedido pelo prefixo *i*, de primeira pessoa (*igoromãnõrõ*), ou pela partícula *mẽ*, que indica coletividade, quando se refere a essa categoria de idade no plural ou enquanto coletividade.

Mẽkrãgnõti ou Mẽkrãgnõtire: grupo Mẽbêngôkre que se separou dos Gorotire por volta de 1905, emigrando para cerrados mais ao sul e para o lado oeste do rio Xingu. Mais tarde, após um novo processo de cisão, o grupo Mẽtyktire, ao qual Raoni pertence, se separou dos Mẽkrãgnõtire.

Mẽkrare [*mẽ* = gente; *kra* = filho]: categoria de idade "daqueles que já têm filhos", marcando a transição para a maturidade.

Mẽkuprỳre: "mulheres solteiras". É como Raoni se refere também às ancestrais míticas que decidiram viver só entre mulheres e passaram a usar botoque e caçar.

Mẽnirebiôk [*mẽnire* = mulheres]: é uma das cerimônias de atribuição e confirmação dos nomes femininos, sendo o equivalente ao *mẽmybiôk* dos homens. Trata-se da única cerimônia protagonizada por mulheres. Os preparativos se estendem por meses, com ensaios dos cantos e uma caçada prolongada realizada pelos homens destinada à noite final, quando as mulheres dançam do anoitecer até a madrugada. A dança é seguida pelo rito de nominação das meninas festejadas. Durante o evento, os moradores da aldeia acampam em um grande círculo entre o *ngà* e as casas, pois se acredita que os mortos vêm assistir à cerimônia, instalando-se temporariamente nas casas para essa finalidade.

Mẽnõrõnyre [*mẽ* = gente; *nõrõ* = dormir; *ny* = novo]: "aqueles que dormem de um novo jeito". Categoria de idade dos meninos quando entram na puberdade, tornando-se aptos a receber o estojo peniano *mydjê* e se casar. Bater em caixas de marimbondo faz parte dos rituais de iniciação dos jovens *mẽnõrõnyre*, comuns a diversos povos Jê. Depois dos cantos e danças próprios da ocasião, os jovens sobem nas árvores e batem na caixa para atiçar os insetos e enfrentar suas ferroadas. Derrubar a casa dos marimbondos e superar as dores da prova, que metaforizam as da guerra, lhes confere um galardão de valentia indispensável aos guerreiros.

Mẽprĩre: "os pequeninos". Categoria de idade das crianças até aproximadamente os quatro anos.

Mẽreremej [*mẽ* = gente; *mej* = bonito]: os homenageados nos rituais. Em tradução livre mẽbêngôkre, são os "donos da festa".

Mẽtyktire: "gente preta", em referência ao uso da tintura preta do jenipapo. Autodenominação do subgrupo Mẽbêngôkre ao qual pertence Raoni, que também foi chamado de Txukarramãe, etnônimo de origem Yudjá que significa "povo sem arcos", reportando à sua preferência pelas bordunas. Originaram-se da cisão dos Mẽkrãgnõtire, ocorrida poucos anos depois do nascimento do cacique. Atualmente vivem na TI Capoto/Jarina, na vertente oriental da bacia do Xingu, estado de Mato Grosso.

Mrãp: vestimenta ritual. Um *nêkrêj* que se usa amarrado à cintura, como uma saia, na cerimônia do *bẽmp*. É o nome do cipó utilizado para confeccionar essa vestimenta.

Mry kakrit [*mry* = animal "com carne", caça; *kakrit* = comum, desimportante]: animais comuns, em oposição a "caça boa" ou "bonita" (*mry mej*), como antas, caititus, veados, jabutis e tatus. A ingestão de carne de *mry kakrit* é potencialmente perigosa e restrita por tabus alimentares. As espécies "bonitas" e seus avatares sobrenaturais também se contrapõem aos bichos comuns nas narrativas míticas. O termo foi traduzido ainda como "criatura" quando a intenção era enfatizar seu sentido pejorativo.

Mry kanê: doenças provocadas pelo consumo de animais ou por suas picadas/mordidas, mas não por feitiço.

Mrykaàk [*mry* = animal "com carne"; *kaàk* = falso, simulacro]: parece um bicho (*mry*), mas não é. O espírito *mrykaàk* é muito temido pelos Mẽbêngôkre. É associado metaforicamente ao peixe-elétrico, ou poraquê (*Electrophorus electricus*; *mokonkti* em mẽbêngôkre), por habitar águas profundas e dominar os rios com seu poder de fulminar os inimigos, inclusive à distância.

Mydjê [*my* = pênis; *djê* = amarrar]: estojo peniano. Marca a maturidade masculina, quando os rapazes passam a usá-lo, incorporando-se à categoria etária dos *mẽnõrõnyre*.

Mydjênyre [*my* = pênis; *nyre* = novo]: aqueles que acabaram de receber o estojo peniano.

Mytkwỹjdjà: afluente da margem direita do Xingu (rio Fontourinha) que cruza a região do Kapôtnhĩnore no sentido sul-norte.

N

Nêkrêj: prerrogativas herdáveis. Coleção de objetos cerimoniais, adornos, direitos sobre partes da caça que são propriedade das Casas. Identificam um grupo e sua posição social, à maneira do tesouro de uma Casa ou de seus símbolos heráldicos. Os Mẽbêngôkre também consideram bens imateriais valiosos *nêkrêj*, tal como "nomes bonitos" e atributos cerimoniais — por exemplo, ser o primeiro a acender o fogo nas cerimônias, um *nêkrêj* da Casa do pai de Raoni transmitido a seu neto, primeiro filho do cacique.

Ngá: a casa dos homens (*ngà*) está situada no centro da aldeia, rodeada por um círculo formado pelas casas das mulheres. No *ngà* são orquestradas atividades coletivas, como expedições de caça, além da confecção de bordunas, esteiras e enfeites. Antigamente, os meninos passavam a morar no *ngà* por volta dos oito anos, permanecendo ali até o casamento, e depois desde o fim da gravidez da esposa até quando a criança começasse a andar. Hoje ninguém mais reside no *ngà*, que continua sendo o local de reuniões masculinas. Com a transição das guerras com bordunas para as chamadas "guerras de palavras" (reuniões políticas com os brancos), a importância do *ngà* foi se diluindo.

Ngêtwa: forma vocativa aplicável aos avôs (paternos e maternos) e tios cruzados (irmãos da mãe).

Ngôjangre: canto para beber água.

Ngôjbêwajanga [*ngôj* = vasilha, panela; *bê* = verbo "ser"; *wajanga* = pajé]: panela de pressão, literalmente "panela pajé", assim apelidada pelo fato de assoprar fumaça como os pajés.

Ngôjrẽjre [*ngô* = água; *jrẽjr* = jogar para o lado]: é como Raoni chama o povo que se autodenomina Yudjá (Juruna). Literalmente, aqueles que jogam água para o lado, ou remam, em referência ao fato de se tratar de um povo canoeiro, de exímios remadores.

Ngôkõnkry, ou Ngôkõn-nhõpôk: personagem da mitologia *mẽbêngôkre* que, com seu compadre Kukrytkakô, sobe aos céus para matar a ave monstruosa que sequestrara sua avó.

Ngônhumre: "água barrenta". Rio na região do Kapôtnhĩnore.

Ngônokàkêt: "rio que não tem margem". Local plano e de vegetação rasteira na margem do rio, o qual por essa razão passa a impressão de não ter margem.

Ngôrārāk [*ngô* = água ou rio; *rārāk* = barulho]: cachoeira. Indica também uma cachoeira específica, a cachoeira Von Martius, onde aconteceu o primeiro contato dos Mẽtyktire com os brancos. É também o nome de uma aldeia localizada próxima a essa cachoeira.

Ngrwangrirenõrõ [*ngrwa* = buriti; *ngrire* = pequeno; *nõrõ* = deitado]: afluente da margem direita do rio Pidjôpojnoro, que por sua vez deságua na margem esquerda do Jarina, já perto de sua foz e da atual aldeia Mẽtyktire.

Nhàk: contrapartida feminina da cerimônia de nominação *tàtàk*; ver *Tàtàk*.

P
Pàtjarapê: pintura corporal de jenipapo, feita com as mãos, durante a fase final de reintegração de jovens (*mẽôkre*), quando voltam de uma expedição guerreira. Mimetiza o tamanduá-bandeira (*pàt*).

Porekrô: "os homens da taquara fina". Também chamados de Purukarw'yt, grupo ancestral dos atuais Xikrin, foram dizimados em sua quase totalidade no começo do século xx, depois do contato com os brasileiros em sua região originária, no baixo Tocantins.

Pure: balsa rudimentar de madeira. Os povos de língua jê não são originalmente canoeiros, tendo aprendido a exercer tal atividade em tempos mais recentes, sobretudo com seus vizinhos Tupi, como os Yudjá. As *pure* eram usadas para atravessar os rios maiores, como o Xingu, mas não para longas navegações.

R
Rop bêngôkre [*rop* = cachorro, onça]: gente-onça. Grupo de personagens cerimoniais no ritual do *tàkàk*. São responsáveis pela confecção do diadema *kutop*, que envergam como distintivo de sua condição.

Ropni: o "nome comum" do cacique se traduz como "onça fêmea". Foi aportuguesado como Raoni. Seus "nomes bonitos", como todos os de seu povo, não possuem tradução única ou exata. Neste livro grafamos Ropni quando o locutor é Mẽbêngôkre, e Raoni quando não é.

T
Tàkàk: ritual de nominação masculino presidido pela queixada (*Tayassu pecari*). A exemplo de *bẽmp*, é um classificador de nomes belos, prerrogativa de determinadas Ca-

sas e transmitidos de acordo com um complexo sistema de nominação. O ritual *tàkàk* integra o ciclo iniciático que inclui, entre as jovens, o ritual simultâneo do *nhàk*. A exemplo do que ocorre nas demais festas de nominação, os anciãos *ngêt* transmitem a seus sobrinhos ou netos, *tàpdjwỳ*, nomes belos e privilégios cerimoniais, como usar certos adornos e desempenhar papéis rituais.

Tepwatire: rio Jarina, afluente da margem esquerda do Xingu que atravessa a TI Capoto-/Jarina. A tradução seria "rio do Peixe-Cachorra" ou "rio da Cachorra".

U
Urubu Ka'apor: povo de língua pertencente à família linguística tupi-guarani, fixado na região setentrional do Maranhão, na TI Alto Turiaçu, que originalmente habitava as florestas entre os rios Xingu e Tocantins, no Pará.

X
Xerente: povo autodenominado Akwe ("gente"), termo que também nomeia sua língua jê do ramo central. Habita o centro do estado do Tocantins, na margem direita do rio homônimo, nas TI Xerente e Funil.

Xikrin: grupo Mẽbêngôkre descendente dos Porekrô. Habita duas TI no Pará, a Xikrin do Cateté, na bacia do Tocantins, e a Trincheira-Bacajá, na margem direita do baixo curso do rio Xingu. Compartilha a mesma língua dos seus parentes Mẽbêngôkre-Kayapó, com pequenas variações dialetais.

Xupé: abelha social sem ferrão da espécie *Trigona spinipes*, de corpo escuro, que comumente constrói o ninho entre galhos de árvores, sendo também conhecida como abelha-cachorro ou irapuã.

Cronologia

Esta cronologia procura contextualizar e localizar temporalmente os acontecimentos relacionados ao livro, passando pela etno-história Mẽbêngôkre, pelas dinâmicas regionais, pela biografia do cacique Raoni, pela política indigenista oficial e pelos marcos da resistência indígena no Brasil. Muitos desses eventos foram citados ou narrados pelo autor; nesses casos, as páginas correspondentes estarão indicadas.

TEMPO MÍTICO

Todos os indígenas constituíam um único grande povo, falavam a mesma língua e viviam em harmonia. A partir da descoberta e derrubada do primeiro pé de milho, uma árvore enorme, evento que Raoni localiza na margem do rio Tocantins (Kôkati), os grupos foram se dispersando, cada qual com um punhado de sementes de milho. Assim se diferenciaram uns dos outros e passaram a falar cada um sua própria língua. [pp. 24-30]

Ressalva-se que os Mẽbêngôkre não distinguem o tempo histórico do tempo mítico, algo que fica evidente no texto na medida em que o autor transita entre o que para os brancos constitui mito e história.

SÉCULO XV

O tronco Mẽbêngôkre-Apinajé-Kĩsedje se dissocia dos Timbira ocidentais, como os Krahô, Krĩkati, Gavião e Canela (Salanova e Nikulin, 2020).

SÉCULO XVI

Os Mẽbêngôkre se separam dos Apinajé e Kĩsedje, seus parentes Jê mais próximos, e se fixam nos cerrados entre os rios Tocantins e Araguaia, no atual estado do Tocantins.

SÉCULO XVII

O etnônimo tupi "Kayapó" passa a designar genericamente, para os brancos, os povos Jê habitantes do interior profundo das capitanias do Grão-Pará e de São Paulo, que abarcam os atuais estados de São Paulo, Pará, Mato Grosso, Tocantins e Goiás (Salanova e Nikulin, 2020).

1636

Fundadas as primeiras missões jesuíticas no Baixo Xingu.

SÉCULO XVIII

Uma cisão no grande grupo Mẽbêngôkre chamado Goroti-Kumrẽj separa os Xikrin dos Gorotire. Os Xikrin atravessam o rio Araguaia para se fixarem na região do rio Itacaiunas, um afluente da sua margem esquerda, no atual estado do Pará. Os Gorotire se fixam pouco mais ao sul, principalmente na margem direita do Araguaia. Os Xikrin são conhecidos pelos Mẽbêngôkre também pelo etnônimo Djore.

1720

A colonização portuguesa alcança as minas de Cuiabá, em Mato Grosso, depois de décadas de escravização e extermínio de indígenas.

1750

Primeira expedição *kubẽ* ao Xingu e Iriri, liderada pelo jesuíta Rochus de Hundertpfund, que estabelece o povoamento originário da cidade de Altamira (PA).

1758

A Coroa portuguesa decreta o fim da escravidão indígena.

1819

Uma expedição militar da Coroa percorre pela primeira vez o Xingu das nascentes à foz.

1840-60

Uma grande cisão entre os Mẽbêngôkre Gorotire divide os grupos Gorotire e

Irã'ãmrãjre. Os primeiros se deslocam para o oeste e entram na bacia do rio Xingu, e os últimos permanecem ao longo do Araguaia. Os Gorotire começam a atacar assentamentos dos brancos, adquirindo assim suas primeiras armas de fogo. [p. 30]

1845

O governo imperial aprova o Regulamento das Missões, com o objetivo de "assimilar" os povos indígenas à sociedade brasileira — isto é, retirá-los de suas aldeias, batizá-los com nomes cristãos e adestrá-los em ofícios subalternos, sob o jugo de missionários católicos, quase sempre estrangeiros. O genocídio indígena amplia seu alcance na direção dos sertões da Amazônia, no mesmo período do auge do indianismo na literatura e nas artes.

1859

A missão capuchinha de Santa Maria do Araguaia trava os primeiros contatos pacíficos com os Irã'ãmrãjre (chamados então de Gradaús), nas margens do Araguaia.

1862

Primeiro registro etnográfico da presença dos Gorotire na região do rio Fresco, afluente da margem direita do Xingu. Nas décadas seguintes, o grupo emigra para o alto Riozinho, afluente do Fresco (atual TI Kayapó), onde formam a grande aldeia do Pykatoti, que os Mẽbêngôkre de hoje consideram sua aldeia ancestral. Era uma única grande aldeia, com duas casas dos homens.

1884

Primeira expedição de Karl von den Steinen ao Alto Xingu. Saindo de Cuiabá, o pesquisador encontrou com os povos Bakairi, Trumai, Kamaiurá, entre outros. Conheceu alguns Kĩsedje num acampamento, que descreveram sua aldeia para ele e comentaram sobre a existência dos Mẽbêngôkre.

1890-1900

O Xingu e o Iriri se tornam polos produtores de borracha. Intensificam-se a invasão *kubẽ* e os atritos com os Mẽbêngôkre.

Período provável da introdução do ritual do *kwỳrỳkangô* — originalmente um ritual Yudjá — entre os Mẽbêngôkre. Após uma longa incursão ao Xingu e contato amistoso com os Yudjá, o grupo do guerreiro Motere retorna para Pykatoti e ensina esse ritual aos Mẽbêngôkre, que o adota e ressignifica. Torna-se um importante ritual Mẽbêngôkre e passa a ser realizado anualmente.

1905

Uma briga entre os irmãos Motere e Beptoroti dá origem a uma grande cisão na aldeia Pykatoti. O grupo da casa dos homens do lado oeste, chamado Mẽkrãgnõti, se separa definitivamente dos Gorotire e inicia uma migração no sentido sul, de Mato Grosso, e oeste, cruzando o Xingu para sua margem esquerda. Mais ou menos um ano depois, três importantes chefes se juntam a eles com um grupo de seguidores e os Mẽkrãgnõti passam a ter uma população estimada de 190 indígenas. Gustaaf Verswijver (1992) contará 82 mudanças de aldeia entre os Mẽkrãgnõti e seus subgrupos de 1905 ao início dos anos 1960, além de 92 expedições guerreiras contra brasileiros e outros indígenas. O grupo que permaneceu na região de Pykatoti começa a ser chamado de Gorotire, Kubẽkrãkêj ou Krĩkati.

1910

Criação do Serviço de Proteção aos Índios (SPI), repartição federal ligada ao Ministério da Agricultura, Indústria e Comércio. Seu primeiro diretor é o tenente-coronel Cândido Mariano da Silva Rondon, sertanista responsável pelas expedições de linhas telegráficas em Mato Grosso, positivista e defensor da vida dos povos indígenas contatados pelas frentes de expansão nacional. Criado para estimular a "integração" dos povos originários à sociedade brasileira, o SPI promoveu contatos desastrosos que dizimaram dezenas de povos. Entre 1900 e 1957, cerca de 80% da população indígena, calculada em 1,2 milhão de pessoas no começo do século XX, foi exterminada pela violência e pelas doenças dos brancos. Em 1967, sob críticas e denúncias, o SPI será substituído pela Fundação Nacional do Índio (Funai), que em 2023 passou a se chamar Fundação Nacional dos Povos Indígenas.

1910-12

Os Gorotire atacam os Mẽkrãgnõti, matando uma mulher e seu filho. Um ano depois os Mẽkrãgnõti revidam e matam quatro mulheres Gorotire e um cacique, além de capturar sete meninas, das quais uma retornou (Verswijver, 1992). [pp. 32-3]

Um grupo Yudjá se desloca do Médio Xingu para a cachoeira Von Martius, a montante, região que também começava a ser frequentada pelos Mẽkrãgnõti.

~1915

Os Mẽkrãgnõti atacam uma família Yudjá que abria uma roça na beira do Xingu. Matam o homem e capturam a mulher, Kajware, e seu filho, que passam a viver entre os Mẽkrãgnõti. Kajware "corrigiu" algumas partes de cantos da festa do *kwỳrỳkangô* e ensinou outros cantos dessa cerimônia aos Mẽkrãgnõti (Verswijver, pp. 154, 275). [pp. 33-4]

Cisão entre os Gorotire resulta na separação do subgrupo Kararaô, que desce o rio Xingu e se estabelece por muitos anos numa região entre o rio Iriri e seu afluente Curuá.

1916-9

Viagem etnográfica de Curt Nimuendajú pelos rios Xingu e Iriri. O etnólogo alemão será responsável pela compilação do primeiro mapa etno-histórico do Brasil (1943), com a localização de todos os povos indígenas então conhecidos, vivos ou extintos, documentada a partir de relatos históricos e observações diretas.

~1921

Um grupo Mẽkrãgnõti, onde estava o pai de Raoni, promove um ataque aos Panará e captura crianças. Os anos seguintes foram marcados por outros conflitos entre os Mẽbêngôkre e os Panará. [pp. 35-8]

1924

Expedição da Comissão Rondon, chefiada pelo capitão Vicente de Vasconcelos, explora os rios Ronuro e Jatobá, no Alto Xingu.

1928

O decreto nº 5484 acaba com a "tutela orfanológica" dos indígenas no Brasil, permitindo-lhes usufruir livremente de seus bens, mas reforça a tutela estatal sobre "os índios de qualquer categoria não inteiramente adaptados" à sociedade brasileira.

~1930

Nascimento de Bekwyjkà, futura esposa de Raoni, filha de Tapiêt, cacique Gorotire, e Kokoyaumti.

Cisão entre os Xikrin: um grupo emigra e se fixa na região do rio Bacajá, afluente da margem direita do Xingu, e outro permanece na região do Itacaiunas/Cateté, na bacia do rio Araguaia.

1936

Primeiro contato pacífico de um grupo Mẽbêngôkre com os brancos, na localidade de Nova Olinda, nas margens do rio Fresco (PA), onde hoje se encontra a aldeia Kikretum (TI Kayapó).

1937

Nascimento de Raoni, no período da seca, entre maio e novembro. O futuro cacique nasce na região do Kapôt, na aldeia Krãjmopryjakare, atual TI Capoto/Jarina (MT). Filho de Nhàkanga, sua mãe, e Bepangàti, seu pai. Ambos descendem de importantes pajés. Raoni é o caçula de seis irmãos: Bepngri, Bekwyjraj (sua única irmã), Tàkàkryti, Uware e Bày-Krjndjà. [pp. 38-42]

Um grupo com cerca de 150 pessoas vindo dos Gorotire e liderado por Tapiêt (futuro sogro de Raoni) se junta ao grupo dos Mẽkrãgnõti, que passa a reunir ao todo aproximadamente 670 pessoas. A data desse importante evento da história Mẽkrãgnõti é que permitiu localizar o ano de nascimento de Raoni. Sua mãe contava que ele nasceu no dia em que Tapiêt chegou com seu grande grupo. Após a fusão, o número de ataques contra os *kubẽ* e contra os Gorotire aumenta intensamente, chegando ao ritmo de uma expedição de guerra a cada estação.

1938

A ditadura do Estado Novo lança a Marcha para o Oeste, programa de ocupação estatal e capitalista do cerrado através de expedições "civilizatórias".

1940

Curt Nimuendajú apresenta ao SPI um relatório pioneiro sobre os Gorotire. É o primeiro estudo etnográfico sobre os Mẽbêngôkre a descrever com rigor científico seus costumes, localização e etno-história.

1941

Uma cisão entre os Kubẽkrãkêj ocasiona a separação do subgrupo Kôkrajmôrô, que se fixa na margem direita do Xingu, próximo à vila de São Félix do Xingu (PA).

1942

No período da seca, os Kubẽkrãkêj atacam os Mẽkrãgnõti, matando um homem e raptando três mulheres. Em revanche, quatro homens Kubẽkrãkêj são mortos, mas três mulheres e um homem Mẽkrãgnõti também morrem. Esse foi o primeiro conflito que Raoni presenciou, ainda menino, por volta dos seus cinco anos de idade. [pp. 44-8]

Em seguida, já no período das chuvas, Tapiêt saiu para uma incursão contra os brancos ao longo do rio Jamanxim e, ao retornar, foi morto por membros do seu próprio grupo. Após a morte de Tapiêt "as boas relações acabaram", e se seguiu uma série de disputas internas, ataques e mortes. [p. 48]

1943

OUTUBRO O decreto-lei nº 5878 institui a Fundação Brasil Central (FBC), destinada a desbravar e colonizar as zonas compreendidas entre os altos rios Araguaia e Xingu.

Dirigida pela FBC, a Expedição Roncador-Xingu parte para explorar os sertões de Goiás e Mato Grosso. Os irmãos Cláudio, Orlando e Leonardo Villas Bôas, jovens do interior de São Paulo, se engajam na expedição.

Curt Nimuendajú publica seu *Mapa etno-histórico*.

1945

Os Mẽkrãgnõti do Kapôt se dividem em dois subgrupos, liderados respectivamente por Kremôrô e Bebgogoti. A cisão funda o subgrupo Menokanê, que no final dos anos 1950 voltará a se fundir aos Mẽkrãgnõti.

1946

Durante ritual do Memybiôk, os grupos — em tensão devido a um caso de adultério — se dividiram para a caçada quando o guerreiro Kẽnti matou Ngrejmare, sua mulher e seu filho. A tensão cresceu entre os grupos, e temendo ser morto, Kremôrô cruzou o Xingu com seu grupo, com cerca de 170 pessoas, entre eles Raoni e sua família, para o Kapôtnhinore. Entre eles estavam 22 jovens *mẽnõrõnyre* do grupo que se reunia na casa dos homens com a designação Mẽtyktire, a qual veio a se tornar a autodenominação do subgrupo Mẽbêngôkre do qual Raoni faz parte, também conhecido na literatura antropológica como Mẽkrãgnõti do Sul. Kẽnti, por sua vez, se desloca com seu grupo, com cerca de cerca de 210 pessoas, para Krôdjamre, no Iriri, o que marcou a divisão definitiva daqueles que ficaram conhecidos como Mẽkrãgnõti do Norte. O grupo do Kretire, com cerca de 210 pessoas, e do Bepgogoti, com 160, permaneceram na região do Kapôt (Verswijver, 1992, pp. 284-5). [pp. 49-50]

Expedição Roncador-Xingu, chefiada pelos irmãos Villas Bôas, chega aos formadores do Xingu e faz contato com os povos da região dos rios Tanguro, Sete de Setembro e Culuene: Kalapalo, Trumai, Kuikuro, Yawalapiti, Nafukuá, Matipu e Aipatsé/Tsúva. São abertos os campos de pouso Garapu e Culuene (base Jacaré). Os Villas Bôas contam que tiveram então suas primeiras notícias dos Mẽbêngôkre através dos Kalapalo, que os descreveram como os moradores mais numerosos e perigosos da região.

1947

Por volta desse ano, Raoni ingressa na categoria etária dos *mẽgoromãnõrõ*, passando a dormir na casa dos homens (*ngà*) e a caçar com arco e flecha. [pp. 51-2]

Os Mẽtyktire raptam o menino João da Luz, então com oito anos de idade, que vivia no lugarejo chamado Porto Velho, o qual estava nascendo nas margens do alto rio Tapirapé, afluente do Araguaia. João e seu companheiro Xandó, este já moço, saíram para cortar palha de piaçava levando um carro de boi quando foram atacados. Xandó caiu morto no primeiro golpe de borduna e João foi raptado (Villas Bôas, 1992, pp. 569, 570). João recebeu o nome de Nhudjà e passou a viver com o grupo de Raoni. Tinham mais ou menos a mesma idade e se tornaram amigos. [pp. 53-4]

NOVEMBRO Os Mẽtyktire atacam de surpresa um pequeno grupo Tapirapé de cerca de sessenta pessoas. Os homens haviam saído para pescar quando as mulheres da aldeia foram atacadas. Três foram mortas e duas capturadas, uma mulher e uma menina. Raoni lembra do retorno dos guerreiros com as cativas. [pp. 54-5]

Morte da última remanescente do grupo Irããmrãjre. O povo foi completamente dizimado por jagunços e doenças no vale do Araguaia, e passa a ser mais um povo extinto pelas violências do contato.

1948

Após ataques aos Tapirapé, aos Xavante e aos brancos ao longo do curso do rio Tapirapé, Kremôrô e parte do seu grupo, temendo ataques em revanche, cruzam de volta para o lado oeste do Xingu, onde se reúnem aos grupos de Kretire e Bepgogoti na região do Kapôt (Verstwijver, 1992, pp. 288-9). Raoni permanece no Kapôtnhĩnore.

Fundação Brasil Central faz primeiro contato com os Yudjá.

Realizado o primeiro pouso no Campo Diauarum. Os Yudjá advertem os Villas Bôas de que aquela área é visitada anualmente pelos temidos Txukarramãe (Mẽbêngôkre).

1950

SETEMBRO Expedição Xingu-Tapajós da Fundação Brasil Central, sob o comando dos irmãos Villas Bôas, apoiados por agentes da FAB, alcança a serra do Cachimbo, pousando num descampado. Abertura do Campo do Cachimbo.

Primeiro encontro visual dos Villas Bôas com os Mẽtyktire.

1952

ABRIL Apresentação de um anteprojeto no Congresso Nacional para a criação do Parque Nacional do Xingu. Integram a comissão Darcy Ribeiro e Orlando Villas Bôas, com apoio do marechal Rondon.

Primeiro contato pacífico com os Kubẽkrãkêj, comandado por Cícero Cavalcanti, sertanista do SPI. O sertanista os encontra na região da cachoeira da Fumaça (atual TI Kayapó), onde hoje está situada a aldeia Kubẽkrãkêj.

1953

Cláudio e Orlando Villas Bôas estabelecem contato pacífico com os Mẽkrãgnõti. Encontram primeiramente com o grupo de Kremôrô, depois com os grupos de Bepgogoti e do jovem Raoni. "O encontro com os Txukarramãe foi na foz do afluente Jarina, pouco acima da cachoeira Von Martius. [...] Vieram mais amistosos e traziam um dos seus grandes chefes, Kremôrô. Embora não tivéssemos levado presentes que dessem para todos, eles ficaram satisfeitos. Convidados por nós com alguma insistência, Kremôrô e seis homens dos seus aceitaram ir conosco ao nosso posto, dez dias de viagem rio acima" (Villas Bôas, 2012, p. 580). [pp. 77-9]

1954

JANEIRO Inauguração oficial da Base do Cachimbo, com a presença do presidente Getúlio Vargas. A nova pista do Campo de Pouso do Cachimbo, com dois quilômetros de extensão, ganha o status de aeroporto internacional, passando a ser controlada pela FAB.

Construção do Posto Capitão Vasconcelos (depois nomeado Posto Leonardo).

1956

No período das chuvas, uma epidemia de gripe se dissemina no grupo de Kremôrô da aldeia Ngorãrãnk, vitimando muitas crianças e idosos. No mesmo período, a aldeia é atacada pelos Mẽkrãgnõti centrais e quatro homens são mortos. Um pequeno grupo liderado por Kremôrô, onde estava a futura esposa de Raoni, cruza para o lado leste do rio Xingu, e irá se juntar ao grupo de Raoni e Krômare na aldeia do Kapôtnhĩnore. [pp. 88-97]

Data aproximada do encontro e casamento de Raoni com Bekwyjkà. [pp. 98-9]

Primeira viagem de Raoni ao Posto Capitão Vasconcelos, no Parque Nacional do Xingu (PNX). [pp. 100-1]

1957

Equipes do SPI comandadas pelo sertanista Francisco Meirelles, com a presença de intérpretes Mẽbêngôkre, realizam o primeiro contato pacífico com os grupos Mẽbêngôkre de Kokraimôr (na atual TI Kayapó) e, no mesmo ano, com o grupo que vivia na antiga aldeia Kamau, no rio Curuá (na atual TI Baú).

Segunda viagem de Raoni ao Posto Capitão Vasconcelos. Começa a trabalhar com os brancos. [pp. 102-6]

Integrando uma delegação de vários povos indígenas, Raoni visita o marechal Cândido Rondon no Rio de Janeiro. [pp. 107-8]

1958

JANEIRO Falecimento do marechal Rondon. [p. 110]

OUTUBRO Expedição ao que se supunha ser o Centro Geográfico Brasileiro. Raoni participa da expedição ao lado dos irmãos Villas Bôas e do cineasta Adrian Cowell, entre outros. A expedição era uma demanda da FBC solicitada pelo presidente Kubitschek. [pp. 110-3]

1959

Publicação do "Relatório sobre a situação atual dos índios Kayapó", de Carlos Moreira Neto (Museu Goeldi), sobre os problemas da "pacificação" dos Mẽbêngôkre.

Primeiro contato pacífico com o povo Kĩsedje, comandado pelos irmãos Villas Bôas com apoio dos Yudjá. Mudaram-se para perto do Posto Diauarum, por sugestão dos Villas Bôas, a fim de receberem melhores cuidados médicos. Ali encontraram seus antigos inimigos: os Yudjá, os Trumai e os Mẽtyktire. [pp. 115-7]

1960

ABRIL Inaugurada Brasília, a nova capital do país.

A construção da rodovia Belém-Brasília rasga territórios tradicionais em Goiás e no Pará, expulsando os indígenas de suas terras e acelerando a devastação humana e ambiental no vale do Tocantins.

O presidente Juscelino Kubitschek apresenta seu plano para a ilha do Bananal: estabelecer na região núcleos agrícolas para o desenvolvimento de atividades agropecuárias, um polo de turismo, e simultaneamente "incorporar os índios à civilização brasileira".

JUNHO Raoni se encontra com Juscelino Kubitschek durante a visita do presidente à ilha do Bananal e se manifesta de forma contrária aos projetos para a ilha: "a ilha do Bananal é dos indígenas". Nas décadas seguintes o cacique será recebido por dezenas de chefes de Estado e de governo do mundo inteiro. [pp. 117-8]

1961

14 DE ABRIL Criação do Parque Nacional do Xingu (PNX), pelo decreto nº 50455 assinado pelo presidente Jânio Quadros. O projeto é dc autoria de Darcy Ribeiro. O PNX fica diretamente subordinado à Presidência da República, que nomeia Orlando Villas Bôas seu primeiro diretor. Grande parte da área prevista no projeto original de 1952 foi suprimida. O decreto estabelece os limites leste e oeste com quarenta quilômetros a partir de ambas as margens do rio Xingu.

Morre o indigenista Leonardo Villas Bôas. O Posto Capitão Vasconcelos passa a se chamar Posto Leonardo.

1962

Os Villas Bôas convencem os Mẽtyktire que ficaram fora dos limites do recém-criado PNX a se transferirem para dentro do Parque. O grupo de Raoni aceita e se transfere para uma antiga aldeia Yudjá, de nome Pôrôri, dentro dos limites do Parque. [p. 118]

1964

ABRIL Golpe militar instaura a ditadura no Brasil.

OUTUBRO Raoni se encontra com o ex-rei da Bélgica Leopoldo III, que realizava viagem turística pela região do Xingu. Leopoldo e seu colega Jean-Pierre Goss, estudioso dos peixes, reservaram os dias para coletar espécimes no rio Xingu e em seus afluentes, e contaram com Raoni como um de seus guias. Ficaram por mais de quarenta dias na área xinguana (Villas Bôas, 1997). [pp. 118-9]

1966

ABRIL Anunciado o projeto de construção de uma rodovia entre Brasília e Mato Grosso, a BR-080, que cortaria o PNX ao meio, atravessando o território Mẽbêngôkre.

DEZEMBRO A ditadura militar lança a Operação Amazônia, programa de ações para a ocupação da região, e cria a Sudam (Superintendência do Desenvolvimento da Amazônia), que passa a financiar o desmatamento e o extermínio de indígenas através da concessão de financiamento a obras de transporte, projetos agropecuários e mineração.

1967

JULHO Um grupo de paraquedistas do Exército realiza um treinamento de guerra na área da serra do Cachimbo. "Rumores infundados dão conta de que Che Guevara, então na Bolívia, estaria naquela região para organizar uma guerrilha na selva. O grupo tem como guia o cacique Raoni. Os militares […] abriram uma picada que ia da serra do Cachimbo à nascente do rio Iriri, e empreenderam uma caminhada que durou mais de quarenta dias. Nesse período Raoni teria percebido que índios isolados, mais tarde identificados como sendo os Panará, seguiam o grupo à distância. Para mostrar que vinham em paz, os militares foram deixando pelo caminho alguns brindes, como facões e machados. A caminhada acabou sem problemas" (Valente, 2017, pp. 44-5). [pp. 119-26]

DEZEMBRO Criação da Fundação Nacional do Índio (Funai), sucessora do SPI, através da lei nº 5371. O governo federal também cria a Sudeco, sucessora da Fundação Brasil Central, para financiar o "desenvolvimento" dos cerrados do Centro-Oeste, que inclui os territórios vizinhos ao PNX. [pp. 127-8]

1968

AGOSTO O decreto nº 63 082 altera os limites do PNX, aumentando sua área ao sul para incluir as terras dos povos Mehinako, Aweti e a maioria dos grupos Karibe do Kuluene. Por outro lado, reduz seu limite norte, de ocupação Mẽbêngôkre, eliminando uma importante faixa ao norte da cachoeira Von Martius, que passa a ser o limite setentrional do Parque. É mantida para os limites leste e oeste a referência de quarenta quilômetros a partir de ambas as margens do rio Xingu.

O Relatório Figueiredo, produzido pelo Ministério Público, documenta numerosos crimes contra a humanidade cometidos contra os indígenas sob as vistas grossas do SPI ou com sua participação, como chacinas, torturas, estupros e contágios propositais de doenças, durante a expansão da fronteira agromineral e a construção de grandes obras públicas. O relatório contabiliza mais de 8 mil mortos nessas ações. O documento original desaparece num incêndio suspeito, mas em 2013 uma cópia será encontrada nos arquivos do Museu do Índio/Funai.

1969

A Sudam baixa uma resolução que vincula a não existência de indígenas nas terras à liberação dos incentivos fiscais e financeiros para os fazendeiros. A partir daí, com um sistema muitíssimo frágil, a presidência da Funai vira uma máquina de concessão de "certidões negativas", muitas em terras de ocupação tradicional indígena (Valente, 2017, p. 202).

Uma empresa começa a desmatar uma grande área para a instalação da Fazenda Agropexim, logo abaixo da cachoeira Von Martius, local de ocupação tradicional Mẽtyktire e do primeiro contato pacífico com os brancos em 1953.

1970

JUNHO A ditadura lança o Programa de Integração Nacional (PIN), que destina centenas de milhões de dólares à construção de rodovias e ao fomento de projetos de "colonização" na Amazônia Legal.

OUTUBRO Tem início a construção das rodovias Transamazônica, Cuiabá-Santarém e Manaus-Boa Vista, que se tornam vias de disseminação do desmatamento e da usurpação de terras indígenas. Também têm início as obras da BR-080, projeto integrante do PIN, cujo traçado atinge em cheio o território Mẽbêngôkre. Raoni é um dos líderes da resistência à invasão *kubẽ* na área da rodovia e passa a ser alvo de ameaças de fazendeiros e jagunços. [pp. 129-30]

1971

MAIO Inauguração do trecho da BR-080 até a margem do rio Xingu. O então ministro dos Transportes da ditadura, Mário Andreazza, lidera uma comitiva de 23 aviões à "festa", na qual foi servido churrasco a "grandes empresários que começavam a investir na Amazônia". Estavam presentes o presidente da Funai, Oscar Bandeira de Mello, o militar José Costa Cavalcanti, então ministro do Interior, e o governador de Mato Grosso. Raoni é convidado e registra sua indignação com a obra. [p. 130]

JULHO O decreto nº 68 909 altera novamente os limites do PNX para excluir a porção norte cortada pela rodovia. A estrada se torna o novo limite setentrional do PNX. A parte excluída é território tradicional Mẽbêngôkre. [pp.118, 137 e 139]

Por ordem do governo, Orlando tenta convencer os Mẽbêngôkre a saírem da área amputada e irem para dentro do Parque. O grupo liderado por Raoni concorda e deixa a aldeia do Pôrôri para criar a aldeia Kretire, dentro dos novos limites do PIX (ao sul da BR-080). O grupo de Kremôrô e Krômare permaneceu na área extirpada do Parque, ao norte da estrada, onde fundaram uma nova aldeia de nome Jarina.

O vilarejo chamado Piaraçu, criado na beira da estrada a cerca de dois quilômetros do rio Xingu, começa a crescer rapidamente com a chegada de brancos. [p. 129]

1972

ABRIL Criação do Conselho Indigenista Missionário, organização da Igreja católica voltada para a defesa dos direitos indígenas.

1973

DEZEMBRO Sancionada a lei nº 6001, o Estatuto do Índio. A norma afirma que, por serem "relativamente incapazes", os indígenas devem ser tutelados pelo Estado até que estejam "integrados à comunhão nacional".

Por força do Estatuto do Índio, o Parque Nacional do Xingu (PNX) teve alterada sua condição jurídica para Parque Indígena do Xingu (PIX).

No Xingu, Raoni encontra-se pela primeira vez com o cineasta belga Jean-Pierre Dutilleux, que produzirá filmes e livros sobre o cacique.

O cacique Krômare se retira da aldeia com um grupo de 150 pessoas. Raoni assume a liderança do grupo remanescente e continua à frente da resistência à invasão *kubẽ*.

Morre Noôktire, filho de Raoni, atingido por um raio no meio da praça principal da aldeia. [p. 216]

Orlando e Cláudio Villas Bôas fazem o primeiro contato com os Panará, chamados pelos Mẽbêngôkre de Krãjakàrà ("cabeças raspadas"), nome aportuguesado na época pelos brasileiros como Krenakarore.

1975

FEVEREIRO A edição americana da *National Geographic* publica uma ampla reportagem sobre os Mẽtyktire, com fotos de Jesco von Puttkamer. Raoni declara: "Sou um guerreiro poderoso, diferente dos outros homens, a ser temido e respeitado".

1976

MAIO Raoni viaja para Brasília com o intuito de denunciar a invasão das terras de seu povo na área da BR-080 e exigir a demarcação do território indígena ao norte da estrada.

Filmagens do documentário *Raoni*, codirigido por Dutilleux e Luiz Carlos Saldanha. Realizado na região do Xingu, o filme focaliza a luta dos Mẽbêngôkre pela demarcação de suas terras sob a liderança de Raoni.

É criado o Posto Jarina. Todavia, o atendimento propositalmente precário foi usado para tentar forçar os indígenas a se deslocarem para o Parque, onde os postos prestavam um atendimento muito superior, mas os Mẽbengôkre não aceitaram sair de sua terra.

1977

No início do ano, os caciques Kremôrô e Krômare comandam um ataque à Fazenda Agropexim, abaixo da cachoeira. O ataque vitimou dois peões e destruiu todas as instalações da fazenda. Depois do incidente, intensificam-se as negociações para a demarcação da TI Capoto/Jarina.

1978

ABRIL População indígena do Brasil registra seu menor patamar, sendo estimada em apenas 120 mil pessoas.

1979

Estudo do potencial hidrelétrico encomendado pela estatal Eletronorte indica ao governo a possibilidade de construção de cinco barragens no rio Xingu e uma barragem no rio Iriri.

ABRIL Filme *Raoni* concorre ao Oscar de melhor documentário, mas perde para *The Man Who Skied down Everest* (EUA).

1980

AGOSTO   O grupo Mẽtyktire liderado por Raoni mata a golpes de borduna onze peões que desmatavam uma grande área para abrir a Fazenda São Luís na beira do Xingu, próxima à BR-080. Raoni chega ao local depois de o massacre ter sido consumado. [pp. 131-3]

SETEMBRO   Raoni viaja para Brasília com o fim de esclarecer os fatos do massacre e negociar com a Funai a demarcação do território Mẽbêngôkre. Da capital manda um recado: "Agora, quem invadir terra de índio morre". [pp. 133-5]

Outro massacre, desta vez comandado pelos Gorotire na Fazenda Espadilha, no sul do Pará, vitima dezessete pessoas a golpes de borduna e facão. Os Gorotire lutavam contra invasões de fazendeiros e garimpeiros a suas terras e exigiam dos órgãos públicos a revisão de limites e demarcação de seu território (Valente, 2017, p. 328). [p. 136]

Raoni recebe da Embrafilme recursos de direito de imagem referentes ao filme *Raoni*, com os quais compra sessenta rifles e 10 mil munições (Dutilleux, 2010, p. 114). [pp. 135-6]

Criação da União das Nações Indígenas (UNI), sob a liderança de Ailton Krenak. Essa primeira organização indígena de alcance nacional passa a buscar a unificação das reivindicações indígenas.

1982

NOVEMBRO   Mário Juruna é o primeiro indígena a conquistar uma cadeira de deputado federal, elegendo-se pelo Rio de Janeiro. [p. 137]

Megaron, sobrinho de Raoni, se torna o primeiro indígena a assumir a direção do PIX.

1983

JUNHO   Um grupo Xavante invade a sede da Funai em Brasília e peita os militares com o apoio de Mário Juruna, que vinha fazendo sucessivas declarações na tribuna da Câmara contra a militarização da Funai. O presidente do órgão, Moreira Leal, escreveu para o ministro Andreazza pedindo "providências drásticas" e organizou às pressas uma reunião, narrada por Raoni, com vários outros líderes indígenas na expectativa de demonstrar que Juruna representava uma minoria, estava isolado. Leal não resistiu às pressões internas e foi substituído duas semanas após a invasão xavante (Valente, 2017, pp. 350-4). [pp. 137-9]

NOVEMBRO   O decreto nº 88 985 libera a mineração em terras indígenas.

1984

MARÇO-ABRIL Liderados por Raoni, os Mẽtyktire da aldeia Kretire interditam a BR-080, apreendem a balsa que faz a travessia do rio Xingu e tomam funcionários da Funai como reféns. Exigem uma reunião com o presidente do órgão para a demarcação imediata da área indígena Capoto/Jarina. O bloqueio dura 42 dias, e como resultado dos protestos, o governo federal concorda em desapropriar uma parte da área exigida pelos Mẽtyktire e reconhecer a TI Capoto/Jarina. [pp. 139-41]

MAIO Raoni reúne-se com o ministro do Interior, Mário Andreazza, e puxa a orelha deste para selar o acordo entre o governo federal e as lideranças indígenas que garantiu a demarcação da Capoto/Jarina considerando uma faixa de apenas quinze quilômetros na margem direita do rio Xingu. [pp. 140-1]

1985

JANEIRO Os Apinajé, após uma série de conflitos com a população da região apoiada por políticos locais, organizam um plano para a autodemarcação da sua terra com um inédito "mutirão guerreiro", que reúne vários povos, para forçar o Estado a reconhecer sua área. Raoni viaja para se juntar à luta Apinajé. "Grupos indígenas são aguardados neste final de semana por Raoni, que calcula a possibilidade de reunir não mais 3 mil guerreiros em São José, mas até 10 mil. Enquanto isso, as lideranças políticas dos fazendeiros [...] recebem reforços: pistoleiros contratados andam pela cidade não escondendo os objetivos de sua missão: 'Lutar contra índios e se possível matá-los'. Sob esse clima, crescem rumores em Tocantinópolis que o principal objetivo dos pistoleiros é o cacique Raoni, cuja liderança levou os Apinajé, de índole calma, a se preparar para a guerra. [...] Na aldeia, contudo, Raoni mostra-se disposto a enfrentar todas as ameaças e, com sua borduna, risca no chão o mapa do que seriam os limites das terras dos Apinajé" (*O Estado de S. Paulo*, 2 fev. 1985). Raoni também se posicionará a favor da demarcação de terras de diversos outros povos e contra a mineração em terras indígenas. [pp. 141-8]

FEVEREIRO Raoni é homenageado pela Tradição, escola de samba carioca, com o enredo "Xingu, pássaro guerreiro", composto por João Nogueira e Paulo César Pinheiro: "Pintado com tinta de guerra/ O índio despertou/ Raoni cercou/ Os limites da aldeia/ Bordunas e arcos e flechas e facões/ De repente eram mais que canhões/ Na mão de quem guerreia".

ABRIL Os Gorotire tomam o grande garimpo de Maria Bonita, organizado pelo governo dentro de suas terras, a poucos quilômetros da aldeia. Exigem a retirada dos garimpeiros e a demarcação da TI Kayapó.

MAIO Decreto do governo federal reconhece a TI Kayapó, no Pará, em troca da liberação do garimpo.

1986

JANEIRO Com Sapaim, no Rio de Janeiro, Raoni faz um tratamento de três dias para curar o naturalista Augusto Ruschi, envenenado nos anos 1970, no Amapá, com a secreção de um sapo da família Dendrobatidae. O episódio mobiliza a opinião pública e a imprensa critica o fato de o tratamento ser custeado pelo Estado brasileiro. Após o tratamento, Ruschi apresenta melhora, mas volta a piorar e morre seis meses depois. [pp. 181-4]

1987

FEVEREIRO Raoni é barrado na entrada da cerimônia de instalação da Assembleia Nacional Constituinte, no Congresso Nacional.

MAIO "Qualquer dia seu povo vai matar meu povo. Eu tenho que juntar [meu povo] para matar seu povo também. [...] Nós estamos acabando na mão de vocês. [...] Vocês têm que deixar nossa terra. Nós somos donos da terra" (Raoni em depoimento a uma subcomissão da Constituinte, em Brasília).

OUTUBRO Acidente com o material radioativo césio-137, em Goiânia. O presidente José Sarney recomenda a retirada urgente do material, autorizando a remoção do lixo radioativo para a base da Aeronáutica na serra do Cachimbo, que supostamente teria condições de abrigar com segurança rejeitos atômicos. Porém, segundo estudos, o depósito iria impactar a vida de quase 2500 indígenas que moram perto do local, tanto no Pará como em Mato Grosso, especialmente porque na serra há nascentes de rios importantes para a região. O fato desperta revolta entre os indígenas, incluindo Raoni, e os protestos levam o governo a desistir da remoção do material para a serra do Cachimbo (<https://uc.socioambiental.org/noticia/94378>). [p. 150]

DEZEMBRO Primeiro encontro de Raoni com Sting. O rockstar inglês, em turnê pelo Brasil, viaja até o Xingu e abraça a causa indígena. [pp. 153-4]

1988

MARÇO Liderados pelo cacique Paulinho Paiakan (1953-2020), cerca de sessenta Kayapó se reúnem com o presidente da Constituinte, Ulysses Guimarães, para reivindicar alterações no capítulo sobre os indígenas da Carta em elaboração. Raoni também se engaja para incluir os direitos dos povos originários no texto constitucional.

OUTUBRO Promulgação da nova Constituição Federal, que extingue a tutela estatal sobre os povos indígenas e reconhece, em seu artigo 231, o direito à "sua organização social, costumes, línguas, crenças e tradições, e os direitos originários sobre as terras que tradicionalmente ocupam".

NOVEMBRO As lideranças Mẽbêngôkre se encontram na aldeia Gorotire para discutir as hidrelétricas projetadas para o rio Xingu pela estatal Eletronorte. A reunião resultará, três meses depois, no Encontro dos Povos do Xingu.

DEZEMBRO Assassinato de Chico Mendes, líder do movimento seringueiro, em Xapuri (AC). O caso desperta revolta internacional e renova a urgência da preservação da Amazônia.

1989

FEVEREIRO Entre os dias 20 e 25, realiza-se em Altamira (PA) o I Encontro dos Povos Indígenas do Xingu, manifestação de vários povos, lideranças e apoiadores, com grande presença do povo Mẽbêngôkre, em repúdio à construção do Complexo Hidrelétrico do Xingu, que mais tarde viria a ser erguido com o nome de UHE Belo Monte. Raoni, um dos principais articuladores do encontro, chega acompanhado por Sting, que daria seu apoio na disseminação da mensagem para o exterior. Tuire Kayapó, em protesto contra a barragem, encosta seu facão no rosto do então diretor da Eletronorte, que palestrava no evento. A fotografia do episódio ganha as primeiras páginas dos jornais e se torna um símbolo da resistência indígena no Brasil. No final do encontro, Raoni promete declarar guerra se o projeto hidrelétrico for executado. A mobilização dá certo, e o projeto ficará engavetado durante duas décadas. [pp. 153-5]

ABRIL-JUNHO Ao lado de Sting, Jean-Pierre e Megaron, Raoni viaja para treze países em três continentes com o intuito de angariar apoio e recursos para a demarcação da TI Mẽkrãgnõti e denunciar o projeto das barragens no Xingu. A lista de cidades visitadas inclui Paris, Roma, Madri, Londres, Genebra, Bruxelas, Nova York, Tóquio e Sydney. A campanha dá certo, e Raoni consegue os recursos necessários para a demarcação. [pp. 156-60]

JULHO Um surto de malária atinge a aldeia dos Mẽtyktire, que se muda provisoriamente para escapar da doença.

OUTUBRO Raoni é internado no Hospital de Base, em Brasília, para se operar de uma artrite infecciosa no joelho esquerdo, mal que ele, Sapaim e outros pajés atribuem a um feitiço. Recebe alta dezoito dias depois.

DEZEMBRO Publicação do livro *Raoni: Le Tour au monde d'un indien en 60 jours*, de Jean-Pierre Dutilleux e Patrick Mahé, livro ilustrado que documenta o périplo mundial de Raoni e Sting e a vida nas aldeias do Xingu.

1990

FEVEREIRO Raoni desfila como destaque da escola Imperadores do Samba, de Porto Alegre, com o enredo "Moitará", composto em sua homenagem: "É, passou o tempo soprou o vento/ E vem nascer o índio a esperança/ No cacique Raoni que fez seu povo/ Refletir num gesto de amor e confiança". A escola vence o campeonato da primeira divisão do Carnaval gaúcho.

1991

JANEIRO Homologação da TI Capoto/Jarina.

1992

JUNHO Raoni é uma das estrelas da Eco-92, a II Conferência das Nações Unidas sobre o Meio Ambiente e o Desenvolvimento, no Rio de Janeiro.

SETEMBRO Raoni viaja para Alagoas com Collor e Mário Juruna, onde defende a agilização do processo de demarcação de 1800 hectares de terras em São Sebastião, destinados aos Karapotó. [p. 161]

1993

AGOSTO Dezesseis Yanomami são assassinados por garimpeiros invasores de suas terras em Haximu (RR). O massacre alcança repercussão internacional e resulta nas primeiras condenações por genocídio no Brasil.

Homologação da TI Mẽkrãgnõti.

1995

AGOSTO Cerca de quarenta Mẽbêngôkre, liderados por Raoni, ocupam instalações de uma empreiteira e tomam três pescadores como reféns. Os indígenas exigem o fim das invasões *kubẽ* a suas terras. O impasse se dissolve dias depois através de um acordo com a direção da Funai.

1996

16 DE JANEIRO Ymôrô, filho mais velho de Raoni, morre assassinado. Seu corpo é encontrado num igarapé perto da base Jacaré, no Parque Indígena do Xingu. [p. 216]

1997

MARÇO Raoni é atacado por um boi bravo na praça da aldeia Metyktire e machuca a perna. Meses depois, comparece de cadeira de rodas a uma solenidade no Palácio da Alvorada. [pp. 186-91]

1998

MARÇO Falecimento de Cláudio Villas Bôas, em São Paulo.
ABRIL Homologação da TI Kararaô.

2000

JULHO Acusados de pescar sem autorização dentro do território Mẽbêngôkre, quinze pescadores são aprisionados durante seis horas na TI Capoto/Jarina por um grupo de guerreiros encabeçado por Raoni. Os indígenas confiscam seus barcos motorizados e apetrechos de pescaria.

2001

ABRIL Raoni funda e passa a presidir o Instituto Raoni, ONG criada para elaborar e executar projetos de conservação e desenvolvimento social indígena. A ONG começa a representar aldeias dos povos Mẽbêngôkre, Trumai, Tapayuna e Panará.

2002

DEZEMBRO Falecimento de Orlando Villas Bôas, em São Paulo. Presentes no funeral, Raoni e Megaron choram cerimonialmente pelo amigo: "Perdemos nosso pai".

2003

JUNHO Homologação da TI Badjônkôre.

2004

9 DE ABRIL Um filho de Raoni, Tedjê, e outras dez pessoas, nove delas indígenas, morrem num acidente entre a van em que viajavam e um caminhão, na BR-163, em Mato Grosso. [p. 216]

Primeiro Acampamento Terra Livre (ATL), maior assembleia dos povos e organizações indígenas do Brasil, que passou a acontecer anualmente, quase sempre em Brasília (DF) e no mês de abril. O ATL inaugurou um marco histórico para o Movimento Indígena, consolidando as estruturas para a mobilização contínua dos povos indígenas do Brasil.

2005

NOVEMBRO Criação formal da Articulação dos Povos Indígenas do Brasil (APIB), deliberação política do ATL desse ano. Articulação nacional de organizações regionais indígenas com o propósito de fortalecer a unidade, a articulação entre as diferentes regiões e organizações indígenas, e mobilizar a resistência contra ameaças e agressões aos direitos indígenas.

2006

Acidente aéreo entre um Boeing 737 da empresa Gol e um jato Legacy causa a queda do Boeing na TI Capoto/Jarina. Os Mẽbêngôkre participam das buscas pelos destroços e resgate dos corpos na mata fechada. O trágico acidente matou as 154 pessoas que estavam a bordo e levou a companhia aérea a indenizar os indígenas em 4 milhões de reais por danos imateriais. Para os Mẽbêngôkre, a área dos destroços é agora uma área preservada como a "morada dos espíritos" (*mẽkarõ nhyrykwaj*). Em respeito aos espíritos dos mortos, aquela região não pode mais ser usada como área de caça ou para abertura de roçados ou aldeias.

2007

NOVEMBRO Raoni é condecorado com a Ordem do Mérito Cultural, em Belo Horizonte. Na ocasião, entrega ao presidente Luiz Inácio Lula da Silva uma carta contra a mineração nas terras indígenas e pela demarcação da TI Kapôtnhĩnore.

2008

MAIO Raoni participa do Encontro Xingu Vivo para Sempre, em Altamira, que discute a construção da UHE Belo Monte, novo nome do projeto de aproveitamento hidrelétrico do rio Xingu, retomado pelo governo federal no âmbito do Plano de Aceleração do Crescimento (PAC). Luta para unificar o movimento de resistência à usina, a fim de que os parentes não aceitem a barragem. [pp. 217-9]

JUNHO Homologação da TI Baú.

DEZEMBRO Raoni recebe o título de doutor honoris causa pela Universidade Federal de Mato Grosso (UFMT).

2009

NOVEMBRO Depois de vinte anos de afastamento, reúne-se com Sting em São Paulo com o objetivo de organizar a nova resistência à barragem no Xingu e à construção da hidrelétrica de Belo Monte.

DEZEMBRO Homologação da TI Las Casas.

2010

ABRIL Publicação da biografia *Raoni: Mémoires d'un chef indien*, de Jean-Pierre Dutilleux, com prefácio de Jacques Chirac.

2011

MARÇO Início das obras da usina de Belo Monte, no rio Xingu, a despeito da resistência de Raoni, dos povos e comunidades tradicionais da região, de ambientalistas e de celebridades. [pp. 217-9]

SETEMBRO Recebe do prefeito Bertrand Delanoë o título de cidadão honorário de Paris.

2012

JANEIRO Publicação de *Riquezas intangíveis de pessoas partíveis: Os Mebêngôkre (Kaiapó) do Brasil Central*, de Vanessa Lea, livro que passa a ser uma das principais referências etnográficas sobre os Mēbêngôkre e seu complexo sistema de parentesco e nominação.

JUNHO Raoni participa de diversas mobilizações vinculadas à Conferência Rio+20.

NOVEMBRO Começa a campanha internacional pela indicação de Raoni ao prêmio Nobel da Paz.

2013

ABRIL Raoni participa da ocupação do Congresso Nacional contra a votação da PEC 215, que visava retirar do Executivo federal a prerrogativa de demarcar e homologar territórios indígenas, conferindo-a aos parlamentares. A proposta será arquivada dez anos depois.

2015

DEZEMBRO Raoni participa da 21ª sessão anual da Conferência das Partes da Convenção-Quadro das Nações Unidas sobre as Alterações Climáticas (COP21), realizada em Paris.

2017

FEVEREIRO Raoni desfila, junto com lideranças do Xingu, no Carnaval do Rio de Janeiro pela escola Imperatriz Leopoldinense. O enredo "Xingu, o clamor que vem da floresta" gerou polêmica em virtude das críticas ao agronegócio. "Estou aqui por um motivo só: para pedir respeito aos povos indígenas. Não aceitamos desmatamento e destruição nas áreas indígenas. Quero que vocês mostrem essa fala para o mundo inteiro."

SETEMBRO Morte do pajé Sapaim Kamayurá, amigo e mestre pajé de Raoni.

2019

SETEMBRO Em seu primeiro discurso na ONU, o presidente Jair Bolsonaro questiona a liderança de Raoni e o tacha de "peça de manobra de governos estrangeiros".

A resposta do cacique: "[Ele] falou que eu não sou uma liderança, mas ele é que não é uma liderança. Antes que algo de muito ruim aconteça, ele tem que sair, para o bem de todos". No mesmo mês, Raoni é indicado à Academia Sueca como candidato ao prêmio Nobel da Paz.

NOVEMBRO Bolsonaro inaugura a última das dezoito turbinas de Belo Monte. Envolta em inúmeras denúncias de não cumprimento das condicionantes socioambientais, a construção da barragem altera drasticamente a vazão na Volta Grande do Xingu, prejudicando indígenas e ribeirinhos. Como previsto, a usina multiplica o desmatamento e a violência na região.

2020

JANEIRO Raoni organiza um grande encontro na aldeia Piaraçu, com a presença de vários povos e lideranças indígenas, para articular as estratégias de luta e resistência às ameaças e ataques do governo Bolsonaro. Inicia as gravações de suas memórias para sua autobiografia.

MARÇO Decretado pela Organização Mundial da Saúde o estado de pandemia de covid-19.

23 DE JUNHO Morte de Bekwyjkà, mulher de Raoni, na aldeia Mẽtyktire, vitimada por um acidente vascular encefálico.

AGOSTO Raoni contrai covid e é internado em Colíder e Sinop (MT), recebendo alta uma semana depois.

NOVEMBRO Raoni recebe o título de doutor honoris causa pela Universidade do Estado de Mato Grosso (Unemat).

2021

JANEIRO Com o cacique Almir Suruí e o advogado William Bourdon, Raoni assina uma denúncia contra Bolsonaro no Tribunal Penal Internacional, em Haia, por crimes contra a humanidade, citando a explosão do desmatamento e a onda de assassinatos de lideranças indígenas.

2022

FEVEREIRO Homenagem da escola de samba Gaviões da Fiel, de São Paulo, no enredo "Basta!": "Cacique Raoni da minha gente/ Guerreiro gavião, presente".

O Censo do IBGE conta 1,7 milhão de pessoas autodeclaradas indígenas, maior número já registrado no Brasil.

2023

1º DE JANEIRO Raoni sobe a rampa do Palácio do Planalto ao lado do presidente Lula, recém-empossado, e outros sete cidadãos e cidadãs brasileiros convidados pelo cerimonial da Presidência da República. A faixa presidencial passa por suas mãos antes de ser entregue a Lula. "Você precisa fazer um novo trabalho. Vamos cuidar das florestas e dos rios. Vamos demarcar as terras que ainda faltam. Vamos acabar com o garimpo nas terras indígenas" [pp. 219-23]. Dois dias depois, Joenia Wapichana se torna a primeira indígena a assumir a presidência da Funai, renomeada como Fundação Nacional dos Povos Indígenas. No dia 11, outra posse inédita: Sonia Guajajara assume o recém-criado Ministério dos Povos Indígenas.

JULHO Raoni preside o encontro O Chamado do Cacique Raoni, promovido pelo Instituto Raoni, que reúne mais de oitocentos indígenas de 54 povos na aldeia Piaraçu (TI Capoto/Jarina) para discutir os problemas fundiários e ambientais e protestar contra a tese do marco temporal. No último dia do encontro, a Funai chancela a delimitação da TI Kapôtnhĩnore.

NOVEMBRO Raoni é condecorado pelo presidente Lula com a Grã-Cruz da Ordem de Rio Branco, seu grau máximo.

Referências bibliográficas

"FUNDAÇÃO Mata Virgem". *Imagens da Amazônia*, São Paulo, n. 4, 1989.

"INFORMAÇÃO n. 047/DID/DGPI/83. Processo Funai/BSB/1776/82. Identificação/ Delimitação Parque Indígena do Xingu". Brasília: Funai, 1983.

ALMANAQUE Socioambiental: Parque Indígena do Xingu 50 anos. São Paulo: Instituto Socioambiental, 2011.

AMORIM, Paulo Roberto N. do. "O vilão do 'caso Ruschi'". *Enfoque Amazônico*, Belém, n. 5, pp. 26-7, set. 1995.

ARNAUD, Expedito. "A expansão dos índios Kayapó-Gorotire na região Sul do Pará". Belém: Museu Paraense Emílio Goeldi, 1987.

BANNER, Horace. "Mitos dos índios Kayapó". *Revista de Antropologia*, São Paulo, v. 5, n. 1, pp. 37-66, 1957.

_____. "O índio Kayapó em seu acampamento". *Boletim do Museu Paraense Emílio Goeldi*, Belém, n. 13, pp. 1-49, set. 1961.

CALAVIA SÁEZ, Oscar. "Autobiografia e sujeito histórico indígena". *Novos Estudos Cebrap*, São Paulo, n. 76, pp. 179-95, nov. 2006.

_____. "Autobiografia e liderança indígena no Brasil". *Tellus*, Campo Grande, ano 7, n. 12, pp. 11-32, abr. 2007.

CAMARGO, João M. F.; POSEY, Darrell. "O conhecimento dos Kayapó sobre as abelhas sociais sem ferrão (*Meliponidae, Apidae, Hymenoptera*): Notas adicionais". *Boletim do Museu Paraense Emílio Goeldi*, série Zoologia, Belém, v. 6, n. 1, pp. 17-42, jul. 1990.

CARELLI, Vincent. "Mutirão guerreiro conquista demarcação Apinayé". In: *Povos Indígenas no Brasil*. São Paulo: Cedi, 1984. pp. 262-66.

COHN, Clarice. "Uma revisão do fechamento Jê: O caso Mebengokré". In: *Anais do 28º Encontro Anual da Anpocs*. Caxambu: Anpocs, 2004.

COWELL, Adrian. *The Tribe that Hides from Man*. Londres: Bodley Head, 1973.

CUNHA, Manuela Carneiro. *Os mortos e os outros: Uma análise do sistema funerário e da noção de pessoa entre os índios Krahó*. São Paulo: Hucitec, 1978.

DUTILLEUX, Jean-Pierre; RAONI. *Le Tour du monde d'un indien en 60 jours*. Paris: Rocher, 1989.

_____. *Mémoires d'un chef indien*. Paris: Rocher, 2010.

ESPÍRITO SANTO, Marco Antônio do. "Relatório de identificação Área Indígena Menkrangnoti". Brasília: Funai, 1982.

FAGUNDES, Marcelo Gonzalez Brasil. *Fragmentos de uma história Panhĩ: História e território Apinajé na longa duração*. Florianópolis: UFSC, 2022 (Tese de doutorado).

FERREIRA, Dilma Costa; KAYAPÓ, Irerwyk. "*Menire bijŏk*: Uma cerimônia de mulheres Mẽbêngôkre". *Aceno: Revista de Antropologia do Centro-Oeste*, Cuiabá, v. 5, n. 10, pp. 141-52, ago.- -dez. 2018.

GIANNINI, Isabelle Vidal. "Os domínios cósmicos: Um dos aspectos da construção da categoria humana Kayapó-Xikrin". *Revista de Antropologia*, São Paulo, n. 34, pp. 35-58, 1991.

HEMMING, John. *People of the Rainforest: The Villas Boas Brothers, Explorers and Humanitarians of the Amazon*. Londres: Hurst, 2020.

JEFFERSON, Kathleen. *Gramática pedagógica kayapó*. Anápolis: SIL, 2013.

KOPENAWA, Davi; ALBERT, Bruce. *A queda do céu: Palavras de um xamã Yanomami*. São Paulo: Companhia das Letras, 2015.

KUBITSCHEK, Juscelino. *Por que construí Brasília*. Brasília: Senado Federal, 2000. Coleção Brasil 500 Anos.

LADEIRA, Maria Elisa. "Os Apinajé: Relatório de viagem". São Paulo: USP; Centro de Trabalho Indigenista, 1985.

LEA, Vanessa. *Nomes e nekrets Kayapó: Uma concepção de riqueza*. Rio de Janeiro: Museu Nacional; UFRJ, 1986 (Tese de doutorado).

_____. "Parecer antropológico sobre o laudo de Expedito Coelho Arnaud, 1986, referente ao Processo n. 13.058/84 — 2ª Vara Justiça Federal de Primeira Instância — Estado de Mato Grosso". Campinas, 1987.

_____. "Perícia histórico-antropológica da AI Capoto — Município de Colider, MT. Processo nº 00.0003145-3, 3ª Vara da Seção Judiciária de Mato Grosso". Campinas, 1994.

_____. "Kapoto: Laudo antropológico". Campinas: Unicamp, 1997.

_____. "Desnaturalizando gênero na sociedade Mẽbengôkre". *Estudos Feministas*, Rio de Janeiro, v. 7, n. 1-2, pp. 176-94, 1999.

_____. "Mẽbengokre Ritual Wailing and Flagellation: A Performative Outlet for Emotional Self-Expression". *Indiana*, Berlim, n. 21, pp. 113-25, 2004.

LEA, Vanessa. "Repensando a data base do 'contato' com os índios Mẽbêngôkre (Kayapó)". In: *Anais do XVII Encontro Regional de História*. Campinas: Unicamp, 2004.

_____. *Riquezas intangíveis de pessoas partíveis: Os Mẽbêngôkre (Kayapó) do Brasil Central*. São Paulo: Edusp, 2012.

LEA, Vanessa; FERREIRA, Mariana Kawall Leal. "A guerra no Xingu: Cronologia". In: *Povos indígenas no Brasil*. São Paulo: Instituto Socioambiental, 1984. pp. 246-58.

LEA, Vanessa; TXUKARRAMÃE, Beribéri. "Uma aula de choro cerimonial Mẽbêngôkre". In: RODRIGUES, Aryon Dall'Igna Rodriques; CABRAL, Ana Suelly Arruda Câmara (Orgs.). *Línguas e culturas Macro-Jê*. Brasília: Editora UnB; Finatec, 2007. pp. 19-44.

LÉVI-STRAUSS, Claude. *A origem dos modos à mesa*. São Paulo: Cosac Naify, 2006.

_____. *O homem nu*. São Paulo: Cosac Naify, 2011.

_____. *O cru e o cozido*. Rio de Janeiro: Zahar, 2021.

_____. *Do mel às cinzas*. Rio de Janeiro: Zahar, 2022.

MARIANO, Michelle Carlesso. *Kukràdjà: Territorialidade e estratégias de mobilização social entre os Mẽtyktire (Kayapó)*. Marília: Unesp, 2019 (Tese de doutorado).

MÉTRAUX, Alfred. "Mitos e contos dos índios Kayapó (Grupo Kuben-Kran-Kegn)". *Revista Brasileira de Linguística Antropológica*, Brasília, v. 13, pp. 477-507, 2021.

NEVES, Roberta Cristina. *O ícone Raoni: Líder indígena Mebêngôkre no cenário global*. Campinas: Unicamp, 2014 (Dissertação de mestrado).

NIKULIN, Andrey. *Proto-macro-jê: Um estudo reconstrutivo*. Brasília: UnB, 2020 (Tese de doutorado).

OAKDALE, Suzanne; COURSE, Magnus (Eds.). *Fluent Selves: Autobiography, Person, and History in Lowland South America*. Lincoln: University of Nebraska Press, 2014.

OLIVEIRA, Ester de Souza. *A terra (vivida) em movimento: Nomeação de lugares e a luta Mẽtyktire-Mẽbêngôkre (Kayapó)*. Brasília: UnB, 2018 (Dissertação de mestrado).

PASSOS, João Lucas Moraes. *Caminhos Mẽbêngôkre: Andando, nomeando, sentando sobre a terra*. Brasília: UnB, 2018 (Dissertação de mestrado).

PEQUENO, Eliane da Silva Souza. "Trajetória da reivindicação Kayapó sobre a Terra Indígena Badjônkôre". *Revista de Estudos e Pesquisas*, Brasília, v. 1, n. 2, pp. 249-88, 2004.

PEREIRA, Renato Barbosa Rodrigues. "Xamanismo e medicina: O caso Ruschi reavaliado". *Ciência Hoje*, Rio de Janeiro, v. 9, n. 50, pp. 24-31, dez. 1991.

POSEY, Darrell A. "Etnoentomologia de tribos indígenas da Amazônia". In: RIBEIRO, Darcy (Org.). *Suma etnológica brasileira*. v. 1: Etnobiologia. Petrópolis: Vozes; Finep, 1986. pp. 251-71.

_____. *Kayapó Ethnoecology and Culture*. Londres: Routledge, 2015.

POSEY, Darrell A.; ELISABETSKY, Elaine. "Conceito de animais e seus espíritos em relação a doenças e curas entre os índios Kayapó da aldeia Gorotire, Pará". *Boletim do Museu Paraense Emílio Goeldi*, série Antropologia, Belém, v. 7, n. 1, pp. 21-36, 1991.

RADIO NOVELO. "Trama e subtrama", Rádio Novelo Apresenta, 2 fev. 2023. Disponível em: <radionovelo.com.br/originais/apresenta/trama-e-subtrama/>.

RELATÓRIO circunstanciado de identificação e delimitação: Terra Indígena Kapôt Nhĩnore. Portaria n. 1249 de 27 de setembro de 2004, Portaria n. 1173, de 19 de setembro de 2012 e Portaria n. 968 de 19 de agosto de 2014. Brasília: Câmara dos Deputados, 2023.

RIBEIRO, Darcy. *Os índios e a civilização: A integração das populações indígenas no Brasil moderno*. São Paulo: Global, 2023.

SAHLINS, Marshall. *Stone Age Economics*. Londres: Routledge, 2017.

SALANOVA, Andrés Pablo. "Reduplication and Verbal Number in Mẽbengokre". In: *Reduplication in Indigenous Languages of South America*. Leiden: Brill, 2011. pp. 247-72.

SALANOVA, Andrés Pablo; NIKULIN, Andrey. "A história que conta o léxico mẽbêngôkre". *Revista de Letras Norte@mentos*, Sinop, v. 13, n. 33, pp. 52-106, nov. 2020.

SCARPA, Francisco. "Laudo antropológico Metuktire; Capoto/Jarina. Justiça Federal, 1ª Vara Seção Judiciária do Estado de Mato Grosso Processo n. 95.0000663-4". Cuiabá, dez. 1997.

SCHMINK, Marianne; WOOD, Charles H. *Conflitos sociais e a formação da Amazônia*. Belém: Edufpa, 2012.

SOUZA, Marcela Coelho de. *O traço e o círculo: O conceito de parentesco entre os Jê e seus antropólogos*. Rio de Janeiro: Museu Nacional; UFRJ, 2002 (Tese de doutorado).

THOMSON, Ruth Rielle Grace. *Me Bakukamã-reã Ujarenh-neja: Lendas Kayapó*. Brasília: SIL, 1981.

TURNER, Terence. *Social Structure and Political Organization among the Northern Kayapó*. Cambridge: Universidade Harvard, 1966 (Tese de doutorado).

_____. "Da cosmologia à história: Resistência, adaptação e consciência social entre os Kayapó". *Cadernos de Campo*, São Paulo, v. 1, n. 1, pp. 68-85, 1991.

_____. "Os Mebengokre Kayapó: História e mudança social, de comunidades autônomas para a coexistência interétnica". In: CUNHA, Manuela Carneiro da (Org.). *História dos índios no Brasil*. São Paulo: Companhia das Letras; Secretaria Municipal de Cultura; Fapesp, 1992. pp. 311-38.

TXUCARRAMÃE, Megaron. "Carta para o Brasil", 1º nov. 1980. Disponível em: <https://cartasindigenasaobrasil.com.br/cartas/21/>. Acesso em: 18 jul. 2024.

TXUCARRAMÃE, Paimu Muapep Trumai. *A fonologia da língua mẽbêngôkre (jê) falada pelo povo Mẽtyktire e suas contribuições para o ensino da escrita*. Barra do Bugres: Unemat, 2023 (Dissertação de mestrado).

VALENTE, Rubens. *Os fuzis e as flechas: História de sangue e resistência indígena na ditadura*. São Paulo: Companhia das Letras, 2017.

VERSWIJVER, Gustaaf. "Séparations et migrations des Mekrâgnoti, groupe Kayapo du Brésil Central". *Bulletin de la Société Suisse des Américanistes*, Genebra, n. 42, pp. 47-59, 1978.

_____. "Relatório sobre a mudança dos índios Mekragnoti para o rio Iriri Novo". Wilrijk, fev. 1982.

_____. "Cycles in Kaiapo Naming Practices". *Communication & Cognition*, Tilburg, v. l, n. 3, pp. 301-23, 1983.

_____. *The Club-Fighters of the Amazon: Warfare among the Kayapo Indians of Central Brazil*. Almeria: Turuti Books, 1992.

VERSWIJVER, Gustaaf. *The Way of Warriors: Annotated Narratives of the Mebengokre (Kayapo) in Brazil*. Almeria: Turuti Books, 2023.
VIDAL, Lux. "The Kayapo-Xikrin of the Catete". Marabá, s.d.
_____. *Morte e vida de uma sociedade indígena brasileira*. São Paulo: Hucitec; Edusp, 1977.
VILLAS BÔAS, Orlando; VILLAS BÔAS, Cláudio. "Atração dos índios Txukahamãi". *Boletim do SPI*, Rio de Janeiro, pp. 79-89, 1955.
_____. *Almanaque do sertão: Histórias de visitantes, sertanejos e índios*. São Paulo: Globo, 1997.
_____. *A Marcha para o Oeste: A epopeia da Expedição Roncador-Xingu*. São Paulo: Companhia das Letras, 2012.
WERNER, Dennis. "Trekking in the Amazon Forest". *Natural History*, Nova York, v. 87, n. 9, pp. 42-55, 1978.

JORNAIS E REVISTAS

Época
Folha de S.Paulo
IstoÉ
O Estado de S. Paulo
O Globo
Veja
Hemeroteca Digital Brasileira
Acervo do Instituto Socioambiental

Créditos das imagens

p. 1: Léopold III/ Fondation Léopold III

pp. 2-3: Vanessa Lea

p. 4 (acima): Adão Nascimento/ Estadão Conteúdo

pp. 4 (abaixo) e 14-5: Eduardo Kalif

p. 5: Jorge Araújo/ Folhapress

pp. 6-7 (acima), 12 (acima) e 16 (acima): Jamil Bittar/ Agência O Globo

pp. 6 (abaixo) e 11 (abaixo): Simone Giovine

p. 8 (acima): Kamikia Kisedje

p. 8 (abaixo): Hermes de Paula/ Agência O Globo

p. 9 (acima): Sergio Vahia

p. 9 (abaixo): Cynthia Brito/ Acervo Claudio Romero

p. 10: Beto Ricardo/ ISA

p. 11 (acima): Todd Southgate

p. 12 (abaixo): Toninho Muricy

p. 13: Rogério Medeiros/ Mosaico Imagem

p. 16 (abaixo): Pablo Albarenga

Mapas

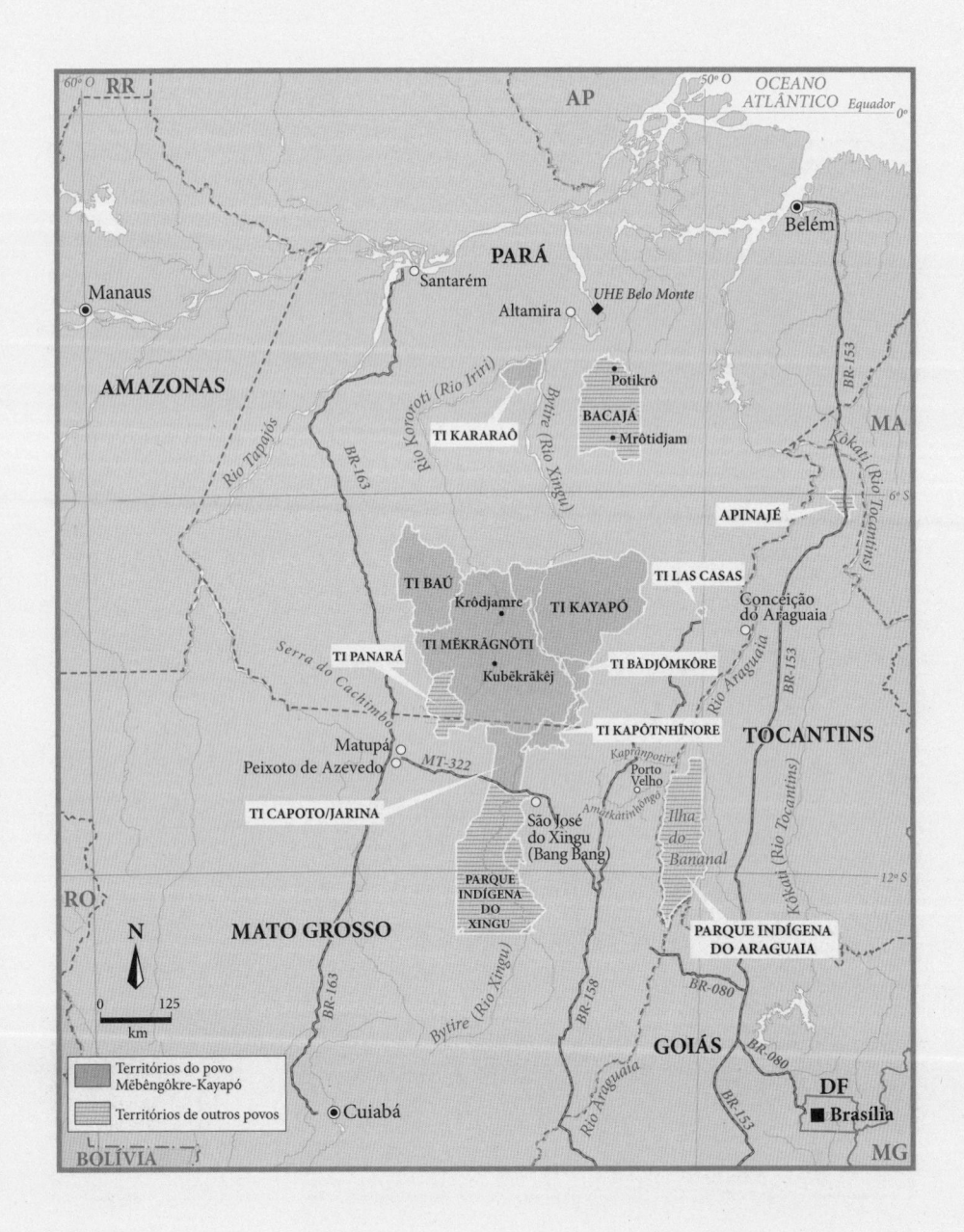

Map

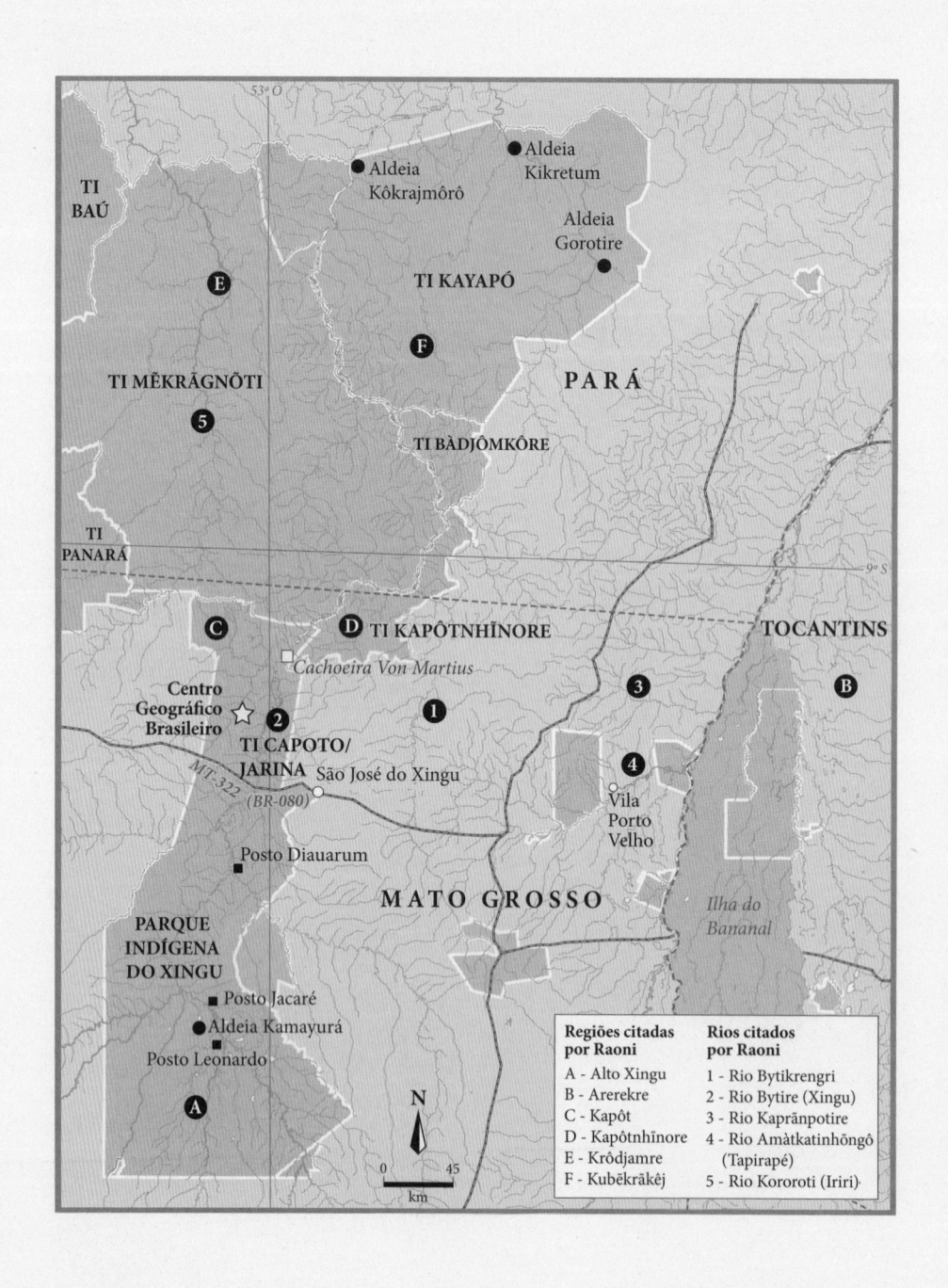

TI BAÚ

TI MẼKRÃGNÕTI

E

● Aldeia Kôkrajmôrô

● Aldeia Kikretum

Aldeia Gorotire ●

TI KAYAPÓ

F

PARÁ

TI BÀDJÔMKÔRE

5

TI PANARÁ

9° S

C

D **TI KAPÔTNHĨNORE**

□ Cachoeira Von Martius

TOCANTINS

Centro Geográfico Brasileiro ☆

2

TI CAPOTO/ JARINA

MT-322

(BR-080) ○ São José do Xingu

1

3

B

4

○ Vila Porto Velho

■ Posto Diauarum

MATO GROSSO

Ilha do Bananal

PARQUE INDÍGENA DO XINGU

■ Posto Jacaré
● Aldeia Kamayurá
■ Posto Leonardo

A

N
0   45
km

Regiões citadas por Raoni	Rios citados por Raoni
A - Alto Xingu	1 - Rio Bytikrengri
B - Arerekre	2 - Rio Bytire (Xingu)
C - Kapôt	3 - Rio Kaprãnpotire
D - Kapôtnhĩnore	4 - Rio Amàtkatinhõngó (Tapirapé)
E - Krôdjamre	5 - Rio Kororoti (Iriri)
F - Kubẽkrãkêj	

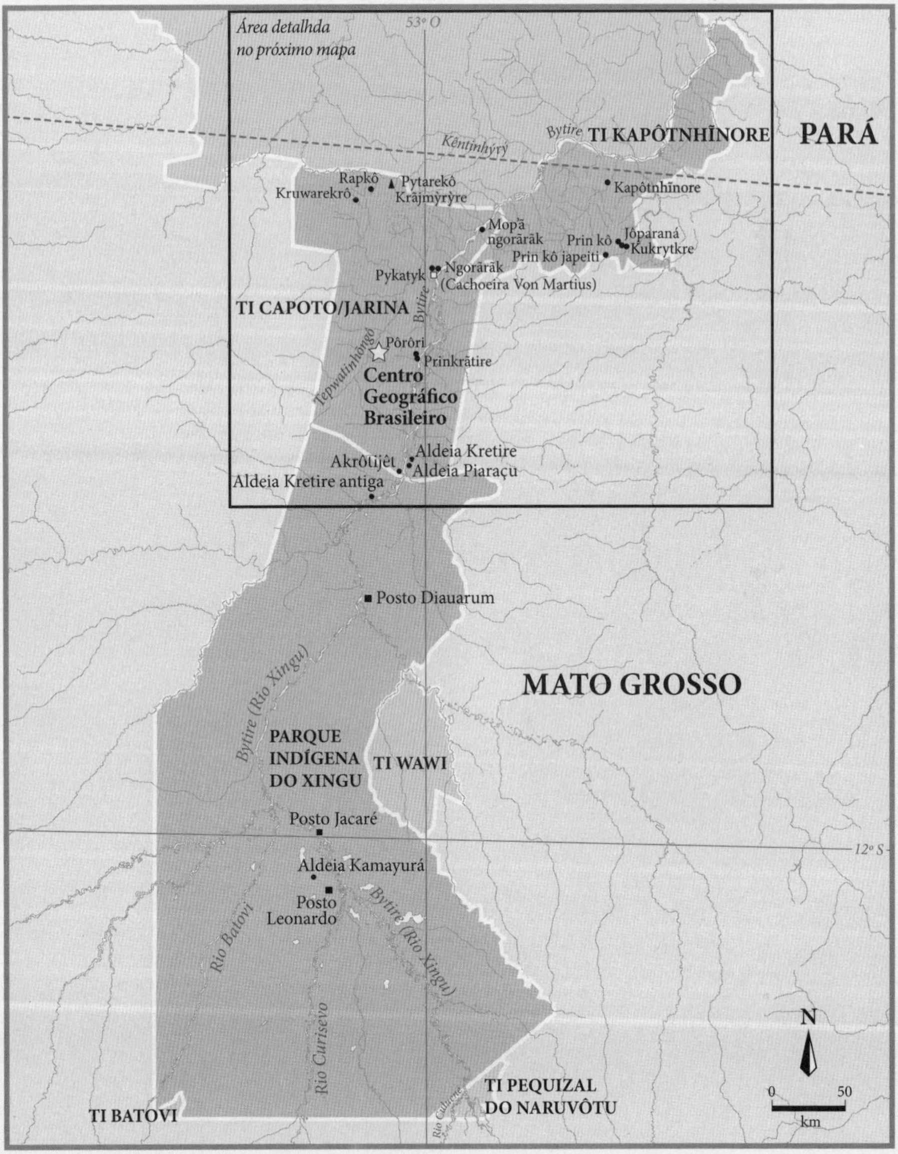

Área detalhda
no próximo mapa
53° O
PARÁ
TI KAPÔTNHĨNORE
Bytire
Kêntinhỳrỳ
Rapkô
Pytarekô
Kruwarekrô
Krãjmỳrỳre
Kapôtnhĩnore
Mop'ã
ngorãrãk
Prin kô
Jôparaná
Kukrytkre
Prin kô japeiti
Pykatyk
Ngorãrãk
(Cachoeira Von Martius)
TI CAPOTO/JARINA
Bytire
Pôrôri
Prinkrãtire
Tepwatinhõngô
Centro
Geográfico
Brasileiro
Aldeia Kretire
Akrôtijêt
Aldeia Piaraçu
Aldeia Kretire antiga
Posto Diauarum
MATO GROSSO
Bytire (Rio Xingu)
PARQUE
INDÍGENA
DO XINGU
TI WAWI
Posto Jacaré
12° S
Aldeia Kamayurá
Posto
Leonardo
Bytire (Rio Xingu)
Rio Batovi
Rio Curisevo
N
0
50
km
TI PEQUIZAL
DO NARUVÔTU
TI BATOVI

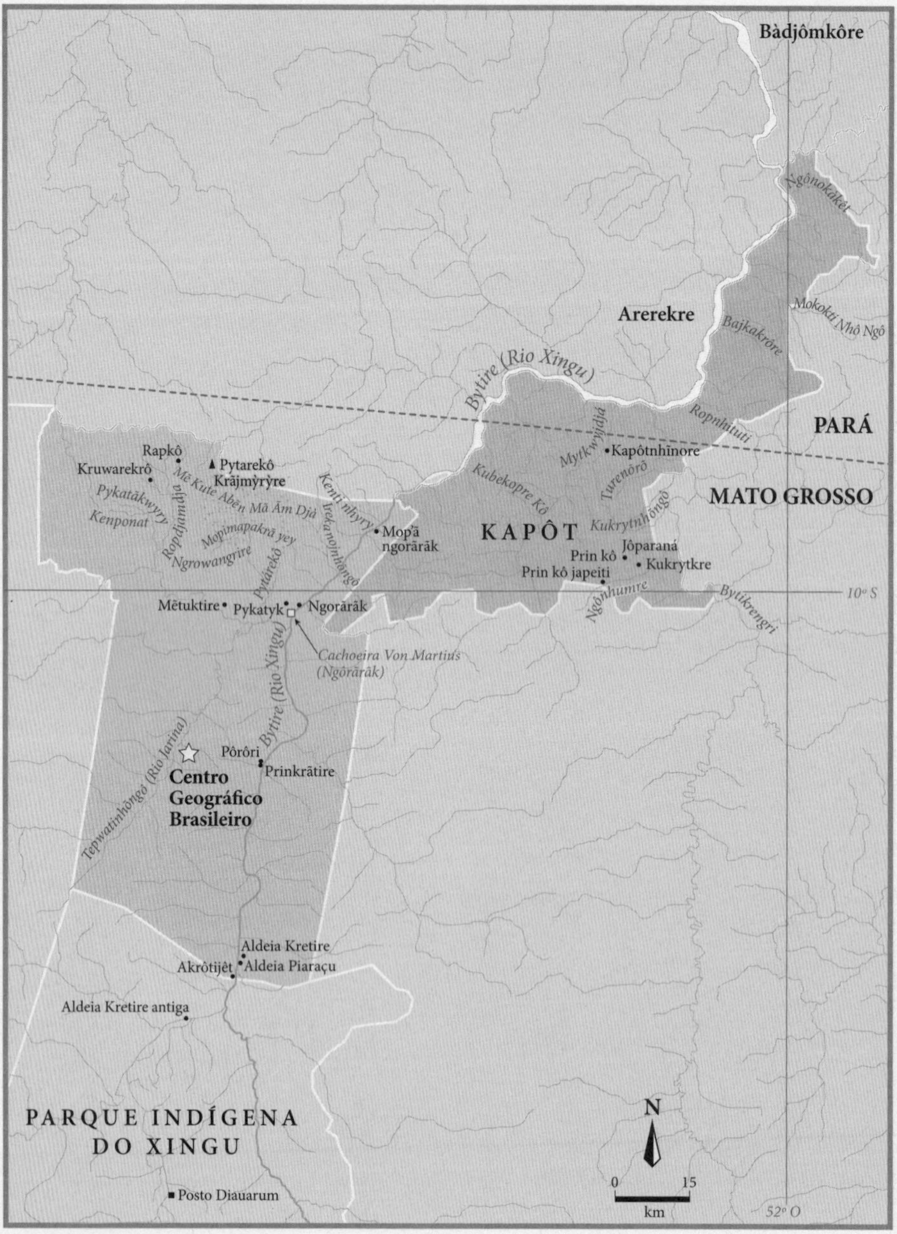
Bàdjômkôre
Ngônokakêt
Mokokti Nhô Ngô
Arerekre
Bajkakrôre
Bytire (Rio Xingu)
Ropnhituti
PARÁ
MATO GROSSO
Mytkwỳjdjà
Kapôtnhĩnore
Turenôrõ
Kubekopre Kô
Kukrytnhõngô
KAPÔT
Rapkô
Pytarekô
Krãjmỳrỳre
Kruwarekrô
Mẽ Kute Abẽn Mã Ãm Djà
Pykatãkwyry
Kenponat
Ropdjamdjà
Mopimapakrã yey
Ngrowangrire
Kenti nhyry
Irekanojnhõngô
Mop'ã ngorãrãk
Prin kô
Jôparaná
Kukrytkre
Prin kô japeiti
Ngônhumre
Bytikrengri
10° S
Mẽtuktire
Pykatyk
Ngorãrãk
Pytàrekô
Cachoeira Von Martius (Ngôrãrãk)
Bytire (Rio Xingu)
Tepwatinhõngô (Rio Jarina)
Pôrôri
Prinkrãtire
Centro Geográfico Brasileiro
Aldeia Kretire
Aldeia Piaraçu
Akrôtijêt
Aldeia Kretire antiga
PARQUE INDÍGENA DO XINGU
Posto Diauarum
N
0
15
km
52° O

ESTA OBRA FOI COMPOSTA PELO ESTÚDIO O.L.M./ FLAVIO PERALTA EM MINION
E IMPRESSA EM OFSETE PELA GRÁFICA BARTIRA SOBRE PAPEL PÓLEN NATURAL
DA SUZANO S.A. PARA A EDITORA SCHWARCZ EM MAIO DE 2025

A marca FSC® é a garantia de que a madeira utilizada na fabricação do papel deste livro provém de florestas que foram gerenciadas de maneira ambientalmente correta, socialmente justa e economicamente viável, além de outras fontes de origem controlada.